力哥说理财

理财就是理生活

邢力（力哥） 著

中信出版集团 | 北京

图书在版编目（CIP）数据

理财就是理生活/邢力著. --北京：中信出版社，
2019.7
（力哥说理财）
ISBN 978-7-5217-0766-3

I. ①理… Ⅱ. ①邢… Ⅲ. ①经济学—通俗读物
Ⅳ. ①F0-49

中国版本图书馆CIP数据核字（2019）第129986号

理财就是理生活
（力哥说理财）

著　　者：邢力
出版发行：中信出版集团股份有限公司
（北京市朝阳区惠新东街甲4号富盛大厦2座　邮编　100029）
承 印 者：北京楠萍印刷有限公司

开　　本：880mm×1230mm　1/32　　印　　张：13.25　　字　　数：300千字
版　　次：2019年7月第1版　　印　　次：2019年7月第1次印刷
广告经营许可证：京朝工商广字第8087号
书　　号：ISBN 978-7-5217-0766-3
定　　价：59.00元

谨以此书，献给我的妻子。

过去五年，没有她在身后默默支持，就没有今天的我。

目录

理财·婚恋规划 _ 127

理财·置业规划 _ 163

自序

掌握“理财之道”，保你一生幸福

在自媒体创业5周年之际，我出版了第四本图书《理财就是理生活》。

过去5年，我写了数百万字的理财文章，将数百万理财“小白”带入了理财世界，其中我写的大部分文章都是具有较强时效性的、具体教大家如何投资理财的“理财之术”，但与此同时，我也一直不遗余力地分享我认为更重要的“理财之道”。因为懂得“理财之术”只可欢笑一时，而掌握“理财之道”，才能幸福一世。

正是基于这一认知，我出版的第一本书《小白理财入门必修课》几乎都在讲解最经典的“理财之道”，我希望能帮助理财小白在走入纷繁复杂的理财世界的第一刻，就能先对“理财”二字有客观、理性、清晰和全面的认识，这样才不会在理财的汪洋大海中迷失自我，避免出现不但没有收获财富和幸福，反而伤到了自己的情况。

然而《小白理财入门必修课》所阐述的“理财之道”还属于“入

门之道”，对于理财世界的博大精深，我也只是点到即止，并未深入展开。因此当时我就发誓，今后还要写一本理财的“精进之道”，帮助大家在正确的理财和人生之路上走得更远、更踏实。

如果你还是个“24K 理财纯小白”，之前并未看过《小白理财入门必修课》，那么建议你先看完那本入门书，再看这本精进书，这样你会理解得更透彻。

理财师的全称叫“理财规划师”，因为理财并不只是投资，也不只是赚钱，它本质上是一种根据人生的需要而对未来做出的科学规划。

首先，人生出来就要吃喝拉撒，所以你该最先做的就是消费规划。

接着你上学了，有了零花钱，要做到收支有度，就要做现金流规划。

等你毕业了，刚踏上社会，没钱理财，就要靠工作挣钱。怎么才能靠自己的聪明才智和勤奋工作不断挣到更多的钱呢？你就要做职业规划。

工作了一段时间，攒了点儿钱，你就要做钱生钱的投资规划了。

除了要生钱，还要考虑护钱，因为不管是疾病还是意外，都可能在让我们身心受创的同时，让我们在财务上也受到沉重打击，所以你就要做风险保障（保险）规划。

工作没几年，就会面临恋爱结婚等人生大事，结婚需要用钱，婚姻本质上更像是一种财务契约关系，所以你就要做婚恋规划。

要结婚，丈母娘不答应没婚房结婚，你就要有置业规划。

婚后要生孩子，你就要有子女教育规划。

随着资历增长，收入也会越来越高，想在合法的前提下尽量减少不必要的税务损失，你就要做税务规划。

折腾大半辈子，总算熬到退休了，要想晚年生活过得有滋有味，你就得在年轻时未雨绸缪，做好退休养老规划。

一辈子折腾到最后，临近人生终点时，你就得想想，钱这东西生不带来，死不带去，没花完的该怎么办呢？那你就得提前做好遗产规划。

在《小白理财入门必修课》一书中，我反复强调“理财就是理生活”这一理念，就是因为我们每个人从出生到离世，从消费规划到遗产规划，都离不开理财智慧的加持。所以本书也是按照消费规划、职业规划、投资规划、婚恋规划、置业规划、子女教育规划、退休规划、遗产规划，以及综合上述各种规划的人生规划的结构来行文的，从而帮大家更全面地理解“理财就是理生活”这句话的丰富内涵。

要说明的是，现金流规划相对简单，没有单独辟出一章，保险规划比较复杂，今后我会再写专题分享，税务规划则更多需要依靠相关专业人士的帮助。

此前我出版的三本图书，内容大部分都是通用的理财知识，加上一小部分我个人的独特见解，但本书内容大部分都是我个人的理财心得，是我过往10年理财记者历练和5年理财自媒体创业积淀下来的理财思想精华，我把自认为最重要的、能让大家受用一生的理财智慧倾囊而出，希望能启迪更多人的理财智慧，让大家学会理财，让我们的生活更美好。

现实生活中，我们的理财技能总是与人生智慧水乳交融。

祝大家在未来漫长的理财和人生路上，都能安安稳稳，顺风顺水，一步一个脚印，踏踏实实迈向财务自由和幸福人生的彼岸！

理财·消费规划

人生中只有极少的东西值得长期拥有，比如伟大企业的股票或有活力的大都市中心地带的房产，这叫资产。而剩下绝大多数的东西都是消费品，总有一天会被我们抛弃，要学会用“租”的眼光计算它的真实性价比。

——力哥

聪明人的消费观

消费的本质是通过花钱来满足我们的个人所需，最基础的无非衣食住行；再高一层的是满足精神需求的学习、娱乐等；中间也会有交叉，比如和朋友聚餐，既有“饿了要吃饭”的生理需求，也有和朋友相聚的精神需求。所以归根结底，掌握自己的真实需求，匹配最恰当的消费方式，就是聪明人的消费观。

道理很简单，但要做到并不容易。最大的问题是，你有各种各样的需求，但现在你的钱不够，怎么办？如果你当下的财务状况无法满足你所有的需求，就只能从改变你的需求入手了，也就是控制自己的物欲，区别开你必须拥有的东西和超出你承受能力且反过来会消耗你的东西。这些年流行的“断舍离”“极简主义”，说的都是这个道理。

我们真正需要的东西从来就不多，使它们保持在自己的承受范围以内，钱赚得多一些，少一些，对生活不会有什么影响。让你感到怅然若失的东西，也许并不真正归你所有。尤其在琳琅满目的消费市场，商家套路太多，你需要多去思考辨别“对自己来说，什么是真正必需的东西”，才不会被别人牵着鼻子走。

“一分价钱一分货”是真理，但十分价钱能否换来十分货就未必了。可能三分是货，七分满足的是你的虚荣心、优越感……营销学存在了近 200 年，它就是为此而生的——想方设法创造需求、传播需求，向你兜售需求，你会为此买单并不奇怪。所以只要多一些“五分价钱三分货”“六分价钱四分货”的消费，少一些“十分价钱五分货”的消费，你就已经比绝大多数人聪明了。

我为大家提供三条关于聪明消费的原则性思路。

第一，以健康为最根本的出发点。

在事关身体健康的消费上，有些贵的东西反而是便宜的。比如我给全家人都换上了电动牙刷，为此我在研究完品牌型号后，先选择要买哪款，然后再利用海淘花更少的钱办妥事，而不是一味只看哪个便宜。

一口好牙到底有多重要，只有牙坏过了才真的懂，可惜为时已晚。一线城市几颗牙治下来，花上万元也不是什么稀奇事。到老了，牙口不好，直接影响的是消化功能。没有经过充分咀嚼的食物，会大大加重胃和各种消化器官的负担，年老时本来身体器官的功能就在衰退，这下更是雪上加霜，实在太折磨自己了。所以那些贴身的、入口的、日常使用的东西，特别值得投入钱。从分摊到每次的使用成本上看，这些东西真的一点儿都不贵，而且回报还非常高。

而有些贵的东西未必好。比如冬天买西瓜，贵在靠人工逆反自然规律而产生了额外成本，并非西瓜本身有多好。当蔬菜水果在它应成熟的季节大量上市时，供过于求，又便宜又健康。所以顺应时令买蔬菜水果，才是聪明的选择。

第二，用长持的心态对待耐用消费品。

耐用消费品，从名字就知道，买它可以用好多年，所以这笔投入更要慎重。套用巴菲特的一句话，如果某样东西“你不想持有 10 年，那么连 10 分钟也不要持有”。

选对产品就是最大的省钱，有优惠促销更好，就算是以原价买个“对”，也比买错了，一年半载后因为各种原因又得换新的好。买完的产品真的耐用，才能为你省下大钱。

第三，花钱富养自己的内心。

有些消费在别人眼里是无用的或是浪费，但也许是你修身养性的所在。比如为一些兴趣爱好花的钱，为增添一些生活乐趣花的钱，或者花钱学习一些不能马上变现的知识和技能等。只要它是你生活里不可或缺的一部分，能带给你精神上的给养，有什么不可以呢?

你要警惕的是那些真正的浪费。比如你为了缓解焦虑买下的各种学习课程，为炫耀心理而踏上的异国旅途，为攀比而付出昂贵花销……真正内心富足的人，无论遇到什么样的境况，都有让日子发光的资本。

民国时期，老上海著名的永安百货郭氏家族的四小姐郭婉莹，从小在锦衣玉食、钢琴油画中长大，当生活变故给予她沉重打击时，她依然能坚持内心的生活态度。即使被扣上“资本家”的帽子，被罚做各种粗活累活，她也没有就此妥协。她每天把自己收拾干净，穿着旗袍去刷马桶、挖河泥……这种生活态度，让人心生敬意。

真正的富足是去得了米其林，也吃得了路边摊。有钱，行万里路见众生；没钱，读万卷书亦自在。

有句英文谚语很妙—— You are what you eat，我们吃进去的食物，经过消化吸收，构成我们身体的细胞、组织和器官，最终成为我们。饮食上的选择、搭配和长期习惯，决定着我们是面如菜色还是容光焕发。

同理，You are what you spend。我们如何花钱，反映的是我们的人生格局和价值观。我们的花钱习惯，最终也将构成我们的日常生活，进而塑造我们的人生轨迹。

真正懂理财的人，自然懂生活；真正会生活的人，也能理好财。

以理财视角看消费：能租的东西尽量别买

能租的东西就别买，如果一定要买，就用租的视角来判断买的性价比。

这种理财视角的消费思维方式，生活中处处能用到。比如手机、电脑的升级换代太快，如今都成了快消品。苹果手机每年出一款新品，你是不是每年都要换一部新手机呢？

别说，很多人真是每年换一部新手机。如果每年换的都是最新款的苹果手机，就以 6 000 元计算，你手机每天的使用成本高达 16.44 元。想一想你家里宽带每年多少钱？话费每月多少钱？折算到天的话，“租金”只相当于手机的一个零头。

想要降低手机的“日租金”只有两个办法：一是爱护手机，延长使用寿命；二是遏制第一时间尝鲜的消费冲动，在新机上市一段时间后，等价格跳水再入手。

比如我 2015 年花 3 000 元买了 2013 年上市的 iPhone 5s，到现在用了4年多，其间自己换了一块电池40元，一套拆机工具10元，目前平摊下来每天的使用成本只有2元，是不是划算很多呢?

还有，要看管好手机，别被偷了或不小心掉马桶里，不然你的使用成本就会陡增。

再举一个例子，比如买储蓄型保险，是买一份保险类的资产；而买消费型保险，则相当于租一份保险。对会理财的人来说，保险"买"不如"租"，所以消费型保险比储蓄型保险的性价比更高。

再比如买车的性价比不如租车，租车不如打车，打车不如叫滴滴专车。但买车能提供的便利性是租车或打车完全不具备的，尤其是在刮风下雨或烈日高照时，为了这种便利性，就需要对买车付出更高的溢价。

当然，对很多人来说，车不仅是交通工具，更是身份的象征和社交的工具，说到底，是个面子工程。身边同事和朋友都开BBA（即奔驰、宝马、奥迪），你每天上班开辆日本车，还怎么和小伙伴一起愉快地玩耍？这么一来，买车就需要付出更高的溢价。

不过在买房还是租房的问题上，就没那么简单了。因为前面提到的那些商品都是纯粹的消费品，而房子既是消费品，也是投资品。

从理财角度看，资产是能给你带来正的现金流的东西，也就是往你口袋里塞钱的东西；负债则是给你带来负的现金流的东西，也就是从你口袋里往外掏钱的东西。所以自住房是负债，因为你要支付物业、水、电、煤气的费用，投资房则是资产，因为你能每月收租金。

按照政府的思路，房宜住不宜炒，所以鼓励自住刚需买房，反对投资者买房。但从理财角度看，既然自住房是负债，那就意味着买不如租，以50倍甚至100倍的房屋租售比来看，为什么不把买房的巨款省下来，拿出一点儿小钱每月交租金，剩下的钱拿去钱生钱、改善生活或者开阔眼界呢?

如今在北京二环购买一个卫生间的钱，就够你环游世界了。100倍的租售比，意味着这房价够你租100年，你真能再活100年吗?这不是明摆着的虚高吗?但为什么今天还是有无数刚需客在拼命买房呢?

不是刚需客不明白其中的道理，而是所谓的刚需客内心深处依然住着一个投机客，想借着房价暴涨的机会让自己赚上一笔或实现阶层跨越。所谓楼市的空头，从来不是真心希望房价持续下跌，而是希望房价跌到满意的位置后，自己能以很舒服的姿势上车，然后就希望房价一路走高。

说句心里话，人生在世，只有很少的东西值得我们长期拥有，比如优秀上市公司的股票，或者活力大都会的土地和房屋，这些东西是资产。而绝大多数东西都是纯粹的消费品，会不断折旧，直到有一天被我们彻底抛弃。在花钱买这些东西时，我们就要学会用“租”的眼光计算它们的真实性价比。比如一件20元的衣服面料很差，一件100元的衣服面料上乘。乍一看前者便宜，但因为质量差，可能穿一年就要扔了，而后者却可以在穿过三四年后依然质量很好，而且体感更好也更显身份。那些更加耐用的商品，比如旅行箱，则更能体现出昂贵的商品反而比廉价的商品性价比更高的特点。

为什么我会选择买本田 CRV？

事先声明，本文不是给 CRV（紧凑型 SUV，即城市多功能休闲车）做软广告，而是通过描述我选车时的思考过程，帮你在未来买车时也建立起理财思维模式。

买房时的思考逻辑是四步走：一选城市，二选板块，三选小区，四选房型、面积、楼层。买车也一样：一选价位，二选车型，三选品牌，四选款式。

价位

请问我们买车的根本目的是什么？

人们一般认为买车是为了满足方便出行的需求，其实它还有第二个目的——满足我们的社交需求。所以买车进行到选价位的阶段，就要先搞清楚你买车到底是为了出行需求，还是主要为了满足出行需求顺便满足社交需求，还是主要就是为了满足社交需求。

如果是第一种情况，那么买辆四个轮子能跑的车就行了，三五万的奥拓、奇瑞QQ都可以，印度塔塔汽车推出的Nano微型车才卖1万多元人民币。

如果是第二种情况，那么以目前中国市场的汽车价位来看，10万元—30万元的汽车都可以选择。越是囊中羞涩，越是以满足出行需求为主，就越要买价位靠近10万元的普通轿车；越是不那么差钱，越是希望在满足出行需求的基础上，能让自己开车倍儿有面子，体现身份地位，就越要买价位靠近30万元的高级轿车。

如果是第三种情况，纯粹为了社交，那就上不封顶，中年人开林肯、劳斯莱斯，年轻人开兰博基尼、法拉利。这就超出了普通人的承受范围了。

所以买车规划和我们做任何理财规划一样，首先要做的是明白你的买车（理财）需求和目标。

今天这个时代，只要不是想开小黑车拉货赚钱，基本人们买车时都会或多或少考虑到社交需求，但这还得看你兜里有多少钱，钱多点儿就可以多考虑点儿社交需求，买稍微贵点儿的车，钱不多就别太要面子了。

我建议你买车的费用不应超过你家庭金融资产的10%或你一年的收入。比如你想买一辆10万元的轿车，那么要么你已攒了100万元的金融资产，要么你一年收入超过10万元，否则从理财角度看，你压根儿没有资格买车，“地铁公交+共享单车”是最适合你的出行选择。

我直到2012年才拥有第一辆车，当时我的资产已过100万元，年收入也远超 10 万元，但我那会儿还没打算买车——我的第一辆车是我岳父换新车后，把开了 8 年的二手车拿来给我和妻子练车用的。

对当时的我来说，有这辆二手车开已经相当“奢侈”了。因为我觉得自己还处于以快速积累财富为主要目标的青年期，还没到有资格开车享受的时候，所以我的第一辆新车是在这辆二手车开了 3 年之后，也就是 2015 年才买的。换车也不是因为我觉得到了该享受的时候，而是由于小小力即将出生，我需要经常用车接送孩子，旧车开了 11 年，虽然修修补补还能继续上路，但维修保养成本越来越高，尤其考虑到安全隐患，我还是决定换辆新车。虽然我当时经济条件还行，但由于我没有太强的社交需求，只要这车开出去别太寒酸就行了，所以最后我选择购买 20 万元的中间价位的车。

车型

在车型这个问题上，我和妻子纠结了很久，我们一直在轿车、SUV（运动型多用途汽车）和 MPV（多用途汽车）之间犹豫不决。SUV 的优点非常明显，宽敞舒适，后备厢储物空间大，座位高视野开阔，但缺点也很明显，因为体积较大自重较沉，所以油耗肯定高于普通轿车。

运用理财思维选车的第一步就是量力而行，平衡出行需求和社交需求之间的权重。第二步就是尽可能选择高性价比的汽车。这包括三个维度。

一是乘坐舒适度。

买车的根本需求是出行，这意味着你可能经常需要在那个狭小的铁皮盒子里一坐就是一小时甚至几小时，乘坐舒适度非常重要。我的感受是，舒适度和车价明显成正相关，而同等价位的轿车和 CRV 相比，后者的舒适度更高，它的车内空间更大，你的身体可以舒展得更惬意。

二是用车成本。

按照富爸爸财商理论，所有会给你带来负的现金流的东西都是负债，所以汽车不是资产是负债，它不是往你口袋里塞钱，而是要你往外掏钱。既然是负债，而我们又为了满足出行需求和社交需求不得不长年累月背上这个负债，那就应该尽可能选择负的现金流相对较少的那款车。在价格相同的情况下，汽车的保险、保养和维修成本都差不多，而停车费、违章罚款、高速通行费，轿车和 SUV 也都一样，因此两者最主要的差异就在油耗成本上。所以从理财角度看，我纠结于 SUV 的高油耗不是没道理的。

三是折价速度。

虽然按富爸爸的说法，汽车是负债，但过去十多年中国汽车更新换代速度那么快，一辆车开了若干年后，你可能就要换了，卖车时自然希望价格卖得越贵越好，所以汽车折价速度越慢或者说残存值越高，相对就越值得买。

有一次我咨询汽修厂的朋友，他的回答一语惊醒梦中人。他说买车和理财一样，没有最好的车，只有最适合你的车，这取决于你买车的主要需求。他了解我的情况后，推荐我买 SUV，而不是商务型轿车或运动型轿车。因为他有许多客户，都是生孩子前觉得动感时尚的运动型轿车更符合自己的年龄特点，但生孩子后发现轿车的空间不够用，尤其是后排空间太小，放安全座椅都很挤，且后备厢空间也不大，放推车也不是很方便，于是没几年又换了SUV。

我决定买车时，妻子已经怀孕了，所以我们最后决定宁可增加点儿油耗成本，也要买SUV。事后证明，这个决定很正确，因为孩子的推车、搬家和旅行时的各种大件行李、野餐时的各种装备都可以很轻松地放进后备厢。假设我们买的车是三厢轿车，恐怕出行就没这么方便了。

品牌

对于车的品牌，我反而没有太多纠结，因为很多年前我就想好了要买日系车。

在美、德、韩、法等少数几个有较强自主汽车品牌的国家，由于其国产车税率低，所以这些国家的老百姓更乐于开国产车。在我走访过的其他国家中，日系车几乎是在老百姓中最流行的。其原因很简单，日系车性价比高。

从汽车核心技术上看，日系车和德系车的技术都是一流的，但德系车的溢价率比较高。同样的配置，德系车比日系车贵一点儿；同样的价格，德系车配置比日系车低一点儿。这就像我们买基金一样，能买折价的基金（日系车）为啥要去买溢价的基金（德系车）呢？而韩国和法国的汽车，在核心技术上与日、德品牌仍有差距。至于美系车，则普遍比较耗油，这是美国油价税费成本低，美国人开车不那么在意油耗导致的。

所以我一直在丰田、本田、日产这三大日本品牌和马自达这个半日本品牌之间选车。因为车型锁定了SUV，所以其实就是从丰田RAV4、丰田汉兰达、本田CRV、日产逍客、日产奇骏、马自达CX-4这几款车中选择。

款式

最后我选了本田CRV，我选择的理由有五个。

第一，从外观上看，2015款CRV发生了较大改变，尤其是前车灯从没识别度的圆弧形，变得棱角分明，立体感和时尚感大大增加。2015款诞生前，我一直因CRV太丑而没有考虑这款车，但2015款的外观，我和妻子都比较满意。

第二，从内部空间上看，CRV也是我试驾过的几款SUV中内部空间最大的，而它的尺寸又不是最大的，这说明其空间利用率非常高。CRV的乘坐舒适度很高，后排坐三个人也完全不会感到挤。

第三，从油耗上看，本田的车都有ECON模式，也就是节能环保模式。在ECON模式下，ECU（电子控制单元）、发动机、变速器完全依照最低油耗的模式智能地执行试驾者意图，空调也会处于节能状态。当然，这种模式并不是所有人都喜欢，因为节能是以牺牲驾驶体验为代价的，也就是油门踩下去感觉很软，瞬时加速比较慢，所以很多强调驾驶体验而不在乎油耗的人会很讨厌ECON模式，而且觉得也省不了多少钱。

因为常年开着ECON模式，我也没有实测对比过ECON模式的真实作用，但网上大量实测文章都告诉我，ECON模式的确能起到省油作用，尤其是在城市的拥堵道路上行驶时，经常需要刹车、启动，

ECON 模式可以通过降低你踩油门的效果达到节油目的，所以它在城市道路上的省油效果比在高速公路上更显著。

第四，从维修保养成本上看，作为第一款进入中国市场的 SUV，历史悠久的 CRV 的故障率非常低，那么多年也没有什么断轴、自燃之类的强负面新闻出现过。而且它的市场保有量大，零配件很容易找到，维修成本也很低。我从来不去费用高昂的 4S 店做半年保养，而是到我朋友的修理厂，正常情况下保养一次的费用 200 元—300 元，而且修理厂使用的机油还是中上等的。

第五，从二手车残存值上看，日系车的残存值一向是各国汽车中最高的，CRV 又是日系车中相对比较高的。

以上就是我选择本田 CRV 的原因。

理财就是理生活，生活处处是学问，我选车的基本思路遵循的是理财的实用原则和效率原则，希望能对你今后选车有所启发。

到底该不该买车位?

随着这些年私家车大举进入中国普通家庭，越来越多的小区出现停车难现象，于是越来越多有车一族在买房时产生了一个困惑：要不要把车位也一起买了？

买车位的经济账

让我们先从经济角度算笔账。

以上海某小区为例，车位价格是 18 万元，物业管理费是 20 元 / 月，车位租赁费是 400 元 / 月，产权按 70 年计算。购买车位的支出是 20.22 万元。购买车位支出 = 车位费（18 万元）+ 契税（0.54 万元）+ 70 年管理费（1.68 万元）=20.22 万元，70 年平均摊下来的费用是 241 元 / 月。

注意，买车位不能用公积金贷款，虽然有针对车位的商业贷款，但利率很高，不划算，所以消费者一般都是全款一次性付清。而租赁车位的支出是33.6万元。（70年的车位租金=400元×12个月×70年=33.6万元。）

考虑到未来车位的租金很可能会上涨，所以单算静态的经济账，买车位更划算。还要注意，租赁车位是有时间限制的，根据《合同法》规定，租赁期限不得超过20年。超过20年的，超过部分无效。另外，每个小区的车位租金、车位价格和物业费都不同，最终计算结果会有差异，不过大体来看，长期租车位的费用会比买车位高一些。

之所以会出现“租反而比买贵”的局面，是因为上面的计算没有考虑货币时间价值。你买车位的钱是现在一次性付清的，而租车位的钱是在未来70年里慢慢支付的，如果把买车位一次性付清的这20.22万元留在自己手里去做投资，哪怕保守估计，每年投资收益率为6%，一年就能赚12 132元，平均每月1 011元，比每月400元的车位租赁费多得多。

由此可见，如果你不会理财且家庭资金充裕，那么显然买车位更划算。但如果你是理财达人，用全款买车位的钱做投资，那么可能租车位更划算。但算经济账只是一方面，买车位最重要的原因是为自己停车提供便利，这种便利带来的价值很难简单用数字计算。

有些小区的车位非常稀缺，很多业主没有自己名下的固定车位，只能每天回家抢车位。如果回家晚了抢不到车位，就只能把车停到小区外面，还要担心被警察贴罚单。如果这时有车位出手，就必定奇货可居，引发抢购。从这个角度看，买车位更主要是买个方便和安心。

买车位要避开哪些“坑”？

如果你打定主意买车位，就要分清是否拥有产权，有产权的车位能够买卖，也最放心，但价钱肯定也是最贵的。产权不清晰的车位，大多只能用来出租，一般由物业公司管理。

小区停车位一般分为三种情况。

一是产权车位，指车位的建筑面积未被分摊，且开发商单独取得了车库产权。这样开发商可以出售这个车位，买车位也可以办理产权证。一般情况下，车位的产权期限是 40—70 年。这样的车位常见于地下停车位，是开发商利用地下空间建造的，可以放心购买，但价格也最贵。

二是公摊车位，指车位面积已经列入公摊面积，并被业主分摊了的车位。根据《物权法》规定，“占有业主共有的道路或者其他场地用于停放汽车的车位，属于业主共有”。对于这种车位，开发商无权销售，即使对外以高价出售，买方也无法拿到产权证。这类车位常见于小区地面停车位，是经政府发出的、《建设工程规划许可证》批准同意的、用明确的标识划分出来的停车位。其产权由小区房屋所有人共同拥有，产生的收益也应该由业主共同所有，所以这种车位不能出售只能出租。

三是人防车位，从字面上就能知道，这是给人防工程单独规划的车位。按照《物权法》中“谁投资、谁受益”的原则，在不妨碍防空功能的前提下，人防车位是可以提供给业主使用的。所以这类车位对于开发商来说，也是只能使用，不能销售。

在购买车位时，如果某个车位开发商给的价格明显低于其他车位，那么千万要注意，这些车位很可能就是人防车位。大家在考虑买车位时，一定要弄清楚车位的产权信息，只有产权车位可以买卖，其他两类车位（公摊车位和人防车位）只能租不能卖！

如何挑选好车位？

买车位，我们还得看车位的价值，并不是有产权的车位都是值得买的。

选车位原则：优先选择离楼栋入口近的独立车位、邻柱车位、右转车道拐角处车位。避免选择车库入口车位、三联车位的中间车位、视线受阻车位、靠墙车位、弯道车位、角落车位。相同小区不同层高的楼，尽量挑选层高高的那栋楼的地下停车位。比如小区 1 号楼是 10 层高，2 号楼是 20 层高，优先选择 20 层高的那栋楼，这样在未来想卖车位时，潜在买家会更多。

一般小区的地下停车库的内部是连通的，买车位时，优先选择离自家那栋楼的电梯间比较近的车位，减少停车后步行到家的时间。

什么样的车位有投资价值？

现在随便一个车位的价格都可以媲美一辆中等价位的车了。这么大一笔钱，可不能白花，既然要买车位，当然要选择一个有价值的车位。我们该怎样判断车位的价值呢？

我们首先要看的就是整个小区车位市场的供求关系。比如某小区一共 100 户，平均每户 1 辆车，而小区只有 80 个停车位，这样该小区平均到每户的车位就是 80/100=0.8，这个 0.8 我们叫作“车位比系数”，这个系数低于1，说明小区每户的车位供应不足1个，这样会导致有些业主不得不把车停在小区外面，这样的小区车位就是值得投资的。

一般情况下，我们认为小区的车位比系数在1.2以下，小区的车位是值得投资的。如果系数为1.2—1.5，就可投可不投；如果系数再往上走，就没有特别的投资价值了。

但这里还有两个因素需要考虑。一是小区档次，如果是高档小区，大部分家庭有两辆车，那么哪怕车位比系数为1.7也可以投资。但是如果是中低端小区，平均每户只有0.8辆车，那么这时即使车位比系数是1，投资价值也不大。另外一个需要考虑的因素就是小区外面的停车场。如果小区附近有大型、方便的停车场，或者有一些马路边的免费停车位，且这些停车位离小区又不远，步行几分钟就能到，那么这会导致小区车位的供求比例失衡，让停车位的投资价值大打折扣。

如何便宜租好房？

对于租房族来说，过年前最痛苦的事，莫过于听到房东说过完年又要涨房租了……2017 年以来，虽然一线城市的房价不再上涨，但房租却依然涨个不停，那么问题来了：如何才能运用理财思维，用相对低廉的价格，租到满意的房子呢？

租房第一步：认清需求

租房并不是从找房源开始的，而是从认清自身需求开始的。不知道自己的需求，就特别容易被套路。中介的手法万变不离其宗，发布美美的图片和便宜的价格，吸引你打电话。再告诉你你心仪的房子已经租掉了，带你去看别的房子。看条件特好的租不起的房子，看符合要求却有点儿小贵的房子，最后再来套超出预算却条件更好的房子。你咬咬牙，就租贵的了。

其实认清需求，只要想清楚两个问题就行了。

一是房租的心理预期。从理财角度看，每月房租支出应该在你收入的 30% 以内，超过 30%，就会影响你的生活质量和储蓄能力，如果收入实在太低，月薪的 30% 根本不可能租到房子，那就提高到市场最低价。记住，这个价格就是你心里的锚，贵还是不贵，以它为准。比如定下了 2 000 元的标准，往上最多只能加个两三百，千万不要这样想，“我工资 7 000 元，3 000 元租个房子也不是完全拿不出，要不就租了吧”。

二是对房子的刚性要求。不同的人对租房的要求不同，有人要求步行到地铁站不能超过 5 分钟，有人要求相对精致的室内装修，有人要求不能与他人合租，有人则要求比较低，只要设施齐全，有床、厨卫宽敞就行，还有人不怎么做饭，连没有独立厨房也能接受。总之，了解自己的租房侧重点，也就给租房划出了关键底线，在底线之上的房子，就可以考虑。

租房第二步：捡漏大法

心里有了数，接下来就可以找房源了。

首先，锁定租房范围。最好的选择是直接租在公司附近步行半小时内的区域，换算过来就是半径 2.5 公里内。这样对公共交通的依赖性就会大大降低，每天步行或跑步上班就行。如果嫌步行时间长，租一辆共享单车，十多分钟就能搞定，既节省了时间成本，也节省了交通费用，还能顺便锻炼身体。往往交通越不方便的地方（比如附近没有地铁站），就越容易租到便宜房子，周边的生活成本也相对较低。如果上班在寸土寸金的市中心，方圆 2.5 公里内根本租不到很便宜的房子，那就只能租郊区地铁沿线上的房子。

搜一搜这两个方向的房子大概就能知道整体租房价位，再算一下郊区地铁沿线上的房子，每月需要额外支出多少交通费，如果算上交通费后的郊区房租比住在公司附近的房租低不了多少，那就不如租公司附近的房子，因为路上节省的时间精力也需要考虑进去。

接下来，你可以打开百度地图，把租房范围内的小区列出来，并开始捡漏。既然是捡漏，原则上就要避开中介，这些房源信息，在58同城上的个人房源、豆瓣小组、闲鱼等网站和应用上都能找到。

你要做的就是留出充足的找房时间，守株待兔，保持关注，持续搜索刷新。因为高性价比的房源一旦放出，很快就会被识货的小伙伴抢走。如果第一时间看下来，发现是实体房间（没有人为分割），房型也适宜居住，房间也还算整洁干净，基本就不用再犹豫了。至于家具有点儿旧，墙上破了点儿皮……那真不叫事儿，下一步就是解决这个问题的。

租房第三步：提升环境

用来出租的房子，住房条件不可能像新装修的自住房那么好，只要硬件没问题，软件上的问题，只需花点儿心思和小钱，就能让居住环境焕然一新。墙纸、布帘、桌布、地毯，网上买这些东西才多少钱？最后再多说一句，对于租房族来说，最重要的是让自己的收入跑赢房租涨幅，让自己的投资跑赢通胀，这样才能尽量积蓄能量，早日从租房族晋升为有房族。

朋友问我借钱，到底要不要借？

大部分理财教科书只会讲我们缺钱时如何问别人借钱，房贷、车贷、信用卡、股权质押、P2P（互联网借贷平台）、典当……但很少有理财教科书会写“亲友问我借钱时，我到底该不该借”这个问题。所以以下观点，完全是我的一家之言，仅供参考。

借急不借穷

别人问我们借钱，首先要区分对方借钱的目的。

俗话和谚语往往暗藏着最朴实的生活智慧，也就是我们常说的“常识”。俗话说，救急不救穷，这是我们判断是否借钱时最重要的原则。

电视剧《我的前半生》中，“老好人”陈俊生三天两头接济小姨子罗子群一家，因为罗子群嫁了一个不争气的老公，成事不足，败事有余，日子总过得紧巴巴的。这就是最糟糕的借钱模式。

第一，这笔钱借出去就相当于打水漂，会对自己家庭的财务状况造成无法弥补的刚性伤害。

第二，排除疾病、残疾、染上恶习、政治迫害等特殊情况，普通人贫穷的原因无非两点，一是懒惰，二是无知。

小地方的生存压力小，贫穷大多是懒惰造成的（往往还加上无知）。大城市生存压力大，贫穷大多是由于无知。把钱借给懒惰的人，只会让他越来越懒，不思进取；把钱借给无知的人，也只会让他安于无知愚昧的现状，不思进取。所以借钱给穷亲戚非但不能真正改变他未来的生存状态，反而会让他形成路径依赖，一缺钱就向你借，把你当财神爷，最后他的生存能力会越来越差，人生彻底走向失败。你一次又一次接济他，表面上看是帮了他，实际上反而害了他。

第三，能开口问我们借钱的，一般就两种人，一是有血脉联系的亲戚，二是没有血缘的同学、邻居、同事和朋友等。

这两类人际关系是我们社会交往中的核心关系，人是社会性动物，没人希望和亲友因为借钱问题撕破脸皮，甚至恶语相向，闹上法庭甚至拳脚相加，最后老死不相往来，做人做到这份儿上就太失败了。如果你一时心软，穷亲友第一次向你借钱时你借了，过一段时间他们还会找出其他理由第二次、第三次向你借钱。这就像男人第一次出轨被你发现后轻易就原谅了他，很大概率他还会第二次出轨。那到时你怎么办呢?

因为对方没有自力更生挣钱改善生活的能力，所以如果你家里的财务状况在持续改善中，他就会觉得再向你借钱也是理直气壮的。如果之前借了现在却不肯借，他就会怪你没良心，你反倒成了恶人，结果可能导致你们两人甚至两个家庭的关系都闹僵了。

“亲”优于“友”

要特别注意的是，“亲”和“友”还不一样。

朋友和我们之间大多是点对点的线性关系，就算有同学群、同事群之间的网状关系，往往也比较松散。但亲戚不一样，一般都是复杂的网状关系。身处复杂的亲缘关系网络中，很多人往往碍于情面，只能借钱。

另外还有一种比较特殊的亲属关系，是亲兄弟姐妹之间的借贷。一旦你的兄弟姐妹结婚后，法律上就会认定他们和你属于完全不同的两个家庭，然而中国还有很多地方的人对家庭的认知并非如此。兄弟姐妹结婚后往往在财务上也不会分那么清楚，尤其是姐弟关系，往往弟弟从小就被姐姐带大，对姐姐有非常深厚的感情，姐姐相当于弟弟的半个妈，姐姐对弟弟也付出了非常多的感情，这么一来，结婚后就麻烦了。男人醋劲没那么大，姐夫不太会吃小舅子的醋；但女人醋劲大，往往弟媳妇会吃大姑姐的醋。

婆媳关系本就是人类社会最难解的一组人际关系之一，现在又加入了一个和你争老公的女人，你是媳妇你会是什么心态？姐姐有困难，向弟弟开口借钱，弟弟在能力所及的情况下，往往会毫不犹豫地帮忙。但媳妇说：“我不干啊！凭啥咱家的钱要借给她家？”有时老公只能偷偷拿自己的私房钱借给家里人，一旦被老婆发现，又是一场大战。这种矛盾，在凤凰男和孔雀女组成的家庭中最容易爆发。所以因贫穷而借钱的结果，往往是与己不利、与人不利和与双方关系不利。

救急借钱，义不容辞

改革开放都 40 年了，这年头真因为连饭都吃不起而开口借钱的人还有几个？

大部分人借钱的理由主要是买房、买车、结婚（或儿子结婚）和做生意。可是你缺钱不能租房或买小一点儿的房子吗？缺钱不能坐公交吗？缺钱不能婚礼从简吗？

做生意就更简单了，你这是投资创业，市场上那么多现成的贷款服务在，为什么要向我借钱？别告诉我，你向银行借钱利息高，向我借钱利息低，你是欺负我不懂理财吗？我学了那么久理财，这么简单的道理还不懂？我买 P2P，一年的利息是 10%，你向我借钱可以，给我 15% 的利息怎么样？

借钱做生意最大的问题还在于，这钱投下去之后，到底是能大赚还是打水漂，没人敢打包票。你没抵押没担保，我又不算入股，到时生意失败你拿什么还我？

与救穷不同，在力所能及的范围内，救急借钱是道义担当，义不容辞。救急也就是因为突如其来的意外急需用钱，往往和重大疾病或意外事故有关。这种意外导致的资金需求又分成两种情况。

一是家里有钱，但都做了投资，现在拿不出来，或者都用来购买房子，想卖又舍不得，就出现了短期资金周转不灵的情况。从理财角度看，这应该属于现金流规划的一部分，我们应该提前准备一部分资金应对这种情况。然而大部分人不懂这个道理，也不会准备高流动性的紧急备用金。二是家里压根儿就拿不出那么多钱应对突发情况，这种风险应该提前通过家庭保障规划来规避。然而大部分人也不懂这些，不是把保险看成骗子就是存在侥幸心理，等灾难降临到自己头上就傻眼了，只能狼狈地四处借钱。

所以，如果你的家庭背后有这么一大家子亲戚，而且家庭经济状况都不太好，万一出了意外肯定会伸手向你借钱。最好的办法是建议他们提前买好相应的保险，这样，万一风险降临，他们靠保险就能化解，不需要连累你。

然而要改变一个人的认知谈何容易，越是贫穷的人，往往对这个世界越抱有敌意，对他人的信任感越低。但他又是你亲戚，没办法，真到他们家需要你救急时，你也只能出点儿血，认命吧。

借多少？

上面说的是什么情况该借钱，什么情况不该借钱的基本原则。可具体到现实生活中，哪有那么简单。每个人的财务状况、性格以及与向你借钱的人的关系都不一样，很难将借钱原则理论化、标准化，并不是所有不是“救急”的借钱请求都可以被你毫不留情地冷血拒绝，所以教科书上才没办法阐述这个观点。

我想出一个公式：你最终出借的钱等于你 3 个月收入总和与借钱金额的 20% 两者之间较小的一个数额。比如，你一个月赚 1 万元，你朋友向你借 10 万元。3 个月收入是 3 万元，借钱金额的 20% 是 2 万元，后者更小，你就借 2 万元。但如果你一个月赚 5 000 元，你朋友向你借 10 万元。3 个月收入是 1.5 万元，你就借 1.5 万元。

我这样做的理由有两点。

第一，普通家庭的现金流规划中需要拿出 3 至 6 个月的家庭支出金额作为紧急备用金。但每月支出金额往往会浮动，而收入一般是确定的，更容易计算。一般收入总比支出高一些，所以 3 个月收入金额都在紧急备用金范畴内，你可以迅速把钱变现借出去，而不需要再动用其他投资资金，造成额外的资产变现损失。

要注意的是，对于已婚人士来说，如果借钱的人是你这边的亲戚或朋友，借钱金额就按你的收入计算；如果借钱的人是丈夫或妻子那边的亲戚或朋友，借钱金额就按他 / 她的收入计算；如果借钱的人是双方共同认识的好友，借钱金额就按双方共同的收入计算。3 个月的收入说多不多，说少也不少，既能表达你对对方的情谊，又不至于打乱你的生活节奏——如果对方今后还不了钱，你大不了工作 3 个月就能把钱挣回来。

第二，如果有些人的收入很高，一个月能赚 5 万元，3 个月收入就有 15 万元，那可真不是一笔小数目，所以还需要有另一个限制条件来控制风险，那就是只满足对方开口借钱金额的一定比例，而不是完全满足。

我觉得比较合适的比例是 20%。这意味着对方只要有 5 个你这样的亲友，就能凑齐自己的资金缺口。20% 说多不多，说少也不少，既表达了你的情谊，解决了对方一部分资金问题，也能反过来考验对方的人际关系。

如果对方做人还不算太失败，人品还算过关，连你这么懂理财的人都愿意借给他 20%，那么剩下的 80% 应该也能向其他亲友借到。

如果借不到，他就应该反思自己平日里的为人如何了。

举一反三，我们平时投资也该如此。在投资前，我们必须先把最坏的情况想清楚，比如创业板指数基金最大的下跌幅度可能会超过50%，如果这种极端情况不幸发生，那么到时候我们能坦然面对惨淡的现实吗？如果你能接受最坏情况，就投资；如果你不能接受它，就别投资。

理财就是理生活，理财之道，往往也是做人之道。

理财 · 职业规划

学习理财很重要，但在起步阶段，劳动复利引擎比理财复利引擎重要得多。年轻人的宝贵时间不应用来每天盯着屏幕，观察布朗运动，请把更多的注意力放在增量财富上！

——力哥

我有 10 万元，该怎么理财？

因为工作年限不长，大部分年轻人的积蓄都在 10 万元上下。于是刚开始理财的年轻人就整天想着如何捣鼓这 10 万元，让 10 万元快速变成 20 万元、30 万元、50 万元……

可事实上，通过科学合理的理财规划，你能达到 10% 的长期平均年化收益率就不错了，读完我的理财书，你或许能达到 15% ~ 20%。如果你能达到 20% 以上的长期平均年化收益率，那么你绝对是人中龙凤，因为这非常困难。

如果你有 10 万元，每年获得 10% 的收益率，那么一年后，你能赚 1 万元。

如果你现在 25 岁，到 65 岁退休，在长期平均年化 10% 的高复利运转下，那么 40 年后，这笔钱能变成 450 万元。如果按中国未来长期平均年化通胀率 6% 测算，那么 40 年后的 450 万元（终值），只相当于现在的 43.7 万元（现值）。

请问这点儿钱够你养老吗？

更重要的是，25岁后的40年，恰恰是你一生中最需要用钱的时间段。结婚买房要用钱，生养孩子要用钱，给父母养老送终要用钱……可以肯定，如果你眼下只有10万元，那么你绝不可能一分不动地将这笔钱投资到65岁。所以你花大量时间精力去捣鼓这10万元存量财富，这件事真有那么重要吗？

换个角度看，如果你的月薪是3 000元，算上年终奖和理财收益，那么30个月内，你就能存够10万元。

如果你的月薪是6 000元，14个月就能存够10万元。

如果你的月薪是10 000元，9个月就能存够10万元。

所以对年轻人，尤其是刚入职场不到5年的年轻人来说，他们最重要的任务是投资自己，争取找到收入更高的工作。

离开学校进入社会后的最初5年，被称为“职场黄金5年”，又被称为“试错5年”。在这5年里，你可以不断折腾，寻找自己的兴趣点和擅长的工作，越早完成试错，就能越早开启职场黄金岁月。

一个月薪3 000元的年轻人和一个月薪1万元的年轻人，哪怕前者现在有10万元存量资金可以天天捣鼓，后者现在一穷二白从零开始积累，一年后，两者的财富差距就会被抹平。再往后，差距就会越拉越大。所以我认为，年轻人应把注意力更多地放在增量财富上！

学习理财的确很重要，但在人生财富积累的起步阶段，劳动收入的复利引擎比理财收入的复利引擎要重要得多。

年轻人，你宝贵的时间不应该用来每天盯着电脑屏幕，观察布朗运动，然后每天担惊受怕，心神不宁，时而恐惧，时而贪婪。

如果启动资金不多，那么最佳的投资策略就是一半用于指数基金定投，一半用于固收类投资。

不选股、不择时、不薅羊毛、不套利，只有这样做，你才能在获得可持续的、稳健的、可观的投资回报的基础上，留出更多时间提升自我，创造增量财富。

这才是理财正道。

年轻人，如何找到你的增量财富？

上文中，我强调了一个观点：年轻人应该把更多的注意力放在增量财富上。

对走出校园没多久的年轻人来说，自己手里能掌控的存量财富非常有限，虽然理财要从一分钱开始，但在时间精力的分配上，应该把时间重点配置到获取增量财富上，而不是整天围着自己手里那么点儿存量财富打转。相较于投资自己，努力工作，开拓事业成功后带来的增量财富，你现在的这点儿存量财富真的不算什么。

很多人会问："你说的道理我都懂，但我的工资很少，我怎么才能获得更多的增量财富呢？"

职业生涯选择三部曲

这就要说到职业生涯规划的问题了。我提出过"职业生涯选择三部曲"的理论。

第一步，找到自己真正的兴趣所在。

第二步，找到自己的性格最适合的职业。

第三步，发现未来最有“钱”景的行业。

完成了这三步走后，接下来你就要做一个排列组合了。最理想的状态是：自己的性格最适合的若干个职业中，恰巧与自己的兴趣有若干个交集，然后在这些交集中寻找未来最有“钱”景的行业，并作为自己的职业发展方向。

如果你的性格适合的行业中没有自己感兴趣的工作，那么还是建议你优先从自己感兴趣的行业中，找到相对最有“钱”景的行业，作为自己的职业发展方向。

能赚钱的兴趣

请注意，我这里所说的兴趣并不是一般意义上的兴趣，而是一种强烈的、可持续的兴趣。你必须对某个事物或活动有发自内心的热爱和需要，这样你才会不自觉地努力接触、观察和了解这个事物，并对探索这个事物的奥妙怀有强烈的好奇心。

通俗地说，在职业生涯规划时所说的兴趣，是能赚钱的事，而不是会让你花钱的事。

有人说我喜欢看书，抱歉，这不是我说的兴趣，你喜欢写书才是兴趣，买书看会花钱，写书出版才会赚钱。

有人说我喜欢看电影，抱歉，这不是我说的兴趣，你买电影票会花钱，拍电影才会赚钱。

有人说我喜欢打游戏，抱歉，这不是我说的兴趣，你打游戏还要充值买装备会花钱，你有能力和游戏公司合作开发一款大卖的游戏才是兴趣。

有人说我喜欢玩车，抱歉，这不是我说的兴趣，你玩车会烧钱，你会修车甚至会设计一款新车能赚钱才是兴趣。

有人说我喜欢旅行，抱歉，这不是我说的兴趣，旅行要花钱，成为导游，或者开一个旅行社，或者成为资深驴友靠旅行路上写游记拍美图等，可以让你大把赚钱的事，才是兴趣。

当兴趣仅仅是兴趣时，你可能会以为自己真的很爱这个东西。但当这个兴趣成为你的工作、不得不依靠它养家糊口且必须每天面对它时，你还能对你的这个兴趣充满炽热的情感和好奇心吗？

做一桌美味展示一下自己的厨艺，引得家人朋友一片赞誉，你会很高兴。让你每天 10 小时站在火炉边，做上百道一样的菜，你还会喜欢烹饪吗？

没事开车出去溜达溜达，加速、急停、甩尾、转弯……车子在你手里随心所欲，你会觉得好开心哪！让你每天开 12 个小时出租，我保证你听到发动引擎的声音就想吐！

一个兴趣的养成是极不容易的，只有一个兴趣强大到它成为你的工作后，你依然能对它保持兴趣，你才会感受到工作带给你的快乐。也只有在工作中感受到快乐，你才会更加愿意投入这份工作，不断给自己充电，提升自己的工作能力，最终你才能在事业上获得更大的成就。

为什么大多数成功的创业者都废寝忘食地工作而疏于打理生活？因为创业的日子里，他们每时每刻都在想有关创业的事，脑子中没有空间想其他东西。一个人选择某个创业项目，不仅是因为他看到了其中的商机，看到了财富在向他招手，更重要的是，他很享受创业的过程，他乐在其中，像一只兴奋到极致的“战斗鸡”！

我的兴趣很广泛，但能让我持之以恒，使之成为生存技能后，依然对它保持旺盛的兴趣和好奇心的，只有写作和理财。

我对写作的兴趣是在高中时发掘的，至今已持续了近20年。而我对理财的兴趣是在大学时发掘的，至今也持续了10多年。我一走出校园就直接成为理财媒体人，这让我有机会在同一个领域长期耕耘，不断主动学习新知识和新技能。十年磨一剑，这段时间足以让我成为这个领域的专家。

可见，当一个人的兴趣和他的职业结合得很紧密的时候，将会产生非常强大的能量。所以在职业生涯选择上，发现并认准自己真正的兴趣所在，是最关键也是最困难的一步！

成为复合型人才

第二步相对容易得多。你只要做一些性格测试，就可以发现自己的性格更适合从事什么类型的工作。

而当第一步和第二步寻找到的结果没有交集时，我认为你应该优先考虑将第一步的结果作为职业发展方向。

勤能补拙，笨一点儿不可怕，且大部分人从事的都是普通工作，坚持努力就能有所成就。真正可怕的是你不爱这份工作，那么这份工作将永远都是你的负担，当你在工作时，脑子里想的永远都是赶快到午饭时间，赶快到下班时间，赶快到周末……

因为你不爱你的工作，所以你就没有把工作做好的积极性，更没有主动充电提高自我的积极性。

兴趣不仅应该是你最好的老师，也应该是你学习的动力，更应该是你赚钱的最佳手段。

如果第一步和第二步产生了不止一个交集，即你所擅长的工作中，有好几个都是你的兴趣所在，那么你要看第三步——选择未来最有“钱”景的行业。

未来中国什么行业会吸引越来越多的资本，产生越来越丰厚的回报呢？

这个问题就见仁见智了。假如你现在22岁大学毕业，到你67岁退休，还有45年时间，站在45年前的1974年往后看，你会发现中国最赚钱的产业在持续发生翻天覆地的变化！站在现在看，过去一段时间最赚钱的房地产行业未来恐怕将不再有那么强大的吸金能力，而眼下看起来最赚钱的互联网行业的好日子还能有多久呢？没人知道答案。

我个人的看法是“泛理财、泛娱乐、泛健康、泛教育”将是未来20年中国最有“钱”途的四大行业。

总之，年轻人在选择一生的职业发展方向时，一定要居安思危，不能只顾眼前，而要看到未来长期的行业发展变化趋势，不一定要从事眼下最赚钱的行业，但一定要从未来趋势看，选择越来越赚钱的行业。

具体来说，有些工种，职业属性强，行业属性弱，比如行政、法务、财务、管理等。这类工作不管是在这个企业还是那个企业，这个行业还是那个行业，一旦你掌握了相关知识、技能和经验，都相对比较容易上手。而有些工种，行业属性更强，特别是一些纯技术类工种。一旦你进入这种行业，你所学到的这些本事只在这个行业有用武之地，跨出这个行业你就只能干瞪眼。

我的建议是，你要让自己成为一个复合型人才。

请问金融专业和计算机专业，哪个专业更容易获得高薪工作?

答案是同时具有金融和计算机学位的复合型人才!

由于知识的爆炸性增长，19 世纪以来，人类的知识体系被大量分科。但在 21 世纪的今天，各个学科的基础性研究几乎都到了再无“处女地”的阶段，人类再想要获得更大的成就，就必须进行跨学科的协作。社会对跨学科复合型人才的需求和这些人才的稀缺，一定会让这些人才拥有更大的空间。

所以，我们既需要积累跨行业的职业生存能力，使这种能力在纵向上吃得开，即使当单一行业出现大势所趋的集体性衰退时，自己的职业生涯也不会跟着这艘“泰坦尼克号”一起沉下去。此外，我们更需要在某一行业建立起自己强大的专业能力、工作经验和人脉网络，让自己的工作才能在横向上吃得开。

这种复合型人才，才是 21 世纪最宝贵、最吃香的人才!

年终奖太少，年后要不要跳槽？

每年过年后，都会有一个离职高峰期，其中很多人是对年前老板给的年终奖不满意，心里不爽就离开了。

那么年终奖太少，要不要跳槽呢？这要看年终奖太少的原因。

四种情况

第一种情况是公司经营不善，业绩下滑，大池没水，小池当然就干涸了，所以公司给员工少发年终奖甚至不发年终奖也就在情理之中了。这时，跳不跳槽就取决于你对公司未来发展的预期了。

如果公司是传统行业，特别是夕阳行业，眼下还看不出公司未来会有大起色，那么我的建议是良禽择木而栖，尽早考虑离开。

如果公司是初创型企业，那么可能一年一个样。如果你看好公司明年的发展，就可以再忍一忍，很可能阳光就在风雨后。

第二种情况是公司经营得不错，明明发得起更高的年终奖，但由于规章制度（国企）或老板抠门（民企），致使年终奖数额没有达到你的心理预期。

如果公司是国企，那么你在入职时就应该有这个预期了，年终奖的高低不应该作为你是否跳槽的重要依据。

如果公司是民企，明明公司很赚钱，老板自己赚得盆满钵满，但还是对跟他打拼的手下太抠门，那么建议你尽早考虑离开，因为这样的公司不值得你为之奋斗。

第三种情况是公司没过错，只是你入职时间太短，还不到一年，这种情况年终奖比较少就很正常了。比如我大学毕业后第一年（实际才工作不到半年）的年终奖就很少。

第四种情况是公司没过错，而是你的工作表现无法让公司满意。同事的绩效考核优秀，年终奖比你高得多，那也没什么好抱怨的，你应该自我反思才对。公司给你一丁点儿年终奖甚至不给你发年终奖，可能就是想让你自动辞职，如果你再不改进工作表现，说不定明年公司就真把你炒了，你要有危机感哪。

年终奖不应是跳槽的关键因素

我国法律并没有规定企业一定要给员工发年终奖，这只是社会上约定俗成的规则，它的本质是企业奖惩员工的一种有效手段：对于过去一年表现优秀的员工，通过较高的年终奖给予鼓励，目的是希望优秀员工来年再接再厉，为公司做出更大贡献；对于过去一年表现糟糕的员工，通过较低的年终奖，甚至不发年终奖给予警告，目的是希望他们来年端正态度，努力提升自己，否则公司就要“大开杀戒”了。

从年终奖设立的初衷上看，它并不应该成为我们跳不跳槽的关键因素。

年终奖多，并不是我们继续留在企业的决定性因素；年终奖少或没年终奖，也不是我们马上跳槽的决定性因素。我们还得综合考虑职场环境、晋升空间、自我提升可能性等各方面因素。

我们工作的目的是为了赚钱，但我们想要赚到更多的钱，有时在职业生涯早期，就不得不忍受相对较低的收入和相对较高的付出，这样才能学到更多的真本事，以时间换成长空间，为自己今后获得更高的收入打下基础。

哪怕仅仅从当下收入的角度看，年终奖一年发一次，如果发了1万元年终奖，把它平摊到12个月，每个月也就只有833元左右，和你的正常月薪相比，这不算什么。如果你年后有机会加薪，那么说不定就比833元要高得多。

很多人一看到年终奖不如预期，就会一肚子牢骚，嚷嚷着一定要辞职，这往往是在感情用事。如果他们能理性看问题，就不会轻易拿辞职说事。

当然，如果你对自己的薪水不满意，又不好意思主动提加薪，或者提过加薪却被老板拒绝了，那么你也可以走一着险棋——假意提出辞职，领导也许会以加薪的方式挽留你。

但这么做事情，风险很高。如果你对公司没那么重要，领导可能就不会加薪挽留你，那时你再说“我是开玩笑的”，不愿意离开了，就会很尴尬，你会在领导心中留下“耍心眼”的负面印象，说不定时机到了，领导就真把你炒了。

想好退路再辞职

在提出辞职前，一定要先问自己 3 个问题：

（1）你是不喜欢现在的工作还是不喜欢现在的公司？

如果你只是不喜欢公司，那么请你找好下家后再辞职；如果你不喜欢现在的工作，那么你要先想清楚自己想要做什么再辞职。

（2）如果你想好了发展方向，但发现没有下家愿意为你支付更高的薪水，或者没有投资人愿意为你的创业梦想买单，那就反过来想想你工作这些年都积累了些什么？你自身是不是已经足够强了？

如果你的自身实力还不足，就需要更多的积累和打磨。如果眼下的工作能给你提供的学习成长空间太有限，那你就要在业余时间自我充电提高。你是金子，总会发光，怕就怕明明你只是一块儿煤球，却总是眼高手低，抱怨别人有眼不识“金矿”。

（3）如果没找到更好的下家或没想清楚未来的发展方向，但实在忍不住要裸辞，那么也请你先算一下口袋里有多少钱，够自己在没有收入的状态下生活多久。

如果你是单身汉，口袋里的积蓄连养活自己一年都不够，那么我劝你再痛苦也别辞职。如果你已经上有老下有小还要还房贷，那么在你还没实现财务自由之前，都不应该贸然辞职。

总之就三句话：我到底想做什么？我到底能做什么？我现在有多少钱能经得起折腾？

从你动了辞职的念头，一直到你真的万事俱备递交了辞职信，在这段骑驴找马的过渡期内，你千万不要流露出对公司的强烈不满，更不要消极怠工，故意与领导作对，甚至怂恿别人和你一起辞职。哪怕是离职后，你也不要到处说老东家的坏话。这是一个人基本的职业素养。

人生是一段旅程，每向前走一步，都会留下足迹。任何一段职场经历，不管在你看来有多不堪，也是你生命中无法被抹去的足迹，是你成长的记号。没有人可以一辈子顺风顺水，磨难即祝福，挫折即财富，就算你对老东家有许多看不惯的地方，也没必要难为人家。

职场上没有解不开的仇。如果你跳槽后依然和老东家在一个行业，说不定将来双方还会有合作的机会。当你在一个行业工作得足够久时，你就会发现，其实工作圈子并不大，山水有相逢，凡事留余地，何必要做损人不利己的事呢？

为难别人，其实就是在为难自己。尽可能让你人生道路上遇到的每一个人、每一家公司，都成为你自我成长的基石，而不是你终日诅咒的对象。

现在的工作没"钱"途，不知如何跳槽怎么办？

在职场中，很多人最大的困惑是，我明明知道眼下这份工作没有"钱"途或前途，但我不知道如何跳槽，生怕贸然辞职反而会让自己的生活陷入危机，这个问题该怎么解决？

跳槽的战略思维

许多人事专员说，跳槽是个技术活，但我认为，技术或者说操作层面的问题反而是最次要的，我们最容易通过培训和教育掌握它们，真正难的是战略层面的思考。许多人说现在95后的年轻人不好驾驭，太随心所欲，想跳槽就跳槽，一点儿工作责任心都没有，但权威调研数据表明，这个结论并不成立。与10年前的85后职场新人相比，今天的95后职场新人的跳槽频率并没有特别明显地提高。

事实上，职场新人比职场老人的跳槽频率更高，这本身就是合理的。

我提出过工作前5年是“职场黄金试错期”的理论。在这5年时间里，你可以任意跳槽，目的就是用尽可能短的时间找到自己能为之奋斗一生的职业。比如我大学一毕业就明确了自己的职业生涯规划是走理财和传媒的复合型专业人才路线，所以过去10多年的职场道路，没有一天是走弯路、浪费时间的。

有些人很早就建立了这种职场战略思维，他们发现某个行业不适合自己，发现自己对某个工作没有兴趣，发现某个公司和自己的气场不合……他们能迅速发现问题症结，并果断递交辞职信，尽快在错误的职场道路上“止损”。

而更多的人要么是完全没有战略思维，每天在公司里浑浑噩噩混日子；要么是虽然对眼前的工作不满，但不知道自己到底应该怎么做职业规划，往往一得到机会就马上跳槽，跳到哪里是哪里。因为你的跳槽没有经过战略高度的理性评估，很容易出现跳槽风险大于收益的情况，一旦与自己的预期产生落差，就会被迫再次做出冒险的跳槽决定，最后可能到了40岁，换了四五个行业，八九份工作，到头来干的还是一个月6 000元的底层工作。

跳槽，就像股市投资的止损：有些人从不止损，死猪不怕开水烫；有些人则高频交易，三天两头止损。这两种思路都是错的。归根结底，这些思路是由于沉没成本的阻碍造成的。

“不识庐山真面目，只缘身在此山中。”因为自己深陷其中，一旦选择从头再来，就意味着自己此前所有的付出可能都成了沉没成本，毕竟面对自己已经熟悉的工作环境、同事关系、企业文化和工作内容，人自然而然会产生惰性。人们主动挑战自己，去一个陌生的环境，做一份自己不能保证一定能做好的新工作，这往往需要很大勇气，这就导致许多人在明明可以做出正确决策的时刻变得犹豫——该止损时不止损。

而那些三天两头跳槽的人，由于工作时间短，原本就没有什么知识、经验和人脉的积累，所以沉没成本少，就更愿意尝试快速止损。殊不知，如此反复多次，沉没成本就会积少成多。

跳槽的正确“姿势”

那正确的跳槽“姿势”应该是怎样的呢？

第一，完善简历。

一份有竞争力的简历应该突出自己独特的工作能力、绩效和团队协作精神。

许多年轻人觉得应该在简历里事无巨细地把自己过往的工作都写进去，这样才能显示自己都做过什么以及未来能做什么，但其实真正重要的不是你曾经做过什么，而是你曾经做得有多好。如果你做得很差，就算你做过再多的工作，那么你依然是个 Loser（失败者）。

当然，如果你能在简历细节上做得更独特，那么也能给自己加分，比如更精致的字体，排版，头像，流畅、简洁、优美甚至是幽默的文字表达和清晰的逻辑，这些都能给你加分。

第二，多维度寻找跳槽机会。

对职场新人来说，首先能想到的无疑是那些传统的招聘网站。比较常见的有智联招聘、前程无忧和中华英才网，我作为招聘者，对这三个平台的使用体验也是按此顺序依次递减。

此外，58 同城网、赶集网等也有求职招聘板块。我现在最常用的招聘软件是 BOSS 直聘，体验很不错，非常适合中小企业招聘。

当然，如果你有更多的工作经验（至少 5 年以上），目标薪酬也比较高（至少 1 万元以上），那么通过猎头寻找合适的工作也是一种选择。

借助现实生活中的人脉求职也是一种重要方式。从你原来的人脉圈获得工作机会更有优势，一是朋友推荐的公司往往会更靠谱些，二是你被录用的概率也会比自己投简历更高些。但人脉的积累是个漫长的过程，只能说，平时多交朋友，多结善缘，多攒人品，关键时刻它才能帮上你的忙。

第三，认清你的对手。

知己知彼，百战不殆。频繁跳槽对你的职场杀伤力是很大的，你可以给面试你的人事专员讲出你之前快速离职的 100 个理由，即使你原来的公司真的糟糕透顶，可你为什么入职前没发现呢？这不还是你自己的责任吗？

入职前，多看看网上关于这家公司的新闻，多翻翻过往的数据和报告，甚至对于一些大企业，你也应该想方设法找到一些“线人”——包括公司的员工、前员工或者其他资历丰富、对这个行业和这家企业了解较多的人士，他们往往更清楚公司的真实面貌。

如果只是单纯听信人事专员“花好稻好”的工作前景描绘，或者只是被比原来工作高那么一点儿的薪水打动而贸然跳槽（许多比较糟糕的企业为了吸引人才，往往会在面试的时候开出“空头支票”），那么你入职后就要为这个错误买单了。

第四，认清你自己。

认识世界容易，认识自己难，因为我们总是容易高估或低估自己。而在职场竞争力上，绝大部分人都容易高估自己的真实能力。认清自己，不光是要认清自己的兴趣爱好和专长，更要认清你自己现在的专业能力在目前的职场上到底能达到怎样的水平。

可惜的是，大部分年轻人对现实不满而又不敢跳槽或找不到更好的工作，是因为他们自己缺乏足够强的职场竞争力，包括没有足够高的学历、没有相关专业技能证书、没有足够丰富的从业经验、没有能拿得出手的职场业绩。

如果你也发现自己身上有这些硬伤，那么眼下你首先应该做的是不要像热锅上的蚂蚁忙着四处寻找跳槽机会，而是应该加速投资自己，让自己具有更强的职场竞争力。否则，你永远都是在平行站位上跳槽。

第五，好聚好散。

当你做出跳槽决定以后，就要及时启动在原来公司的离职手续。按照《劳动合同法》要求，你需要提前 30 天向原公司领导递交书面辞职申请，在这个时间段内，公司一般会找人来接替你的工作，你也应该把自己的工作进度整理好，顺利交接。千万不要因为工作不开心，或者觉得自己已经找到新工作了，说离开就离开。

如果你这样做，那么原单位也可以让你不好过。比如扣押你的劳动手册和个人档案，不给你转出劳动关系导致新单位无法录用你，不给你转出社保和公积金账户导致你的缴费被迫中断。在商言商，职场上，没有解不开的仇。如果你跳槽后依然和原单位在一个行业，那么说不定将来双方还有合作的机会。我们何必要做损人不利己的事呢？

第六，别妄想一步登天。

身在职场，短时间内，或许运气能帮你找到一份收入和你的能力与付出不成比例的工作，但长期看，运气还是敌不过你的真实能力和付出。

上面说的这些，按传统的说法叫“跳槽攻略”，按时髦的说法叫“跳槽套路”，但即便你将技巧运用得再出神入化，如果你自己的职场竞争力无法持续提高，那么什么方法都是白搭。

跳槽方法论

学会理性分析自己要不要跳槽，是我们职业生涯规划中绕不过去的关键实操环节。

现在我就来介绍一套各行各业通用的方法论，今后遇到这个问题时，它能帮你理清思路，做出正确决策。

R君的困惑

我有个朋友，暂且称他为R君，前不久他咨询我一个问题："我在某政府部门做一名普通的公务员，现在有个公司让我去面试，做的是和我目前工作相关的产业的投资工作，我现在纠结到底要不要跳槽去那家公司呢？"

我回答："我教你个办法。"

拿一张纸或者打开一个表格，把这两份工作分别列在左右两边，然后列两个清单。

一个是收入待遇清单，另一个是两份工作的劳动付出、人际关系、发展前景和个人志向等各种不能直接用钱来衡量的清单。

这就像我给会员做理财规划时，一定要同时了解会员两方面的信息，一是财务信息，二是非财务信息。我的规划实际上针对的都是他们的财务信息，但只有我详细了解了他们的非财务信息后，才能更有针对性地对他们的财务信息状况进行调整，而规划财务状况的根本目的还是要落脚于改善非财务状况。这话说得有些拗口，实际上就一句话——理财（财务信息）就是理生活（非财务信息）。

这里有两个关键概念。一是你不能只比较当下收入的高低，而要综合比较其他各方面的得失取舍，比如公务员收入不算很高，但工作体面、稳定、有保障，这就能吸引很多人。二是你在比较其他各方面得失时，一定要分门别类进行比较，不能眉毛胡子一把抓，最后自己也被搞糊涂了。

如果跳槽与不跳槽的工资待遇相差特别大，比如现在的工资是一个月 5 000 元，跳槽后直接翻倍到 1 万元，那么这种情况下，你无须太过纠结，当然要跳。

如果现在你的月薪是 5 000 元，跳槽后也就 6 000 元，增长不明显，但是新公司发展潜力更大，职场空间更大，未来加薪的可能性更高，而新工作也能让你更好地施展拳脚，学到更多的新技能，那么你也没什么好纠结的，当然要跳。

真正需要纠结的是那些跳槽与不跳槽的利弊得失不明显的情况——跳槽不一定会带来很高的潜在收益，但可能会带来不小的潜在风险。

R 君遇到的就是这种情况。

根据 R 君计算，从现在的公务员岗位跳槽去国企后，算上各种各样杂七杂八的补贴，每个月最终的总收入能增加 1 500 元，加上年终奖差额，全年收入预计能增加近 3 万元，表面上看是跳槽比不跳槽更好。

但如果算上跳槽成本，情况就不同了。因为现在的工作能提供免费员工宿舍（R 君未婚），所以他没有租房支出（R 君在北京工作），而一旦跳槽，新公司不再解决住房问题，就算与他人合租北京郊区的一间房屋，一个月最少也得 2 000 元，而且距离公司远了，上下班坐地铁单程要 5 元，一个月就得 200 多块。

如此算来，跳槽后增加的收入几乎全被因为跳槽增加的刚性生活支出抵销了。这就是为什么我还要他再列一张表，看看其他方面的得失。

全方位比较跳槽得失

（1）工作稳定性。

公务员的工作稳定性极高，不用担心失业裁员，有较高的安全感。而一旦跳槽去国企，会丧失一部分工作安全感。虽然新公司是国企，但毕竟是合同制，存在因为工作业绩不好或经济形势不好被裁员的可能。所以从工作稳定性上看，不跳槽完胜。

（2）工作强度（付出）与收入比。

大家都知道，体制内的公务员的周末和节假日基本有保障，很少需要去单位加班，最多也就是节假日轮流值班，值班一般也没什么事。这样看来，工作总体上不算很累。而一旦跳槽，不但再也回不了体制内（除非以临时工身份），想过清闲日子也没门儿。加上为了尽量节省房租支出，不得不住到比较远的地方，上下班也不得不挤地铁，不仅花销变多，路上花费的时间也多了，幸福感自然就降低了。所以从付出收入比上看，总体上也是不跳槽更胜一筹。

（3）未来的收入和潜在上升空间。

公务员的工作，只要工作不出岔子，人际关系和谐，基本上就是在熬资历，到了一定年纪，职位和收入自然都会有一些提升。只不过能力强的提拔速度快一些，平庸之辈则慢一些。

那跳槽后在国企是不是上升空间要更大一点儿呢？

从公司扁平化管理架构看，国企的内部上升空间依然有限。公司采用的是从一般员工到部门经理到副总裁到首席执行官再到总裁这样的常规架构。而工资增长方面，之前人事专员说过，如果年底员工考核优秀，那么工资会有一定增长，但有多少增长空间是未知的。所以总体看来，从未来的收入和潜在上升空间上看，只能说二者打个平手吧。

（4）企业发展前景。

如果是在政府部门工作，可忽略这一条考量因素。即便是在国企，因R君从事的是相关产业投资，行业前景还是可以期待的，具体到这家企业来看也的确可圈可点——隶属于某知名大型国企，背靠大树好乘凉，有一定的发展潜力。所以从企业发展前景上看，跳槽胜出。

（5）职场人际关系。

职场人际关系也很重要。工资再高，如果你的工作让你不开心，天天需要面对人际关系斗争，那么这日子就过得太憋屈了。

对 R 君来说，现在的公务员工作的人际关系有好的地方，也有不好的地方。

好的地方在于，公务员之间会形成自己的小圈子，有事可以相互帮忙。可一旦离开这个圈子，再想让原来的圈子里的同事帮忙，就不那么容易了。毕竟以前人家帮你是想着以后说不定也有用到你的时候，现在则人走茶凉了，这部分人脉关系可能会作废。

坏的地方也很明显，就是 R 君的工作风格跟部门领导的工作风格有点儿冲突。不管是机关单位还是普通企业，适应不了顶头上司的工作风格，工作就很难做好。

相对来说，国企当中就没有这么复杂的人际关系。公司员工平均年龄比较小，不会太讲究论资排辈，公司整体氛围比较平等友爱，把自己的活儿干漂亮了，自然一切好说。所以从职场人际关系上看，跳槽完胜。

（6）工作内容与个人志向和兴趣的契合度。

这一条 R 君没有和我细说，但从他平日里和我的交往来看，我觉得他是一个有想法、比较想干一番事业的人，之所以舍不得现在的工作，更多的还是因为体制内的安全感对他思想的捆绑。所以从这一条看，我暂且也认为跳槽胜出。

（7）职业风险。

任何职业都有潜在的风险。比如 R 君现在的工作也有一个很大的岗位风险，就是安全事故一票否决制。去年光是安全管理工作就占了 R 君很大一部分工作精力，出了事都要他来担责，而且暂时也没有调岗机会。而跳槽后的工作没有这么大的岗位风险，所以从这一条看，也是跳槽胜出。

（8）职业尊严。

工作不光是为了赚钱养家，更是一种社会地位的象征。

R君和我说，他们家中很多长辈都以他在大城市当公务员为骄傲。所以当公务员这事，不能光看钱，还要看社会地位。再不济，相亲时人家介绍说男方是公务员，往往也是加分项。

一旦从机关跳槽到企业之后，虽然是国企，但从社会的认可度来看，企业还是要略逊色些。跳槽这事，不光要看自己的想法，还要听听家里人的建议。如果家里人都反对，那么这个槽就很难跳。所以从职业尊严上看，不跳槽完胜。

综合看这8条标准，3条不跳槽胜出，4条跳槽胜出，还有1条打平，单单从数值对比上看，还是跳槽略胜一筹。

事实上，R君对跳槽的主要顾虑集中在两点。一是自己要付出的劳动更多，但收入暂时不见增长，对于习惯清闲工作的他来说，要主动放弃清闲活儿，拥抱累活儿，这的确需要很大的勇气。二是一旦离开体制内，就会丧失一定的安全感。

吸引R君跳槽的最主要因素是他想改变自己从30岁到65岁的生活状态和人生走向，不希望自己余生都在体制内。

通过利弊得失的统筹分析后，R君就比较容易做出自己最理性的职业生涯选择了。

当然，在选择跳槽与否时，还要考虑自身性格。激进变革取向和平稳守成取向的性格所适应的职业是不同的，这就提醒大家在择业和跳槽的时候不妨问问自己是什么样的性格。

窥一斑而知全豹，见一叶而知深秋。我只能以 R 君为案例，引导你学会思考关于跳槽问题的方法论，至于你的人生走向，永远需要你自己做出决定，并为你的选择承担一切后果。

凭什么范冰冰一天赚的钱，比我一辈子赚的还多？

2018 年，娱乐圈最轰动的新闻无疑是崔永元曝光范冰冰 4 天净赚 6 000 万元的“阴阳合同”，这最终在整个娱乐圈引发了大地震。

4 天赚 6 000 万元，一天赚 1 500 万元。对普通百姓来说，一年忙到头可能也就只能赚几万元，一辈子就算干足 40 年，充其量也就赚几百万元，而这只是范冰冰一天赚的钱的零头。

于是许多人追问，这样的收入分配制度合理吗？我的回答是既合理，又不合理。

理解稀缺性

合理之处在于，明星片酬是市场化定价，并没有人拿枪逼着影视公司强买强卖，大家都是理性经济人。投资方算过这笔账，发现自己做这笔生意划算，才会愿意给明星那么高的片酬。

今天中国的绝大多数行业严重产能过剩，处于买方市场，竞争很激烈，利润很微薄。

影视行业的前端销售环节，同样处于买方市场。每年上千部影视剧杀青，可院线排片的资源有限，电视台黄金档时间有限，竞争很是惨烈，所以“偷票房”“黑对手”这种事屡见不鲜。但影视行业的后端制作环节，却是卖方市场。明星明明是收钱干活的乙方，却有更强的定价话语权，就像甲方一样。这是为何？归根结底，三个字：稀缺性。

经济学在本质上研究的就是稀缺性问题，不懂稀缺性，就不懂经济学。

沙漠里的水很稀缺，所以比石油还值钱；内陆的贝壳很稀缺，所以能拿来当硬通货。现代社会，科技昌盛，物质丰富，在没有大规模自然灾害和战争的环境下，绝大多数商品的稀缺性都越来越小，不管是食物、衣服，还是手机、汽车。但总有一些东西的总量有限，它们无法被无限复制，这也让它们的相对稀缺性越来越强。

例如越来越多的人要涌入一线城市谋生，但这些城市毕竟空间有限，房子会越来越稀缺，因此从长期来看，房价只会越来越高。

再比如每个人每天的时间和精力有限，能认识的人有限，能喜欢的人更有限，能花充足的时间和真金白银去追的明星，更是屈指可数。换句话说，我追了范冰冰，就很难再抽出时间追李冰冰。如果范冰冰和李冰冰的电影同时上映，而我的时间有限，那么我就会去看范冰冰的电影。所以一个人被越多的人认识，被越多的人喜爱，就具备越高的认知溢价。

未来最稀缺的资源

宇宙遵循质能守恒定律，所以科技越发达，废料变资源就越容易，一切物质财富的稀缺性就会越来越低。

唯独人的时间无法像科技进步那样呈指数级增长，哪怕未来生物科技大爆发，使人类平均寿命从 70 岁增长到 140 岁，时间仍是极度稀缺的资源。因此未来世界最稀缺的资源，就是人的注意力。

娱乐圈的明星，认知门槛最低，毕竟喜欢八卦是人的天性。大部分人都对八卦有关注的欲望，也都有关注的能力。而财经界的名人，认知门槛就高了很多。因为很多人不具备看懂财经信息的知识基础，更无法理解复杂的金融逻辑，所以像我这种讲理财的人，就算成了中国最大的财经网红，认知溢价也不及范冰冰的皮毛。

一线娱乐明星具有极高的认知溢价，有极多的潜在观众愿意为他们的作品付费，所以影视公司找这些明星拍戏，哪怕片酬高，投资风险也会大幅降低，可能反而比花小钱请一些不知名演员拍戏的性价比更高。

不仅是中国的娱乐明星能日进斗金，日本、韩国、泰国、印度……身处大众传媒时代，凡是以市场经济为主导的国家，娱乐明星都处于社会财富金字塔的顶部区域。

好莱坞电影具有跨越国家、语言、文化的全球影响力，好莱坞一线明星的认知溢价是全球最高的，所以其片酬也是最高的。

由于中国市场本身非常大，随着中国经济的高速发展，中国追星族为明星消费的能力也越来越强，所以中国明星的收入水涨船高。这一切都符合经济学原理。

对我们普通人来说，不管从事哪个行业，让尽可能多的人（潜在客户）认识自己，喜欢自己，认可自己，也能帮我们自身积累更多的认知溢价。久而久之，这些认知溢价会产生规模效应和马太效应，会和你持有的房产一样，不断升值，帮你赚到更多的钱。

时代变迁，后生可畏。人的精力会随着年龄增长而不断衰退，想要尽可能降低中年危机对我们生活造成的冲击，年轻时，除了在专业上不断投资自己，还要在人脉上不断投资自己。

拼获取新知识、新技能的能力，年纪大的人拼不过年轻人；但拼可信赖的人脉资源，年轻人拼不过年纪大的人。年轻人要赚钱，智商或许比情商重要些；年纪大的人要赚钱，情商就比智商重要太多了。

税收的意义

市场经济发展到后来，哪怕在绝对公平公正的环境下，也会自然形成强者越强、富者越富、财富越发集中的局面。这种金字塔式的财富分配结构，不利于社会稳定，容易引发暴乱、革命甚至战争，会对财富增长和人类社会福祉造成毁灭性打击。

这就需要我们采取二次分配的模式，来调节社会贫富差距。

一种是柔性的方式，让富人主动把钱捐出来。这种方式一要依靠道德感化，规劝富人为了好名声捐钱。二要依靠宗教信仰，让富人为了死后有个好归宿而捐钱。但这两招儿，对今天中国的大部分富人来说，作用都不大。

另一种是刚性的方式，把富人的钱“抢”过来。一要给那些具有极高认知溢价的明星设置收入上限，中国有国家广播电视总局发布的

“明星限薪令”，美国有针对 NBA（美国职业篮球联赛）球员的“工资帽”和“奢侈税”制度。二是更普遍的做法，要求高收入人群强制承担更高的税赋。

一个年收入 5 亿元的人，税率 50%，就算缴了 2.5 亿元的税，到手 2.5 亿元，也还是顶级富人，依然生活富足，要啥有啥，税收对他几乎毫无影响。

一个年收入 5 万元的人，税率 5%，哪怕只收 2 500 元的税，到手 4.75 万元，也会让他的生活更加捉襟见肘，苦不堪言，税收痛感极强。

最合理的税收政策是，一方面进一步提高个税起征点，降低穷人的个税负担；另一方面，对收入超高还要千方百计逃税的明星等富人，征收更高的税。

就算世界毁灭重建，为什么穷人还是穷人？

前文我们主要讲的是稀缺性对一个明星的重要性，对我们普通人来说，理解“稀缺性”也会对工作、生活和理财产生巨大帮助，甚至可以说，这是我们能不能变成有钱人的关键所在。

一出好戏

黄渤的导演处女座《一出好戏》，是一部具有强烈实验戏剧风格的荒诞喜剧。

电影的情节很简单，讲的是一家公司出海团建，恰巧遇到陨石坠落，一船人被冲到一个无人的荒岛上，他们以为世界毁灭了，就在荒岛上重建社会秩序。

起初，由王宝强饰演的导游小王，会爬树摘野果，是荒岛上生存能力最强的人，获得大家的推举，成为团队领导，也获得了以保安小哥和保洁大姐为代表的、原本位于公司底层的劳动人民的热烈拥护。

而由于和伟饰演的公司老板张总，却由于平时从不干体力活，野外生存能力弱，反而沦落到这个新社会的底层，经常受到责罚。后来，张总在小岛另一头，找到了一艘倾覆的大船，里面物资充沛，他带着一群自己的拥护者走了。这时，社会就自然分层了。

以小王为首的穷人阶层，继续住在最早发现的山洞里，不劳动者不得食，所有人每天都要捕鱼摘野果，不完成 KPI（关键绩效指标）就要受罚。但周边的鱼和果子越来越少，他们的生活越来越艰难。

以张总为首的富人和中产阶层住在大船里，有各种罐头和方便面，不劳动却过得很舒服。

再后来，小王的队伍也发现了张总的大船，但张总却拿出了市场经济那套法则，让他们用捕到的鱼换船上的各种生活用品，并宣称以船上仅有的两副扑克牌作为货币。

可实际上，船上不止两副扑克牌，张总偷偷把其他扑克牌也用于市场交易，人为制造通货膨胀，也就是用超发的“扑克牌”，把小王的队员手里的鱼逐渐弄过来，变相洗劫穷人阶层本就不多的财富。

由于生存越发困难，小王的队伍中不断有人叛逃。最终，小王带着穷人阶层，跑去和富人、中产阶层谈判。

张总给出了解决方案，他说：“因为你们暂时遇到经济危机，所以没有更多的鱼和扑克牌可以和我们交换商品。因此我们可以把扑克牌借你们融通一下，只不过借一还三。”

小王怒斥：“你这不是高利贷吗？”

张总回复：“这就是我定的规矩，你们爱借不借。”

忍无可忍的小王高呼一声：“兄弟们，给我抢！”

乍一看势均力敌的两伙人，真打起来，以脑力劳动为主的富人和中产阶层，完全不是以体力劳动为主的穷人阶层的对手，张总被小王按在地上揍……

电影用了很多荒诞剧情，来弱化这种残酷的阶层斗争，我把核心故事情节抽离出来，你会看得更真切。

风险溢价

这个荒诞剧情对现实做了大量影射，它打破了无数穷人心中的幻梦。因为我一无所有，没什么输不起的，继续维持这样的社会制度和财富分配体系即可。我永远是穷人，永无出头之日，所以我做梦都希望房价崩盘，天下大乱，甚至希望世界毁灭，末日来临。

在穷人的认知中，不破不立，只有这个世界按下 Restart（重新启动）键，所有人重新站在同一起跑线上，自己才有逆袭、改写命运的机会。

黄渤却打了穷人一个大大的耳光：醒醒，别做梦了！你看，哪怕在这个只有 20 多人的迷你社会中，财富还是会重新向富人阶层聚集！

在最残酷的丛林法则下，最初一定是那些身强体壮的人能得到更多的生存资源，就像电影里的小王。但久而久之，人类还是会重新组织起来，建立社会制度。这时，总有一些人会率先完成原始积累。

1 800 年前，东汉末年，中国人口减少超过 95%，那是中国 3 000 多年文明史上最黑暗的一页。三国的故事，已把这个道理阐释得淋漓尽致。

换到《一出好戏》的语境中，就是张总率先发现大船，完成原始积累。

你可以说他的原始积累靠的是狗屎运。但换个角度看，其他人都老老实实听从小王指挥，捕鱼摘果子，为何只有张总不甘于此，到处乱窜，寻找机会，并且最后还真让他发现了一个大宝藏呢?

任何动物，无不厌恶风险，厌恶不确定性。但所有大富大贵之人，在创业早期，一定是不怕风险、四处碰钉子、总是不放弃的愣头青。

大家仔细想想，今天功成名就的互联网巨头们在创业初期，哪个人没有过孤注一掷、破釜沉舟的决心?哪个人没经历过暴风雨的洗礼?

生活中的绝大多数时刻，我们只见贼吃肉，不见贼挨揍。只看见马云人前风光，却看不见马云为了今天付出了多少努力，承受了多少风险。

老板之所以比员工有钱，不仅在于他付出了更多的努力，更在于他承担了更大的风险。这就叫“风险溢价”——获取超额财富的原动力。

富贵险中求，世界上从没有“安安稳稳赚大钱”这种好事。

我教授的理财之道，从长期来看，充其量也只是每年获得10%~20%的投资回报。想要发大财，需要眼光、勇气、决心、执行力、运气诸多因素结合在一起。而电影里的小王不具备这些条件，原本就是公司老板的张总却具备这些条件。

随后，张总按部就班完成了收买人心和重建秩序的过程。

原始积累的完成，能不断吸引小王队伍里的人叛逃到自己这边。

因为个人加入集体，就要服从集体规则，所以他创立的这套扑克牌换食物的游戏规则，就被大家普遍接受了。

按照张总的如意算盘，小王和他队伍里的人迫于生存压力，终究会向自己低头。

张总手握原始积累的先发优势，外加用通货膨胀的经济杠杆巧取豪夺，并对穷人采取高利贷政策，进一步压缩穷人的生存空间，最终把穷人逼上了造反的绝路——光脚的不怕穿鞋的，大不了鱼死网破。于是张总在荒岛上刚建起来的新社会秩序，瞬间土崩瓦解了。

这就是人类数千年文明史的宿命：由于各种原因导致资源（财富）分配不公，当穷人的生存空间被挤压到阈值时，就会导致社会崩溃，一切被推倒重来。

穷人逆袭

如果剧情到此戛然而止，那么这部电影还算不上深刻。真正的亮点是黄渤饰演的马进和张艺兴饰演的小兴两兄弟组建的第三方势力。

原本位于公司底层的马进，由于性格刚烈，受到了小王的体罚，他心生怨气，在张总发现大船后，是第一批被成功“策反”的人。

但张总策反马进，靠的是一张空头支票：我有办法带你们回大陆。这是不可能的。张总要的是在这个新世界中，重新成为站在金字塔顶端的王。

马进得知真相，梦想破灭，怒斥张总，却和小兴一起，被张总的手下打跑了。于是他们成了同时不被小王和张总两方势力待见的第三方势力。

马进逆袭的梦想，本应到此终结。

但在他们居住的区域，突然从天上掉下来无数海鱼，相当于老天爷重新给了他一张翻盘的彩票。

这时，马进智商“上线”，意识到如今鱼不再稀缺，未来一定会贬值。未来会稀缺的，反而是他们从人类世界带来的，岛上无法再生的东西！

无法开机的手机，破旧的电线和发电机、小孩儿玩儿的魔方……他们尽其所能，用鱼和别人交换这些东西。

最后，马进运用这些稀缺资源，在特定的时机下，成功策反了两派力量，将其招致他的麾下。

马进成功逆袭的关键，有两点：一是从天而降的鱼，这是他的原始积累；二是他对稀缺性的理解，这是他的认知升级。

现实中，最有投资价值的投资品永远是那些最稀缺的、不可再生的东西。

比如北京 2018 年最新出台的禁限目录，规定今后东城区和西城区禁止新建住宅，旧房改造除外。这意味着二环内的北京核心区域，未来将不会有增量房产入市，房子卖一套少一套，越来越稀缺，房价不涨才怪了。

北京的东、西、北五环和南四环以内，未来禁止新建酒店和写字楼。这意味着五环内的区域，未来酒店和写字楼的租金会持续上涨，在北京中心区域旅游或者办公、创业的成本，将越来越高。

全北京市内，禁止新建容积率小于 1 的住宅项目。容积率小于 1，基本就是独栋别墅，所以北京也不会再有新建的独栋别墅了。目前分布在京北、京西、京东的别墅项目，卖一套少一套。未来在北京集聚的富人会越来越多，这些别墅价格的走势，我们可想而知。

对我们自身的投资，同样遵循稀缺性原则。

努力让自己掌握别人很难快速学成、“越来越吃香”的职业技能，比如律师、医生、理财规划师、保险精算师、税务筹划师、心理咨询师、营养师、建筑设计师、古玩鉴定师等等。

那些不需要创意，无须思考的“重复机械劳动”，早晚会被人工智能代替。

《灌篮高手》中隐藏着决定一生的财富密码

在我们80后的成长道路上，《灌篮高手》可谓集体性的历史记忆。但很多人不知道，《灌篮高手》还隐藏着重要的财富密码。

樱木花道与流川枫

请问《灌篮高手》中的樱木花道和流川枫有什么相同点和不同点？

在我看来，相同点是他俩都是打篮球的天才，不同点在于樱木花道在上高中之前从来没有接触过篮球，更不知道自己有打篮球的天赋，而流川枫在初中时就已经是篮球部的明星球员了。所以当两人同时进入湘北高中的时候，他们在篮球水平上的差异可谓天壤之别。

全国大赛开始前的那个暑假，安西教练给樱木花道做特训时，樱木花道问安西教练什么时候自己能赶上流川枫的水平，安西教练说：“流川枫从初中起，每天练习投篮500次，所以你这2万次投篮的集训和流川枫的努力相比，还差得远。如果你想在高中三年里追上流川枫的水平，你就必须要用 3 倍于他的训练量训练，这样你的愿望才有可能实现。”

尽管井上雄彦并没有继续写他们后来的故事，但我们可以预想到，如果樱木花道和流川枫继续追逐他们在篮球上的梦想，以他们的天资和努力，等到大学毕业时，樱木花道的篮球水平很可能已经赶上了流川枫，而以樱木花道比流川枫更强的肌肉爆发力和更快的反射神经来看，樱木花道很可能在未来的职业生涯中取得更大的成就。

这个故事告诉我们一个很残酷的真理：对于天才来说，就算你的起点比同龄人晚了不少，远远输在了起跑线上，但因为你天赋异禀，你就可以在相对较短的时间内，追上之前因为持续努力而把你甩在后面的竞争对手。哪怕你的竞争对手也拥有极高的天赋，但只要他的天赋比你稍微弱一点儿，那么假以时日，你一样可以超越他。更不要说在现实生活中，和天才竞争的往往并非另一个天才，而是一大群庸才了。

用爱迪生的话说，天才就是 99% 的汗水加上 1% 的灵感……其实爱迪生的原话还有下半句：但那 1% 的灵感是最重要的，甚至比那 99% 的汗水都要重要！

很显然，在爱迪生看来，在走向天才的道路上，灵感比汗水重要得多，平庸之人就算付出百倍汗水，效果可能也还是一般。

我相信爱迪生说这话绝对不是为了展现自己智商高的优越性，而是说出了人世间的残酷真相。

在学生时代，我们几乎都遇到过所谓的“学霸”，他们学什么都快，他们用于学习的时间比我们都少，但考试却可以门门考高分……我们这些资质平庸的人，除了羡慕嫉妒恨，真的一点儿办法都没有。

看到这里，是不是觉得我在泼心灵硫酸，让你对人生感到很绝望呢？事实并非如此，《灌篮高手》中还有对我触动更大的两个人物。

三井寿与神宗一郎

如果说樱木花道和流川枫的比拼是中途醒悟、发力追赶的超级天才和一直在努力前进的天才之间的比拼，那么三井寿和神宗一郎则是自暴自弃的天才和一直在努力的资质平庸者的鲜明对比。

海南队二号人物神宗一郎的体格原本是很柔弱的，一年级的时候，他一直是候补队员，通过一年的玩儿命训练，他迅速把自己的身体从相对柔弱的状态锻炼成比较强壮的状态。

但先天身体条件的不足，致使他身高虽有 1.89 米，比樱木花道和流川枫都高，却只有 71 公斤重。这使他无法在禁区内和真正强大的中锋直接进行身体对抗。也就是说，不管神宗一郎如何努力，他依然无法成为一名像樱木花道那样的“篮板下的霸主”，所以他决定成为一名外线射手。

与内线型选手不同，能否成为一名出色的外线射手，决定因素除了天赋，更看你的努力程度。因为在没有干扰的情况下投三分球是一项非常机械化的技术活，最关键的是熟能生巧。而篮板球、助攻、抢断、内线突破花式上篮、灌篮等动作则需要更好的身体素质、技巧以及敏锐的反应。为了能成为一名优秀的外线射手，神宗一郎在海南队每天的高强度训练后，还会自己留下来额外再练投500个三分球。

同样是三分球神射手，神宗一郎的发展曲线是一路向上的，而三井因为中途有两年多放弃篮球训练，他的发展曲线要波折得多。

客观地说，三井也是个篮球天才。从他中断两年训练后的表现可以看出，他的防守、突破、助攻各方面的天赋和技术水平都高于阿神，但两年没有训练让他的体能完全无法跟上比赛的强度。

篮球需要天赋，但如果没有坚持单调枯燥的训练，天才也就不再是天才，三井的故事就是一个反例。而阿神却坚持采用了最简单也是最笨的办法——避开自己的弱项，找准自己的强项，然后反复打磨，反复训练……依靠过人的毅力和坚忍，最后他入选了神奈川最佳五人团队。

看到这里，你是不是又觉得我在写心灵鸡汤呢？鸡汤喝多了也会中毒，所以我不得不拿“硫酸”和“鸡汤”一起喂你喝。

最值得学习的榜样

没错，整部《灌篮高手》出场的众多人物中，神宗一郎才是最值得我们普通人学习的榜样。

首先，他给自己做了清晰的自我定位和规划，他知道自己的短处在哪里，长处在哪里，然后努力扬长避短。

在生活中，我们许多人并不清楚自己的短处和长处在哪里，有些人说你没有优点，你没有兴趣，你什么都不懂……其实他们错了，尺有所短，寸有所长，每个人身上都有或多或少的闪光点，不断打磨这些看似不起眼的闪光点，或许你就会找到自己最应该做的事业。

其次，就是坚持向着自己定下的发展方向走。

今天的世界越来越复杂，分工越来越细致，我们每个人的时间都是有限的，必须把有限的时间集中在确定的细分职业领域，这样才能在这个细分领域获得卓越的成就。比如，当我决定把理财作为我的事业进行单点突破时，我就不得不放弃成为一个工程师、一个健身教练或者一个飞行员的机会。

而在现实生活中，很多工作都和投三分球一样，既需要有一定的天赋，更需要有强大的毅力坚持打磨自己的天赋，永不放弃。任何一个人在任何一个工作岗位上兢兢业业工作 10 年以上，都一定是这个职业的专业人士。

没有谁能随随便便成功，哪怕你在这个领域是不世出的天才，可如果你自甘堕落，那么一样会泯然众人。就像我，哪怕在文字上再有天赋，但如果总是好逸恶劳，不愿写作，那么我的文字水平就会不断退步，文思泉涌就会逐渐变成文思干涸，我也不可能在事业上有任何成就。反之，因为我坚持写作，坚持不断学习理财新知，所以我就会在理财自媒体的道路上越走越远，越走越宽。

哪怕你只有那么一丁点儿天赋，但你愿意不断去挖掘这点儿星星之火，最终你一样可以在这个领域获得巨大的成功。

或许我们绝大多数人永远不能成为樱木花道和流川枫，但我们中的不少人却可以努力让自己成为神宗一郎。

理财·投资规划

投资就是认知差异的变现。所谓“割韭菜”，收“智商税”，本质上都是占领认知高地的人群，洗劫站在认知洼地的人群。

——力哥

世界上第一等的赚钱智慧

“打脸”才是正常人

罗振宇曾在《罗辑思维》里多次说过：“自相矛盾存在于第一等智慧中。”

结果很多人说这是罗振宇在为自己找借口。比如创业之初，他曾鼓吹“U 盘化生存”，自己成立公司后，他却接受风投，作茧自缚。

他曾鄙视广告盈利模式，认为直接让用户掏钱养活自己才是未来媒体的正道，结果他的跨年演讲却满屏都是赞助商的商标，“得到”王牌专栏“李翔商业内参”变成宝马冠名的免费专栏。

他还宣称自己卖了北京的房子，鼓励年轻人放弃存量思维（房子），追求增量思维（创业）。后来北京房价连年大涨，创业者却九死一生。

所以很多人说罗振宇就是个耍嘴皮子的言行不一的人，每次看他被“打脸”都很爽。

对此，罗振宇曾公开回应。

他说有些人特别喜欢截屏，以备日后嘲笑别人之用，并沾沾自喜，认为自己有先见之明。

可就像你嘲笑马云“不做游戏”，罗永浩“手机绝不降价”一样，从本质上看这种“机智”非常幼稚。

因为人不是永远静态的存在，而是一种可以实现自我成长的生物，人的认知会不断更新升级。

时代变化快，人们稍不留神就会落伍，落伍了，人们就会形成错误的认知。之后，人们通过学习和实践发现自己错了，马上改正，这就成了旁观者口中“打脸”的情况。

所以一个自认为绝不会被打脸的人，必是一个骄傲自大、顽固不化的人；一个会被打脸的人，反而是一个正常的、真实的、不断成长的人。

人无完人，智者本身的智慧也在不断蜕变中。真正可笑的不是被打脸，而是一个人反复在同一个“坑”里被打脸，因为这个人只会犯错，从不成长。

二元对立的幼稚世界观

现在再读“自相矛盾存在于第一等智慧中”这句话，你有没有感受到自我成长带来的力量呢？

当然，理解一个人自我成长的复杂性，只是对这句难以理解的至理名言的浅层认知。更高层的认知，则是对这个世界本身的复杂性有充足的理解能力。

小时候看《三国演义》，我总喜欢缠着老爸问魏、蜀、吴谁好谁坏，因为当时我对世界的认知是绝对二元对立的，非黑即白、非对即错、非赢即输、非善即恶……比如奥特曼是好的，怪兽是坏的；葫芦娃是好的，蛇精是坏的……然而老爸说，《三国演义》里没有好坏，只有混战，我就蒙了。

今天大部分成年人对这个世界的认知依然是非黑即白的二元对立。如果一个人对世界的认知永远停留在二元对立的阶段，他将永远是理财小白，永远不可能靠投资赚大钱。

比如前文说的罗振宇卖房，人家后来说了，他把大部分钱拿去买腾讯的股票了，因为他觉得腾讯的股票比北京的房子更有升值空间。后来腾讯的股价的确比北京的房价涨得还厉害，再后来，他创业成功，重新在北京买了房。

这个故事涉及房产投资、创业投资和股票投资三方面，绝不是“看涨还是看跌，买还是卖”二选一的单选题那么简单，这背后涉及每个人不同的需求和对市场的深刻洞察。

对罗振宇来说，卖房没错，买房也没错，但如果你不动脑子“抄作业”，却可能卖房也是错，买房也是错，那么最后被打脸的不是罗振宇，而是你自己。

黄金

涉及理财的很多领域都存在这种自相矛盾的情况，比如我多次说过的“黄金不保值”。

1980 年，金价最高涨到 850 美元多，28 年后，金价也只有 1 300 美元，涨了 55%，年化投资回报只有 1.64%。就算你走狗屎运，在 2011 年金价历史最高位 1 900 多美元时全部卖掉，21 年间的年化回报也只有 3.92%。可见，长期持有黄金的表现非常糟糕。

我说这话时，恰逢黄金大熊市，所以我并不鼓励大家买黄金。但 2017 年起，我又鼓励大家一定要配置一点儿黄金类资产。因为世道变了，现在的全球政治经济格局比前几年要糟糕很多，黄金虽然不能生息，不能保值，但具有不可替代的避险价值，所以出于避险考虑，买黄金也是有必要的。

有些人就无法理解这一点了，他只记得我当年看跌黄金，现在怎么又反过来看涨黄金了？所以他觉得我的做法是在打自己的脸。

可事实是，我当年并没有看跌黄金，我只是觉得当时没有足够的理由让我们持有黄金，现在的我也没有看涨黄金，我只是觉得有足够的理由让我们持有黄金。

比特币

备受争议的比特币也是如此。

从 2017 年下半年到 2018 年年初，随着以比特币为代表的众多数字货币价格一路疯涨，越来越多的人被吸引上了这条船，我则写了好多文章，反复警示投资（投机）数字货币的巨大风险，当心这次投资让你血本无归。

结果 2018 年，数字货币泡沫破灭，比特币大跌，很多其他数字货币直接价值归零，投资者损失惨重。

我的一位粉丝是比特币的坚定支持者，他给我发了张截图，是之前文章留言里我对他的回复，大意是我认为比特币和区块链都是有价值的，只是现在价格太高，如果将来没有可怕的泡沫炒作，那么我会考虑定投比特币。言下之意：你其实和我一个阵营，都看好区块链的未来，只不过你没出手投资，躲过一劫，你有什么资格幸灾乐祸呢？

这段话的底层逻辑还是非此即彼的二元对立，把所有人分成两类：一类是认可比特币和区块链价值的人，一类是觉得这些都是骗局的人。

我的文章在提示风险，所以第二类人看了很爽，第一类人看了很不爽，但我本人却认可区块链的内在价值。所以在有些人眼里，我就成了见风使舵的墙头草。

股市

股市里，这种自相矛盾的情况更多。

比如有些行业指数的动态市盈率表面看起来很高，但是从历史估值分位点上看，它已经很低了，也就是从绝对值上看它贵，从相对值上看它便宜。这么一来，很多人又听不懂了，因为他们无法理解一个东西怎么可能又贵又便宜呢？

同一行业内部，也有实力的高低强弱，事实的阴阳虚实，并非许多人理解的铁板一块。

比如 2017 年表现抢眼的家电板块，其细分的白家电（冰箱、洗衣机、空调）走势强劲，而黑家电（电视、音响、电脑）表现却比较疲软。再比如食品饮料板块整体表现比较出色，但仔细分析，其实只是白酒表现出色，尤其是茅台，而食品板块的实际整体表现很一般。

能源

传统能源和新能源之间的关系也是如此。

前段时间有消息称“我国将准备研究制订燃油车停产、停售时间表”，很多人就说石油产业的前景堪忧，新能源车的时代来了，因此投资者应该尽快抛掉石油类资产，买入新能源类上市公司！

这事哪有那么简单。

第一，石油的工业用途非常广泛，石油不是只能用来给车加油，就算将来没有人开汽油车，石油也依然有价值。

第二，新能源车对燃油车的替代是一个渐进的过程，不可能一蹴而就，中国马路上还有几亿辆燃油车在跑，就算现在就停产、停售燃油车，这些存量燃油车被全部淘汰也还需要十多年的时间。

第三，这个消息对车企没有太大影响。因为无论消费者还是企业，都遵循利益导向原则，他们更关注是否能获得利益。开新能源车，不用摇号就能上牌，这两年，北京、上海的新能源车的数量的确越来越多，但其他没有这种刚性约束的小城市呢？车企也一样，因为推进配套充电桩太困难，以及新能源车的电池成本居高不下，所以推销新能源车并不容易。市场真实的供求关系决定了新能源车对燃油车的替代还有很长的路要走。

第四，新能源车不见得一定比燃油车更环保，因为现在的新能源车主要靠电能驱动，2016年年底的最新数据显示，中国火力发电依然占到发电量的70%以上，尤其是北方，剩下的水能、风能、核能、太阳能、沼气能加在一起不到30%。火力发电靠烧煤，请问是烧煤污染更大还是烧石油污染更大？但是，印度已经提出了停售燃油车计划时间表，中国岂能落后？

谁越早对石油依赖脱敏，谁在未来的竞争中就能获得先机——万一发生战争，我不怕被切断我的经济命脉。

所以这个停售时间表，什么时候制订，什么时候执行，真正完全落地又要延迟多久，目前都是未知数。

这就是为什么我建议大家可以继续定投石油基金。

但我依然坚信，新能源车代替燃油车是大势所趋。如果你按照二元对立的思维模式来分析我的主张，那么你认为我是支持新能源呢？还是反对新能源呢？

总结

"横看成岭侧成峰，远近高低各不同。"很多人都背过这句诗，却不知道这不仅是在讲庐山，更是在讲人生哲学。

就像我给自己贴的标签：乐观的悲观主义者，充满理想情怀的现实主义者，文科出身的理工科思维者，热心慈善的"吝啬鬼"，时而理性得可怕、时而感性得可爱的大红大蓝的"不可能"性格。

年轻时被打脸是好事，因为这时你的试错成本低廉，吃小亏得大智慧；年纪越大，你所积累的财富越多，试错成本就越高，你就越不能轻易被打脸。

这才是这个世界的真相，这才是真正能帮你长期赚大钱的第一等的理财智慧！

普通人如何在股市里赚到钱？

右侧交易逻辑

金融市场有两种投资思维：左侧交易和右侧交易。

K线图是以时间为轴、从左向右展开的。当股市还在下跌时，你就可以提前入场；当股市还在上涨时，你就可以提前离场，这叫左侧交易。反之，当股市已跌到底，开始出现明确的熊转牛信号时，你才入场；或者股市已涨到顶，开始出现明确的牛转熊信号时，你才离场，这叫右侧交易。

一般来说，左侧交易遵循价值投资原则。只要投资者觉得价格足够便宜了，不管从趋势上看是不是还在跌，市场是不是人心涣散、一点儿上涨的劲头都没有，都要坚决入场；只要投资者觉得价格已经太贵了，不管从趋势上看是不是还在涨，市场是不是群情激奋、一点儿下跌的苗头都没有，都要坚决离场。

右侧交易遵循趋势投资原则。只要大趋势还在向下，不管股价贵贱，投资者都不能急于入场；只要大趋势还在向上，不管股价贵贱，投资者都不要急于离场。

每当股市位于估值低位，我建议大家加码定投时，总有一些人会提出反对意见，他们认为现在入场还太早。他们之所以这么想，就是因为他们采用的是右侧交易思维。

同时，他们还会给出三个理由。

一是“价值投资骗局论”。

每次股价跌到惨不忍睹时，这种声音都会特别受追捧。他们认为价值投资都是骗人的伎俩，业绩再好的公司，一样在熊市里惨败，所以大家都不应该相信所谓的估值高低、安全边际，股市就是一个大赌场，就是一个吸血鬼，它拼命吸老百姓的血，你还让大家继续入场，就是叫羊入虎口，自寻死路。

可问题是如果价值投资理论无效，股市就是个毫无规律可循的赌场。我们凭什么相信，自己就是那个幸运的赌徒呢？

如果我们不相信估值，不相信“价格总会向价值回归”这个基本的经济学原理，那么我们在股市里还能相信什么呢？

二是“历史数据无效论”。

有些人虽然也认为看估值有用，但他们同样认为历史就是用来被打破的，不能拿老经验看新问题，10 年前市盈率跌到 15 倍是价格触底，不代表现在跌到 15 倍也是价格触底，如果跌到 10 倍触底怎么办？

可如果不参考历史估值，我们完全靠自己的主观判断来给股市

“把脉”，难道就会判断得更准吗？

当然，还有其他各式各样认为股市还要跌的理由。可问题是这些观点都是在“找底”，依靠各种数据和逻辑推导，试图找出一个最能说服自己的观点，从而指出底部究竟在哪里。然而，我们真的能找到最低点吗？

三是“‘这次不一样’论”。

很多人认为，2018 年面临的国际环境和国内环境都有些糟糕，如果我们用 1998 年或 2008 年遭遇的困难来对标现在的局面，就犯了经验主义的毛病，会栽大跟头。毕竟，这次不一样了。

可问题是回顾过去 100 多年的经济金融史，每次人类遇到经济低迷期，都会说：“这次不一样。”

每次人类面对的具体问题，的确都不一样。无论是法西斯崛起、古巴导弹危机、石油危机、布雷顿森林体系瓦解、高频交易崩盘、索罗斯狙击英镑、拉美债务危机、亚洲金融风暴、次贷泡沫破灭、欧债危机，还是眼下的贸易摩擦，这些是我们之前从未遇到过的情况，因为历史从来不会简单重演。

但哪一次人类不是重新爬起来，拍拍身上的灰尘，抖擞精神，恢复元气，继续向前奔跑呢？

透过现象看本质，经济周期上下波动的本质是人性弱点的反复发酵。

如果我们总是沉浸在具体的危机细节中，就会越看心里越发毛，周金涛的观点就越是会被神化，因为过去的确没遇到过眼下这种局面呀！

而市场本身的非理性下跌，又会形成反身效应，让更多人确信这套理论的有效性，从而真的相信这次我们面对的是过不去的坎。

记得2008年10月，当时我还很年轻，看着大盘像吃了泻药一样，不管政府怎么大力救市，还是狂跌不止，所有人都说百年一遇的金融危机来了，我们就像面对一个深不见底的大黑洞，不知道前路有多可怕。当大盘快速跌穿2 000点，还在一路下跌时，很多人开始真的相信，大盘一定会跌破1 000点，中国股市完了，可以推倒重来了……

你看，当市场涨到6 000点时，无数人幻想还会涨到8 000点、10 000点，甚至20 000点；但当市场跌破2 500点时，就真会有很多人相信大盘一定会跌到2 000点甚至1 500点，绝望恐慌的情绪就是这么传递开来的。

没办法，这就是人性，人看到一个事物在向一个明显的趋势飞速奔跑，一点儿转向的迹象都没有的时候，自然而然就会做出这样的判断。

所以遵循右侧交易逻辑的投资者，必须有极高的洞察力，在第一时间发现趋势反转的迹象，并及时做出入场或离场的决定。

这种人，必须是眼光敏锐、经验丰富、充满自信的聪明人。专业投资者可以这么做，但对普通人来说，做到这一点太难了。

趋势真的大反转时，大部分人已习惯了一种思维，根本转不过来。当大家都发现趋势扭转了以后，你再做出入场或离场的决定，对不起，已经晚了。原以为自己能先知先觉，结果总是后知后觉，原想入场割韭菜，没想到自己成了新鲜上架的韭菜。

左侧交易逻辑

遵循左侧交易逻辑的投资者，则不需要有那么强的洞察力，但需要有很强的意志力。因为主动买套，总是让人心里很难受。

如果周围所有信息都在告诉你，熊市还没见底，现在入场，可能还要慢慢熬上好几年，那么你的理性会不自觉地告诉你：为什么我要那么傻呢？为什么我要承受浮亏带来的心理压力呢？为什么我不能在熊市期间把钱投到其他更安全的地方去赚利息呢？

定投是适合左侧交易者的相对安全的投资策略，也是最适合傻瓜和懒人投资者的投资方法，但即便如此，普通人还是会纠结、痛苦、胆怯、反悔。所以右侧交易是知难行更难，左侧交易则是知易行难。

从表面上看，股市是你和其他投资者博弈的战场，但从实质上看，它是你和自己的心魔较量的角斗场。

总有人说，中国股市太黑暗，投资机构者和外资总是能赚到咱散户的钱，喝咱散户的血。

其实，人家只是遵循了最基本的低买高卖原则，是你因为非理性恐慌，主动把带血的筹码交了出去。

老股民都知道，大底分三种：估值底、政策底和市场底。

估值底往往最先到，但由于市场中的恐慌情绪蔓延，股票往往不会在短期内回归价值。当股价“跌跌不休”对金融市场和实体经济造成伤害时，政府就会出手维稳救市，但往往市场并不领情，股价会继续跌。只有当非理性的恐慌情绪彻底发酵干净，绝大多数股民都亏得心灰意冷，心生绝望，没有什么人还愿意继续不计成本地抛售止损时，真正的市场底就到了。

估值底可以通过历史估值对比看出来，政策底可以根据政府出台的救市政策看出来，唯有市场底，只有天知道在哪里。

作为傻瓜投资者、懒人投资者、没能力抓到最低点的普通人，我们能做的就是在估值底和政策底的下方，在市场底的上方，不断定投，积累廉价筹码。

当我们放弃抄底抄到最低点的妄念，也就意味着我们愿意主动买套（以退为进）时，只要有足够的耐心，步步为营，假以时日，我们就能换来确定无疑的收获——因为时间是站在我们这边的。

抗日战争时期，作为明显弱势的一方，国民党政府采取的战略思想叫“以空间换时间，以小胜集大胜”。大家仔细揣摩一下这句话，然后体会在熊市里坚持定投，是不是也有异曲同工之妙？2008年还没什么人用智能手机，学生喜欢用QQ聊天，职场人则习惯用MSN。有一次采访，我加了一位经验丰富的理财师的MSN，他的绿色头像右边，写了八个字。

这八个字，我永生难忘——“克服恐惧，战胜贪婪”。

不是房子，不是孩子，这才是阶层碾轧终极武器

我不是药神

要说2018年最具影响力的国产良心电影，非《我不是药神》莫属。

《我不是药神》讲了一个很简单的故事——治疗慢粒白血病的专利药格列宁太贵，普通人吃不起，但印度有低价仿制药，徐峥扮演的印度神油店老板程勇一开始为了赚钱，铤而走险，从印度走私仿制药，后来在与众多白血病患者的接触中，心生怜悯，甘愿贴钱走私仿制药救人，实现了人性的升华。

在影片中，发明格列宁的瑞士诺瓦公司被塑造成了反派，但真正救活那些慢粒白血病人的，到底是把格列宁卖得超贵的瑞士诺瓦公司，还是从印度走私低价仿制药的程勇呢？

如果诺瓦公司没有发明格列宁，就压根儿不会有印度仿制药，也

不会有程勇走私仿制药一说，所以归根结底，“药神”还是诺瓦公司。

只不过诺瓦公司把格列宁卖得奇贵无比，一盒售价 4 万元，无数病人“房子被吃没了，家人被吃垮了”，诺瓦公司在道义上容易遭人恨。而程勇却甘冒坐牢的风险，不为赚钱，只求让那些买不起高价药的慢粒白血病人能活下去，所以在道义上令人动容。

但果真是诺瓦公司没良心吗？如果市场不受监管，法律不禁止并惩罚仿制者和走私者，就会伤害研发者的利益。久而久之，劣币驱逐良币，所有人都等着别人研发出新药，自己拿现成配方仿制就能获得收益，那么谁还愿意付出那么大的代价去研发新药呢？最后这会导致恶性循环，人类就不会进步了，绝症也永远不可能被攻克了。

毕竟研制一款新药，尤其是攻克癌症的新药，动不动就要几十亿元的投资，而且还不见得能成功，比如前几年 A 股的重庆啤酒因研制乙肝疫苗失败，导致股价连续暴跌，市值蒸发 200 亿元。

研制新药本身就充满着不确定性，风险极高，和风险投资、私募股权投资基金一样，投 10 个项目，允许 9 个项目看走眼，钱都打了水漂，但只要 1 个成了，就一定要赚到百倍千倍的收益，把之前的损失都补回来。超高风险，超高回报，市场导向，童叟无欺。

而且新药专利保护期一般只有 10—15 年，药物又不像其他商品，药品的受众范围很窄，只有对症的病人才会买，药企要在有限的时间内，针对这么狭窄的客户群，把这款药的研发成本，甚至其他研发失败的产品的成本和利润都赚出来，就只能以高价出售药品。

印度仿制的格列宁才 500 元一盒，卖仿制药的药企还能赚钱，说明生产一盒格列宁的原材料成本很低。正版格列宁却要卖 4 万元一盒，说明 99% 的药价在补贴第一颗药丸。从 0 到 1 的质变最有价值。

伦理悖论

这套逻辑用在其他行业没问题，唯独用在医药行业会出现巨大的伦理问题。

穷人可以不打游戏不唱卡拉 OK，可一旦得病，富人吃得起药能保命，穷人吃不起药就只能等死。作为一个人，活下去才是最大的刚需。

每个人都有理性和感性两面，这事发生在别人身上，我们还能理性探讨，但如果是自己或家人摊上这种事，情绪就很难稳定了——人都要死了，讲道理还有什么用?

为了解决这种两难处境，很多人提出了各种方案。

有人说，药企赚钱没问题，但政府应该对定价进行限制，新药的专利保护期也可以进一步缩短，尽量让更多病人能以更低的价格购买新药。

但如果政府限价，势必就要用更长的专利保护期让企业收回成本，如果政府缩短保护期，就必须要用更高的定价让企业收回成本。如果政府对专利保护期和定价都强行限制，药企就会亏钱，不愿再研发新药，这个问题还是无解。

还有人说，政府应该站出来，尽早把新药纳入医保报销名录。

但医保统筹账户里的钱是所有参保人员交的，新药价格并不会因药品进入医保名录而自动降下来，这么贵的药，还得长期服用，全让医保买单，医保承受不住，对其他参保人员也不公平。

这几年，之所以十多个省把格列宁纳为医保药，是因为它过了专利保护期，有低价的国产格列宁合法竞争，进口格列宁只能降价，医保才能负担得起。

还有人把矛头指向权力寻租、利益输送。

持这种观点的人最多，因为只要任何商品要价太贵，老百姓的本能反应就是怀疑官商勾结，鱼肉百姓。

比如民众对美国 FDA（美国食品药品监督管理局）的腐败指控不是一两年了，落马官员也不是一两个了。就在《我不是药神》上映后不久，美国最权威的学术杂志《科学》连发两篇封面文章，抨击 FDA 审批和药企之间的复杂关系，而且有名有姓，全是实锤，大部分参与审批的权威医生，都拿了药企少则几万美元多则几百万美元的关系费。

这些成本，最终都会转嫁到消费者头上。

利益越大的地方，就越考验人性，但人性往往经不起考验，哪怕制度的牢笼扎得再牢，也难免百密一疏。

而医药行业关乎人命，最为刚需，所以医药行业的利益特别大。即使腐败成本被全部去掉，从 4 万元降到 3 万元、2 万元，不还是天价药，穷人不还是吃不起吗？

唯一出路

想来想去，要主动规避这种能把整个家庭瞬间打入地狱的巨大风险，只有保险一条路。

没病的时候，人人都觉得自己是超人，不会倒下，买保险就是给保险公司送钱，舍不得。等得病了，人们才发现保险的好处，可惜为时已晚。

万一真得了重病，恰巧有新药能治好，但价格超贵，这时，如果你提前买了那些有 300 万元、600 万元甚至更高保额的医疗险，那不就是雪中送炭了吗？这时保险公司可以说是你的再生父母，是你们家的救世主。

但如果这时，你在国内连管用的天价药都买不到，又该怎么办？毕竟，格列宁从最初研制出来，到临床试验成功，到正式批准上市，再到被引入中国，用了近 10 年的时间。

如果你不幸恰巧在此期间患病，又不想在国内等死的话，那么你还有一个选择，就是去国外接受更先进的也更具有试验性的疗法。但去国外治疗的成本更高，普通家庭根本承担不起。这时，穷人别无选择，富人至少还有赌一把的机会。所以在配置了保额上百万元的医疗险之后，还有余力的人也可以再买个海外高端医疗险。只不过，这种高端医疗险的价格更贵。普通的医疗险，一年交几百元保险费搞定，能去海外治疗的保险，一年得几千元费用。

对普通人来说，即使没病没灾的，即使每年花几千元买个只管一年的医疗险，还是会心疼的。说到底，还是有“穷病”——谁叫医疗服务天生就很昂贵呢？

我们今天谈到房子就已经很残酷了，很多年轻人对未来很绝望，因为觉得自己奋斗一辈子，都是在给银行打工。谈到子女教育，就更残酷了，很多年轻人对未来很恐惧，觉得孩子就是个奢侈品，根本不敢要。但阶层碾轧的终极武器——医疗，才是最残酷、最令穷人感到绝望的。

富人拿钱换命，穷人只能等死。

所以我看好的21世纪最有“钱”途的四大产业（泛理财、泛健康、泛娱乐、泛教育）中，安全系数最高以及确定性最强的就是医药产业。长期投资医药行业的指数基金（不仅要投A股，还要投美股的医药指数），是很好的对冲策略。

世间为何有苦难？

人类和疾病的斗争，是一条永远看不到尽头的路。就像人类自己的军备竞赛一样，哪怕发展到三体文明的水平，上面还有“归零者”虎视眈眈。

人类攻克一种疾病，随着时间的推移，受环境影响或因基因突变，病原体就会发生抗原性变异，使人类原本研制出来的抗体失效，新生疾病会继续夺走人们的生命，因此人类不得不继续研发新药……

20年前，中国慢粒白血病患者的5年存活率不到20%，而今天的存活率已提高到85%。但还有很多疾病，今天依然无法被攻克。

假如很不幸，你罹患恶疾，且放眼全世界都找不到任何真正有效的针对它的治疗手段，那么再多的钱也换不回你的命。

“人的尽头，便是神的起头。”当我们用尽自己的智慧和财富也无法得到答案时，难免就会问苍天神灵，为何对我如此不公？

中学英语课上，老师说“死亡”（die）这个动词，只有过去分词（died），没有现在分词。为了帮助我们理解“死亡”这个动作和其他所有动作都不一样，她举例说，一个人，要么活着，要么死了，不可能一会儿死了，过一会儿又活了，一会儿又死了……老师说这话时，班上同学哄堂大笑，同学们都觉得这句话好有道理，我也对此印象深刻。

长大后看美剧，我却听到过太多次这句台词——I'm dying。没错，die 是有现在进行时态的，现在分词是 dying。

战场上的士兵中枪倒地，奄奄一息，临死前的那一刻，是 dying。

世间最痛苦的，或许不是死亡本身，而是面对死亡的恐惧和无力感——精神高度紧张，一次次在希望和绝望间徘徊，肉体上也一天天被病痛折磨，眼看自己日渐消瘦，头发脱落，胡子斑白，满脸皱纹，形象有如鬼魅，惨不忍睹，而自己却无能为力……最后，视力衰退，进食不畅，意识模糊，呼吸衰竭……这种 dying 的感觉，才是最痛苦的。

电影《一九四二》里，张涵予扮演的河南乡村牧师问蒂姆·罗宾斯扮演的美国主教："这里发生的一切（灾荒、战争、饿殍遍野），上帝知道吗？"

答："知道。"

再问："既然知道，上帝为什么什么都不做呢？世间发生的一切，不都是上帝的旨意吗？"

答："这些（灾难）不是，这些是魔鬼干的。"

再问："如果上帝斗不过魔鬼，那么我们为什么要信上帝呢？"

主教没有正面回答……

世间为何有苦难、不幸、不公、不义？又为什么会偏偏降临到某个人的头上？我们又该如何面对这一切？

这个开放式问题，留给大家思考，希望在你有生之年，能找到令自己信服的答案。

这个答案，比我教给你的所有理财知识都更值钱。

为何过年我只看一部《西游伏妖篇》?

2017 年春节档电影市场四足鼎立:《西游伏妖篇》《功夫瑜伽》《大闹天竺》《乘风破浪》。

我唯独看了《西游伏妖篇》，这个看似简单的选择背后，却有着深刻的理财思维。

看电影的目的

从经济效用上说，我们为什么要看电影？一是为了获得艺术体验，二是为了获得娱乐体验。

对我来说，最理性的选择是，以艺术欣赏为目的的观影主要靠网络，以娱乐休闲为目的的观影主要靠影院。

因为艺术电影不需要大屏幕、3D、IMAX 以及 4K 立体声，但它需要细细品味，所以一个人在家看，重要的情节反复看显得性价比更高。

但看娱乐电影，有没有 3D、IMAX 和 4K 立体声对娱乐体验的好坏影响很大，在家里的电脑屏幕上看不出这种效果，所以去电影院看娱乐电影更有性价比。

而我在春节期间掏钱看电影，纯粹为了娱乐。理解了自己的效用诉求，接着就用预期管理思维对这四部电影做一下扫描。

什么是预期管理思维？

人是一种很有意思的动物，对于额外收获和额外损失的心理接受度完全不一样。比如有人炒股先赚了 50% 的盈利，转眼股市暴跌只剩 25% 的盈利，他及时收割后，不会那么在意之前已经赚到的 25% 现在又没了，毕竟自己本金安全还赚了 25%，就已经很知足了。

但有人炒股先赚了 25%，转眼股市暴跌亏了 50%，你让他及时止损比登天还难。他会无限怀念曾经赚 25% 的美好时光，完全无法接受眼下的亏损，所以他会本能地选择捂着，不求回到赚 25% 再走人，只求回本，立马走人。

这是全世界股民的普遍心态，即对超出预期的惊喜和额外收益往往更愿意追求确定性，哪怕只是很小的惊喜也会令他们知足。但对超出预期的惊吓或额外损失往往更愿意冒险博一下不确定性，哪怕明明知道眼下只是亏 10%，如果不及时止损，那么接下去继续亏 20% 的概率比回本的概率更大，也依然会做出不理性的选择。

举例来说，当天降洪福，你有两个选择，一是给你 10 万元，二是有 50% 概率给你 25 万元，你选哪个？大部分人会倾向于选确定的 10 万元。

当你闯了大祸，也面临两个选择，一是要赔出去 10 万元，二是有 50% 概率赔 25 万元，你选哪个？大部分人会倾向于选不确定的 25 万元。

可实际上 50% 概率获得或赔偿 25 万元，意味着数学期望值是 12.5 万元。所以最理性的选择恰恰相反：第一个问题中应该选不确定的 25 万元，第二个问题中应该选确定的 10 万元。

这就是人性的弱点。

这种大部分股民战胜不了的人性的弱点，正是技术分析理论存在的基石——所谓的支撑线和压力线，就是市场中大部分人的成本价和心理底线。无论是赌徒还是股民，一旦输钱或亏损到达自己完全无法承受的地步，心理防线就会崩溃，继而做出更加不理性的选择，这才是最要命的。

用预期管理思维选电影

明白了这个道理，在选择看电影时一样要优先选择大概率会高于我们预期的电影，而不要选择大概率会低于我们预期的电影。

那我们内心的预期是怎么产生的呢？一是我们过往的历史经验投射，二是当下社会上其他人的评价。

先看《功夫瑜伽》。依据经验判断，成龙的电影 30 年如一日主打功夫喜剧，玩儿来玩儿去就这点儿套路。我很难对它有太高预期。从社会评价上看，《功夫瑜伽》上映后口碑爆棚，就是因为影片质量超过公众预期。按道理说，这部电影很适合过年看，但我前不久刚看了成龙的另一部贺岁喜剧《铁道飞虎》，转眼又来看《功夫瑜伽》，一个新春档花钱看两部成龙的电影，从经济学上看就很没效率。

别忘了，我们春节去影院看电影是为了娱乐，超出预期的惊喜是最大诉求。

再看《大闹天竺》。这是王宝强的导演处女作，没有历史经验参考，市场评价也一般。其实我之前对《大闹天竺》还挺期待，但看到海报上的四个主角挤眉弄眼的夸张表情，我就倒胃口。我已经能猜到这部电影无法带来我喜欢的喜剧效果，所以直接放弃。

再看《乘风破浪》。韩寒上一部《后会无期》除了朴树和邓紫棋那两首主题歌真心不错，整部电影让我感觉很糟糕，完成度低，表演僵硬。这么糟糕的历史经验导致我面对《乘风破浪》时，无法对它有足够的信心。加上市场评价毁誉参半，我同样选择放弃。

那我为什么选择《西游伏妖篇》呢？

从历史经验上看，周星驰的电影也和成龙的电影相似，具有长达 20 年的统一风格，所以我对它的期望值不会太高。从市场评价看，似乎负面多于正面，很多豆瓣用户叫嚷着我们再也不欠星爷电影票了，从此以后星爷欠我们一张电影票……这就进一步降低了我的心理预期，一旦《西游伏妖篇》比我预期的稍微好一点儿，就会让我喜出望外，感觉周星驰回来了，我的钱没白掏。

投资中的预期管理

我选择看《西游伏妖篇》还有几个理由。

首先，它有最强的娱乐效用。虽然 4 部电影中有 3 部是喜剧，但可以想象星爷的喜剧笑点相对更多。

其次，它有最强的社交效用。作为最热门的大众娱乐方式，电影是最佳的社交谈资之一。如果我只掏钱看一部电影，那么我一定要看热度最高的票房冠军，因为它最有可能成为社交谈资，让你在与亲友社交时不至于接不上话。

我们做投资时也能运用这个思维。买房优先买一线城市，一线城市优先买市中心；买股票优先买行业龙头股，能买茅台或五粮液，就别买水井坊或泸州老窖，能买 BAT（百度、阿里、腾讯）就别买唯品会，因为它们具有最强的市场话语权和定价权。

最后，《西游伏妖篇》是这 4 部电影里唯一的续集，有了上一部作品的观影铺垫，我就能大致预估这部电影的风格走向，进入剧情也更加容易。

事实证明，除了吴亦凡、林更新的演技太过生硬，完全无法和文章、黄渤相比之外，在其他方面，我对这部电影还是比较满意的，甚至觉得比前作《西游降魔篇》更好看。

在生活和投资中，我们都要特别注意预期管理，别对未来抱有太高的预期。正所谓希望越大，失望越大，反之，如果你本来预期就不高，反而可能处处遇到惊喜。

不过，经济学上的预期管理是反过来操作的。比如美联储的预期管理就已经到了炉火纯青的地步，它不断说“我要加息了”，到最后真的加息了，市场一点儿也不意外，风平浪静，因为市场对于其加息的预期太强，早就提前反应并消化了。而美联储一次次强调加息本身就是在不断改变市场预期，从而在客观上影响了市场。

相较而言，中国的经济管理还差点儿火候。我们的楼市调控了 10 年，一直都是从实实在在的供求关系管理来调节市场，殊不知，你越是不让老百姓买，老百姓越是要买。管理者必须同时配合预期管理来调节市场，那句“房子不是炒的是住的”，就是预期管理。

一边蠢，一边坏，想保命，怎么办？

2017 年 7 月，当时全中国最火爆的金融传销骗局善心汇崩盘了。同一时期，中国第一部自分级 PG–13 动画电影《大护法》上映。看完《大护法》，就想到了善心汇。

双重隐喻

电影讲了这样的故事：奕卫国大护法为寻找失踪的太子，追到花生镇。镇子上住着外形酷似花生的居民。这些居民被分为群众和执法者，他们都处于强权统治下，一位名为吉安的人类在这里只手遮天，他把花生人变得麻木且愚昧，互相出卖彼此。大护法在寻找太子的过程中发现，当这些花生人长出黑色蘑菇时就会被执法者枪决，以及统治者吉安有一个巨大的阴谋。这些秘密让大护法成为被追杀的目标，经过反复激战，最终大护法打败了吉安和他背后的保护伞。

《大护法》的隐喻所表达的核心思想实在太深刻了。《大护法》第一重隐喻，智商在线的90%的成年人都能看出来——集权和自由，洗脑和觉醒，独裁与反抗。花生村里同样是花生人的执法者，其身后背的就是集权者的笞棒，所以这重隐喻很明显。

这重隐喻中，人物关系和定位非常清晰：吉安是统治者和大反派，庖卯是统治阶级中负责干脏活的执行者，花生人执法者是统治阶级从被统治阶级中提拔的被深度洗脑的走狗，花生人民众是被洗脑剥削的奴隶，隐婆是发现真相后决心反抗暴政的起义领袖，小姜是自发觉醒自由意志的第一人，大护法和太子则是促成革命的外来先进势力。

所以隐婆才发出感慨："一边是蠢，一边是坏，这就是这里正在发生的事。"

但《大护法》的第二重隐喻可能绝大多数观众都没发现。

吉安是个为了把祖业发扬光大而兢兢业业做事的合法商人，花生人不是人，而是一种有着人类外形的家畜，在吉安眼里，自己就是在养猪，猪要听话才行，不听话就要打，猪养肥了就要杀了卖钱。大护法到花生村后很快也发现这些花生人不是真正的人类。

至于说吉安装神弄鬼欺骗花生人，这不是人类在养家畜时经常用的管理技巧吗？

庖卯就是吉安雇的小工，帮他干杀"猪"的脏活儿，只不过这是两条腿直立行走的猪而已。

而花生人执法者则类似于羊群中的头羊或帮着看管羊群的牧羊犬，普通花生人则是普通羊群。那么问题来了，在这层隐喻中，大护法和太子是什么角色？就是莫名其妙跑来砸了吉安祖业的臭流氓啊！

在双重隐喻中，作为突如其来的更强大的外来势力，大护法和太子同时扮演这两种角色，对立又统一。

三个命题

第二重隐喻的深度远超第一重隐喻中简单的政治讽刺，它引出了以下三个命题：

第一，到底应不应该把“花生人”看成人？

第二，如果不把花生人看成人，应该怎么对待花生人？如果把花生人看成人，又应该怎么对待花生人？

第三，如果有时把花生人看成人，有时不看成人，那这个尺度如何把握？

吉安从一开始就不把花生人看成人，当他听到小姜开口说话时，惊呼“倒了血霉了，养的猪开口说话了”！

庖卯原来也不把花生人看成人，因为他压根儿不知道花生人还有能直接和自己交流的语言能力，当小姜开口说话时，他产生了强烈的认知困惑，不知道自己过去杀的到底是什么，甚至恶心到把胆汁都吐出来了。

大护法一开始以为花生人是人，后来很快发现它们不是人，再后来，他也对花生人产生了哀其不幸、怒其不争的心理。

太子自始至终都把第一个自由意志觉醒的花生人小姜当成人类朋友，所以庖卯把小姜杀了后太子才会精神崩溃要掐死庖卯。如果有人开车把你家狗轧死了，你会崩溃地要那人偿命吗？

而对花生人身份看得最透彻的反而是吉安的孙子小鸣，他年纪最小，却一眼看穿了问题的本质。

对待自发觉醒的花生人小姜，小鸣拿它当朋友，对它很友好，小鸣家里还养了一个被他培养成也能开口讲话的背后插了个风车的花生人“蛋”。小鸣教导它，要装神弄鬼让别人怕它，然后教它指挥许多飞虫花来监视其他人，实际上它是小鸣的情报机关，小鸣对它同样很友好。

但小鸣很清楚，它们不是人类，而是爷爷养的“经济作物”，秋后成熟全得死，并没有因为对它们友好就去破坏爷爷苦心经营的事业。

小鸣最厉害的地方在于，他比小农思想的爷爷有更深邃的政治眼光。因为他预见到，从花生人脑袋里取出的黑曜石是一种类似核武器的、能深刻改变战争形态和国家实力对比的压倒性力量，谁优先掌握这种武器的研制秘密，谁就能在未来的国家竞争中占得先机。送上门来的奕卫国太子正是未来国家的权力继承人，小鸣把黑曜石和自己的忠心一起献给太子，自己长大后太子也登基了，和继承爷爷这份祖业相比，前途不可限量。

三种解读

把隐喻完全打开，“花生人”在现实世界中有三种解读视角。

第一种是俯视。就是动物保护主义者的价值观。人类并非天然就比其他动物对地球上的资源具有更多的支配权，人和动物是一体的，都是地球居民，地球并非人类私物，善待动物就是善待人类自己。

第二种是仰视。就是人类到底应该如何看待在可预期的将来会诞生的人工智能生物，尤其是在它们同样具备人类外形和语言功能的情况下。这是人类今后可能面临的最重大、最复杂的伦理挑战。

不过我想重点讨论的是第三种视角——平视。在我们的意识中有没有时刻把其他的人类同伴都当成人？

我发现很多时候，我们对待其他人类的同伴和吉安对待花生人的态度一样。

作为有着丰富情感的智能生物，人性中有一种弥足珍贵的至善本能，心理学上叫移情或共情能力，即设身处地理解他人感受的一种能力，也就是我常说的换位思考的同理心，这是人际交往中最重要的道德品质，也是摩西、苏格拉底、老子、孔子、佛陀、耶稣、穆罕默德共同认可的“道德黄金律”。

“己所不欲，勿施于人”“老吾老以及人之老，幼吾幼以及人之幼”等都是这个意思。但如果人类滥用这种听上去很美好的共情能力，会让人类社会陷入停滞甚至毁灭。

最典型的例子还是庖卯的职业——屠夫。庖卯为什么看到自己曾解剖过无数回的花生人说话了会出现不停呕吐的严重生理反应？因为他突然发现会说话的花生人怎么那么像人，于是对花生人产生了共情心理，假如他过去杀的都是和自己一样的人类，这种罪恶感足以让他精神崩溃，并且这种崩溃会由精神蔓延到肉体。

现实生活中，没人会说屠夫的良心坏，大家都认为这只是一个职业。屠夫自己也绝不能对他每天宰杀的动物产生感情，否则他会精神崩溃。但人类天生是杂食动物，没人愿意做屠夫，难道我们都吃素？所以屠夫一定要反复告诉自己，杀猪只是一个再正常不过的标准化工作流程，第一步如何第二步如何，到某一步猪会扑腾两下叫几声，一切都很正常。

互相套路

很多与人打交道的职业，也必须抑制共情能力，否则工作无法开展。比如医生每天要看那么多病人，如果真和每一个痛苦的病人换位思考，他自己就会先精神崩溃。尤其对经常要抢救危重病人的外科医生来说，天天都在和走在鬼门关的人打交道，今天病房里活生生的还在和自己开玩笑的病人，明天就进了停尸间。除了抑制共情能力，他还能怎么办？他只能在病人面前露出职业笑容，用一套标准术语来安慰鼓励病人，离开病房后，马上就在想明天老婆过生日要送什么礼物，或者要不要晚上和兄弟们撮一顿小龙虾……这不是他虚伪冷血，而是他必须做到情感隔离，只有这样，他才能把这个工作做下去。

再以老师为例，一个班级 50 个学生，每个学生情况都不同，因材施教当然是美好的教育理念，但不可否认最高效的教育方法就是设定一套标准化的流程，让大部分学生都能成为合格人才。至于填鸭式的标准化教育可能会埋没天才、抑制学生的创新思维，那也没办法，这是这套高效的标准化教育制度带来的必要牺牲。

再以军队中的教官为例，他们不也是整天用最严格的标准化管理体系来最大限度弱化人性，强调集体意志和长官意志吗？人被量化为一个个战斗力单位。但只有这样，这支军队才有战斗力，否则你会想这么年轻有为充满朝气的生命，最终可能在战场上送命，那仗还怎么打？

这可以被称为方法、技巧、流程、系统、体制、模式……用时下最流行的话说，叫套路。

因为人类是一种不完美的存在，为了实现自身利益最大化，一部分人就开始研究其他人的弱点，并将之理论化，形成套路，然后这部分人屡试不爽，将之奉为圭臬。

仔细想想，这不就是隐婆说的“一边蠢，一边坏”吗？

戈培尔说，谎言重复一千遍就成了真理，这种造神运动不就是“一边蠢，一边坏”吗？

韩国娱乐业流水线一样生产出来的明星，充满了套路的印记，那些偶像就是靠套路包装出来的。时不时爆出的某偶像私下爆粗口、耍大牌、低素质的新闻，或者某偶像和粉丝握手后还没走到后台就忙不迭地拿纸巾擦手的照片，这不也是“一边蠢，一边坏”吗？

那么多保险代理人，脸上堆满真诚的笑容，对客户嘘寒问暖，却把性价比很低但提成最高的保险产品拼命推荐给客户，这不就是“一边蠢，一边坏”吗？

那么多房产中介明知房价还要涨，却为了促成交易，脸上堆满了真诚笑容对卖家说赶快卖，国家马上要出政策，房价马上就要跌了，这不就是“一边蠢，一边坏”吗？

各大企业的营销部门为了把产品卖出去而想出的各种脑洞大开的营销噱头，让消费者一边掏钱一边还给产品点赞，不也是“一边蠢，一边坏”吗？

很多时候，我们关注的并不是一个个真实的人，而是一系列数据指标。但这错了吗？如果真把每一个个体都当人对待，给予每一个个体将心比心的共情待遇，那工作成本就会变得无限高，工作也就无法继续推进了。

举个最简单的例子，一个销售人员发现有个很需要自家产品的潜在客户——父亲自杀，母亲重病，老公出轨，儿子吸毒，家里穷得叮当响。如果这个销售人员将心比心，觉得这人真的太可怜了，要不就把产品送她吧，结果会怎样？

结果他会发现这样的不幸家庭其实有很多，别说自己的饭碗肯定不保，就算老板想大发慈悲，也没能力帮助那么多人，最后企业倒闭，员工失业，社会上出现更多需要救济的人，怎么办？

如果有人夸你做事情“很职业”，就是说你在工作中具备了“去人性化”的能力，把自己和工作对象之间进行了情感隔离，公事公办。

为什么办公室恋情是职场大忌，你明白了吧。

骗局永生

就像在《大护法》的双重隐喻中好人和坏人其实是一体的，现实世界中，“一边蠢，一边坏”也不是截然对立的，而是对立统一的。同一个人，在工作中可能是“坏”，在生活中可能是“蠢”，而更多的时候，他也搞不清自己到底是坏还是蠢，或者是又坏又蠢。

比如善心汇的组织者是单纯的坏，但受害者是单纯的蠢吗？不见得。他们中大多数人或许一开始的确蠢，但后来也在变坏，因为这个庞大的骗局能有今天，他们每个人的手上都沾满鲜血——在所有的传销骗局中，受害者同时也是施害者。

吉安没把花生人当人看，只把它们当作能给自己赚钱的牲畜。善心汇的组织者也没把参与其中的底层百姓当人看，只是把他们当成摇钱树。那些进入善心汇网络的底层百姓也没把自己身边的亲友当人看，一样踩着他们的尸体往上爬。

然而花生人终究不是真正的人，吉安的行为情有可原，但善心汇的参与者都是活生生的人，他们却对自己的同类进行了彻底的情感隔绝，完全不管他们今后的死活，表现得实在太“职业”了。

当然，没人会承认自己的坏和蠢，所有人都会给自己的行为戴上一顶特别高大上的帽子，对吉安和庖卯来说是发扬祖业、光宗耀祖，对善心汇的参与者来说是“扶贫济困，互助共生”。

MMM（骗人的金融互助社区）死了，还有MBI（一种传销组织）；巴铁死了，还有维卡币；IGOFX（一起诈骗案）死了，还有无限极；善心汇死了，还有钱宝……因为坏和蠢是人类的天性，只要抓住人性弱点，哪怕某种套路被戳穿过无数次，依然还有无数又坏又蠢的人飞蛾扑火，自寻死路……

要在这个世界保住小命，不被套路，只有两个法门：一是别让自己变蠢，二是别让自己变坏。

想要不蠢，最重要的不是学多么高深的知识，抑或掌握更多的套路和反套路，而是记住最浅显易懂的常识。

芒格说，赚钱从来不是靠掌握深奥的，而是靠记住浅显的。伯克希尔·哈撒韦公司只寻找那些不用脑筋转很多弯也能赚钱的机会。

想要不变坏，就要向孩子学习。就像蔡琴演唱的《大护法》主题曲《你一定要是个孩子》：

你一定要是一个孩子
任野风吹不动你的坚强
我为你包扎心伤
任大雨黑夜彷徨
暗不下你守护着的光

不忘初心，方得始终。

如何成为聪明的收割者

“傻傻买”在中国行不通

“小白”刚接触理财世界时，一般都会遇到一个名词：基金定投。

普通定投一般只强调坚持傻傻买，却从不说啥时候卖。

因为从美国传来的那套定投理念基于美国股市过去 60 年来持续上涨的事实。哪怕经历过 1987 年闪崩股灾，2000 年科技股泡沫破灭和 2008 年全球金融危机的冲击，今天美股依然在不断创出历史新高，所以对美国老百姓来说，只要傻傻地买，不停地定投，等他们将来退休要用钱时再把基金变现，是最简单有效的投资策略。

但这在中国市场行不通——2019 年，上证指数只有 2 000 多点，而 12 年前，也就是 2007 年，上证指数就曾飙到 6 000 多点。

所以很多人坚持定投一段时间后，甚至坚持两三年后，发现自己还是不赚钱，就说那些整天鼓吹定投的理财专家都是骗子。

基于中国股市悲摧的“股情”，后来一些智能定投策略开始注意到卖点的重要性，它们往往建议投资者在获利达到一定比例后，把本金和利息全部一次性获利了结，然后重新开始新的定投，这要比永远只会傻傻地买高明得多。

比如台湾“基金定投教母”萧碧燕老师强调的定投理念就是不要间断，不要放弃，但一定要懂得止盈。

“收割”的语境变化

不过台湾股市和大陆股市可能还有些不一样，我后来捣鼓来捣鼓去，捣鼓出一种更适合大陆市场的策略，就是我在上一本书《手把手教你玩转基金》里重点介绍的七步定投策略。

七步定投策略里有一个我经常提到的词语——收割。

在传统语境中，收割指在秋天庄稼成熟时，拿镰刀把农作物割下来，其实就是指农业生产领域的“收获”，是对农民辛勤劳作的奖赏，所以收割本来是个褒义词。然而在现代社会的语境中，普通人听到收割的第一反应是皱眉头。

我想了半天，自己总结了一个现代语境中“收割”的定义：在一个特定的游戏规则下，高维玩家对低维玩家的碾轧性屠戮。

比如《王者荣耀》中，经过一场激烈的团战，敌方还剩下几个低血量普通玩家，而我方就剩你一个高配玩家，这时你通过自己的操作和装备，放大招迅速歼灭敌方剩余全部玩家，在游戏中这也叫“收割”，是高维打低维。

最典型的高维打低维无疑是《三体》中三体人对地球人在科技上

的全面碾轧。

而今天“收割”被用得最多的地方无疑是在商业上——先通过免费补贴培养你的使用习惯，当你“上瘾”后开始通过逐步收费来收割利益。

比如支付宝和微信通过海量补贴，拼命占据市场后，让大家平日里都习惯使用支付宝和微信支付，之后就开始对提现收费了。

如此看来，今天的“收割”更像一个贬义词。

千奇百怪的割韭菜姿势

还有个更形象的贬义词：割韭菜。

在各种农作物中，韭菜的生长速度奇快。普通农作物可能一年就收割一两次，热带地区日照充足有时可收割三次，但韭菜往往长一个月就能收割，一个春天能连收三茬，秋天还能再收两茬。

所以相比其他的农作物，韭菜属于投入少、见效快的品种。因为有些人人傻钱多，可谓“野火烧不尽，春风吹又生”，所以通过割韭菜赚钱是件乍一看很轻松、很有乐趣的事。

股市里最典型的“割韭菜”是狡猾的庄家对无知贪婪的散户的收割。

很多庞氏骗局中的割韭菜则是无耻的幕后主谋对无知贪婪的参与者的收割。比如币圈，就是赤裸裸的庄家收割币圈小白的屠宰场。

为什么普通人总觉得收割者都是坏人，在道义上甚至在法律上站不住脚呢？

不仅是因为被收割的韭菜损失惨重，人性天然同情受到伤害的弱势一方，更重要的是，很多人发现收割者并不是靠智力上的优势和更辛勤的劳作——就像农民收割庄稼一样，而是靠欺骗获得了财富。

比如说支付宝和微信提现收费虽然也被很多人骂，但无论是从道义上还是从商业逻辑上，这种谩骂都站不住脚。

本来你把钱从银行体系转出到第三方支付体系时就有手续费，支付宝或微信帮你垫付手续费并非天经地义，你不想被收割，不用支付宝和微信不就行了吗？

在这个公开公平的游戏规则中，支付宝和微信没有刻意欺骗你，人家没占你半毛钱便宜。

但社会中还有大量的收割者靠的是欺骗。比如有人和你说无须节食、不用锻炼，对身体没有任何副作用，吃他的减肥药 1 个月就能减肥 20 斤，就能还你曼妙身材。你信了，掏钱了，你就是韭菜。

比如走在马路上，有人凑上来说我有八成新的苹果 X 行货，只要 2 000 元。你信了，掏钱了，你就是韭菜。

比如有个久未联系的老同学突然加你微信，一看人家朋友圈里整天晒名车、名表、海外度假，还煞有介事地和你说，跟着我干保证你迅速逆袭成为人生赢家。你信了，掏钱了，你就是韭菜。

比如有个陌生美女突然加你好友，性取向正常的男人一般不会拒绝，没事躲被窝里看看人家朋友圈里的美照也爽啊，结果人家说跟着她炒股、炒汇、炒金、炒油、炒邮币卡 ICO（首次币发行）可以快速致富。你信了，掏钱了，你就是韭菜。

你说这些骗子简直丧尽天良，这样割韭菜要下地狱啊！但这种恐吓没用，人家不信。所以在政府没有把这些骗子抓起来之前，他们就是能靠这种他们称作“商业模式”，旁人称作“骗局”的套路，不断割韭菜，而且屡试不爽。

消费领域的割韭菜模式，像通过给老人送油来卖保健品，与网友见面发现是仙人跳这种都比较简单，投资领域的割韭菜就比较复杂了。

一般股市中割韭菜的是庄家，包括搞老鼠仓的基金经理，但有时候，庄家也会被更厉害的角色割韭菜，比如 2015 年的股灾。

一般楼市中割韭菜的是开发商和中介，很多炒房团也在割韭菜，但有时候，这些人会被更厉害的角色瞬间团灭。

网贷市场中，割韭菜的一般是那些高危平台，但很多羊毛党也在反过来割平台的韭菜，觉得自己更聪明，结果……

而在 ICO 乱局中，那些以为自己在收割别人的 ICO 企业、ICO 中介、拼命为 ICO 鼓吹站台的大佬，还有在 ICO 市场中搏杀的散户，最后都被那只真正决定生死的手轻轻一捏就死了。

三种“收割”模式

高维玩家对低维玩家的碾轧性屠戮可以分成三种情况。

一种是暗地里抽老千骗人赚钱——这种收割方法不但在道义上站不住脚，是一种最肮脏的赚钱手段，而且一直靠这种办法赚钱早晚要坐牢。

一种是直接通过修改游戏规则赚钱——这种收割方法别说咱们老百姓做梦都做不到，就算那些大佬也只有眼馋的份儿。

所以我们无权无势又没有任何信息和资金优势的小老百姓想在这

么残酷的世界里安安稳稳赚到钱，只能用最后一种办法。那就是通过智力上的高维，碾轧在智力上处于低维的人，也就是把我们的知识转化为财富。

用七步定投策略赚钱，就能让我们成为这种聪明的收割者。当其他散户总在贪婪和恐惧的泥潭两端不断挣扎，反复做出错误的投资决策时，我们却总能顺势而为，安安稳稳地收割属于我们的那部分收益。

在我这里，“收割”重新成了褒义词。真可谓：天若有情天亦老，人间正道是沧桑。

这种高息理财鸦片，要不要吸一口？

2017 年年末，持续了 5 年的钱宝网骗局终于曲终人散。

很多钱宝玩家万念俱灰，跳楼的心都有，不仅因为自己的全部身家瞬间打了水漂，而且大多数玩家都是借钱加杠杆玩钱宝，现在必须卖房还债，不少人还瞒着家人，现在只能和老婆离婚，和女友分手。至于没房子的，借了信用卡甚至用高息 P2P（点对点网络借贷）玩钱宝的大有人在，眼下他们负债累累，就算再搬十几年砖，也还不清那利滚利的巨额债务。

鸦片一：高杠杆

这又让我想起了一句名言：凡动刀的，必死于刀下。我把这句话改编成：凡玩高杠杆的，必死于高杠杆。因为高杠杆是一种理财鸦片。

高杠杆是把双刃剑，赚钱时收益加倍，亏钱时同样损失倍增。盈亏同源，本来童叟无欺，可一旦加入人性的弱点，就变成了“出来混，迟早要还的”。

只要你尝到一次高杠杆带来的刺激和好处，就会欲罢不能，总希望杠杆高一点儿，再高一点儿，赚钱速度快一点儿，再快一点儿，哪怕这次赌错了，内心还是会无限期待下次赌对方向，一夜暴富。然而，总有一次，会出现杠杆太高了，方向看反了，爆仓清零。

太多投资大神，看对了 100 次，看错了 1 次，此前一切胜利都烟消云散。就像拿破仑，无论之前打了多少场胜仗，只要犯了攻打俄国这一个战略错误，就前功尽弃，功败垂成。毕竟，一个人不会永远走运。

鸦片二：庞氏骗局

比玩高杠杆更可怕的另一种理财鸦片，叫庞氏骗局。

玩高杠杆的，不配叫投资者，只能叫投机客。玩庞氏骗局的，连被称作投机客都不配，只能叫玩家。

有人在钱宝上栽了跟头，但心态很好，不嗔不恨，只怪自己太贪心，运气差。既然是赌博，有输有赢很正常，这次跌倒了，不怕，吸取教训，继续搬砖攒钱，下次再战，一定让自己不再成为被薅羊毛的羊，实现逆袭梦想。

网上有很多钱宝网受害者维权群，里面充斥着被骗的委屈和不甘，许多新的更小的庞氏骗局组织者和参与者看到机会，就进群拉这些受害者加入新的局，告诉他们能赚点儿快钱，美其名曰“能挽回一点儿损失是一点儿”。

看，你永远叫不醒一个装睡的人。

还有不少人在炫耀自己在3个月、6个月、1年、2年前就退出了钱宝网，可谓料事如神，聪明绝顶。殊不知，这次胜利大逃亡的经验，会让这种人内心产生强烈的“幸存者偏差”，认为自己就是运气好、水平高，别人玩庞氏骗局被收割，他们玩庞氏骗局收割别人，所以他们今后还会继续加入新的庞氏骗局。但总有一次，他们不会那么幸运。

有人说，e租宝骗局持续了17个月，泛亚骗局持续了4年多，钱宝骗局持续了5年多，你看，玩庞氏骗局，越晚进入风险越大，立于不败之地的关键就是必须趁一个骗局开始没多久就进去“薅”钱，后期就别进了。如果遇到钱宝这种“良心骗局”，年化回报50%，只要玩2年，薅到100%，把本金撤出来，利息继续留在里面玩，就算5年后爆了，自己也不会有任何损失。

理论上说，一个庞氏骗局如果吸引的后续资金呈线性匀速增长，也就是第一个月吸资1 000万元，第2个月1 000万元，第20个月还是1 000万元，那它的骗局持续时间公式为：

$$持续时间 = \frac{1}{年收益率（\%）}$$

比如钱宝承诺年化回报50%，那骗局就绝撑不过2年，而只要后续吸引的资金呈几何级增长，就能持续更长时间。

钱宝给出那么高的收益率还能维持5年多，说明它的营销做得好，后劲十足，送钱的人源源不断。这样看来，一个骗局最开始的半年到一年期间，不是很安全吗？

这样想太天真了。上文说的是理论上的最晚崩盘时间，可你怎么知道庞氏骗局的组织者准备什么时候跑？

最极端的挂着 P2P 头衔高息揽储的骗局，今天开张，一看有几十万元入账，第二天就关闭网站跑了。

你只看到一个钱宝持续了 5 年，却没看到更多规模较小的庞氏骗局因为无法吸引更多后续资金，所以推出没多久就跑了。

庞氏骗局崩盘的时间，是不可测的。老板哪天突然“想通了”，就崩了。但你只要尝过一次庞氏骗局带来的甜头，就会上瘾，总想一次又一次成功上演“最后一秒的拯救”。

所以，无论高杠杆还是庞氏骗局，都和吸鸦片一样，生理毒瘾易戒，心理毒瘾难断，因为那曾经的“美好”体验，总在脑中萦绕，挥之不去。这就像出过一次轨的男人更容易习惯性出轨，打过一次老婆的男人更容易习惯性家暴。

那么问题来了，这种高息理财鸦片，看起来如此诱人，你真的要吸一口吗？

理财·婚恋规划

所谓理财思维，就是从成本—风险—收益的角度分析一件事的利弊得失，最后做出最理性的权衡取舍，实现个人利益、社会利益、国家利益乃至人类整体利益最大化。

——力哥

如何用理财思维找到合适的对象？

事先声明，我是“24K纯直男”，所以我的这套择偶观完全是从男性视角出发的，对男性来说是实实在在的干货，女性读者就当猎个奇吧。

第一个指标：外貌

我择偶的第一个关键指标是外貌。

爱美之心人皆有之，婚恋市场对美貌的需求具有巨大的刚性，所以不管什么时代，美女和帅哥永远都是被追捧的稀缺资源。

在以金钱为衡量标准的市场经济环境下，美女嫁给有钱的男人，哪怕这男人又老又土，也是可以的。如果美女很穷，对金钱的欲望和需求又非常强烈，那么嫁给这样的男人也是一种理性选择，用自己的年轻貌美换取比其他人少拼搏很多年的物质享受，等价交换，公平买卖，童叟无欺。但如果美女本身就是豪门，就不会在意对方的身价。

反过来说，如果男的是贫穷鲜肉，女的是中年发福满脸皱纹的富婆，也可以形成“男色女钱”的等价交换，只不过由于男女身体条件上的先天差异，导致两性在社会影响力、财富创造力等方面有着较大的差异，再加上社会道德观念的约束，导致“男钱女色”比“女钱男色”具有更大的真实市场空间。

我虽然穷，却有爸妈赐予的美貌这种可变现的稀缺资源，我就有充分的自主选择权——我可以利直接用这个资源嫁给富豪，从此吃喝不愁；我还可以和心爱的男友一起努力奋斗赚钱，组建我们不太富裕但依旧幸福满满的小家庭。

请注意，这时你完全可以继续正当运用美貌获得更高的正当收入，比如从事公关行业、娱乐行业、模特行业等对美貌有特殊要求的行业。就算你从事普通的对美貌没有特殊要求的行业，比如销售工作，在其他条件完全一样的情况下，美女销售就是更容易谈成生意，获得奖金。

但正因为美貌是一种人人都想要的稀缺资源，面对如此惨烈的竞争，从理财角度看，我们择偶时就不能一门心思想着一定要追求到最稀缺的资源，还要考虑到自己是否有实力追求到，以及一旦得到了最稀缺的资源，今后是否有实力守护好这份资源。也就是说，你要有成本意识和风控意识，要预估自己追求稀缺资源以及维护稀缺资源要付出的成本和承担的风险是否符合自身利益最大化的原则。

注意，这里说的“实力”，既包含金钱，也包含其他因素，比如人格魅力，或者说对“稀缺资源”的持续吸引力。即使你在结婚前“实力”就很强，我也不建议你追求最稀缺资源（顶级美女）。

顶级美女，往往在成长的道路上，已经领教了市场竞争的残酷性，从一封封不同男生写的情书和一次次示爱中，她们很早就给自己做了相对合理的估值和定价。这些顶级美女往往不会去赌博——不会选择成长股黑马股，而是选择价值股和白马股，这样她们才能在今后的人生道路上大大降低自己投资失败的风险。

就像一穷二白的男性可以赌，因为他们本就一无所有，但富豪绝不能赌，因为拥有太多反而输不起。顶级美女又为什么要赌自己的眼力呢？

退一步说，就算你现在“实力”够强，追到了顶级美女，也不见得未来能一直守住顶级美女。因为摆在顶级美女面前的可选优质资源太多（诱惑太多）。

就算都是白马股，也有不同的成长性。你现在虽然起点高，但顶级美女也怕你将来成长性不足，而另一个价值股的成长性看起来比你更好，能产生更强的复利效应，那她一样会产生重估价值、推倒重来的冲动。

当然，现代市场经济环境下，自由的婚姻源于自由的爱情，而一旦牵涉爱情，就不单是理性的得失计算，而会加入更多感性的价值好恶。就算是顶级美女，也并不都精于算计。因为人不光有经济理性，还有价值观和道德观，比如刘涛并没有因为老公——当年“京城四少”之一的王珂破产而离弃他，而是勇敢地担负起了家庭的经济责任，重新出来拍戏养家，成为励志女性的典范。

可是你怎么知道眼下选择的这位顶级美女，在你将来不幸重病卧床或生意失败倾家荡产时，是会继续陪伴在你左右还是会离你而去呢？

从经济理性上说，越是顶级美女，越有先天优势，越想依靠这个先天优势获取更优质也更多样性的生存资源，在婚姻问题上，她们容易比普通女生更势利。尤其是那些出身贫寒的顶级美女，更容易在物质上产生极强烈的不安全感，在婚姻问题上往往会走得异常辛苦。

如此看来，作为男性，最经济理性的选择，就是规避这类高风险、高收益的资产标的，比如许多互联网上市公司往往把故事讲得天花乱坠，一旦大家都看好，都去追逐、示爱、求交往，估值就会高得吓人，你这时也去跟风追涨，很容易被高位套牢，得不偿失。

当然，顶级美女和顶级富豪都是社会中的极少数，如果你自身在结婚前“实力”很一般，那最好放弃追求“稀缺资源”的想法。

那你可能会说，力哥，你的意思是找老婆要找丑女？错。你没必要冒大风险找大美女，也没必要为了规避风险刻意找丑女，结果连通胀都跑不过，日子过得也不会开心。毕竟在择偶问题上，基本的生理需求还是要满足的。如果她站在你面前对着你笑，你连亲她一口的欲望都没有，恐怕婚后也不会幸福——就算她不出轨，你以后也很可能要出轨。

关键还是平衡。拒绝选择让你找不到任何欣赏点的丑女，但也不要选顶级美女，而是选择那些你看着挺顺眼，挺舒服，但并不是走在马路上回头率特别高的标准大美女。

这就是我挑选配偶的首要标准——不算非常漂亮的第一眼美女，但也绝不算丑。如果随机抽取 100 位同龄中国女性，她的双盲测试美女排名至少能排进前 1/4。对我来说，这样的颜值正好。

从博弈论角度看，想让未来的婚姻长久稳固，这种择偶策略是最优的。

第二指标：性格

我择偶的第二个关键指标是性格。

在众多性格测试理论中，我发现迈尔斯·布里格斯类型指标（MBTI），是参考价值比较高的一个理论体系。

简单说，MBTI 理论划分了四个性格维度，这四个维度就是四把标尺，每个人的性格都会落在标尺的某个点上，这个点靠近哪个端点，就意味着这个人有哪方面的性格偏好。

第一个维度是外倾型（E）和内倾型（I）。这个最好理解，日常生活中我们讲一个人的性格，最直观的分类就是外向和内向。

第二个维度是感觉型（S）和直觉性（N）。简单说，前者更相信确定的和有形的东西（形象思维），后者更相信灵感或逻辑推理（抽象思维）；前者对 1、2、3、4 是什么感兴趣，信息获取偏向实用主义，后者对 1 如何推导出 2 更感兴趣，对"为什么"感兴趣，信息获取偏向理想主义；前者有耐心反复打磨一个兴趣或技能，后者喜欢学习新技能，但掌握后就容易厌倦；前者看重眼前的现实，后者看重未来的想象；前者习惯线性思维，后者习惯跳跃式思维。

第三个维度是思维型（T）和情感型（F），这个也好理解。前者偏重理性思维，后者偏重感性思维；前者多为理科生，后者多为文科生；前者多为男性，后者多为女性；前者多冷静客观容易给人距离感，后者多主观易冲动富有同情心；前者更看重自我价值实现（自己觉得成了就成了），后者更看重社会评价（别人都说你成了你才觉得成了）。

最后一个维度是判断型（J）和知觉型（P），这个维度比较抽象。前者追求维护规则和纪律，家里收拾得很整洁，办公桌很整齐，笔记很有条理，后者喜欢打破规则和纪律，家里东西往往乱放，笔记乱七八糟；前者喜欢确定性，你告诉他就这么愉快地决定了他才安心，后者喜欢多样性，你告诉他可以这样也可以那样，让他自己来选，他才会开心；前者在完成某件事后更开心，后者在开始做某件事时更开心。

我属于 INTP 型（内倾 / 直觉 / 思维 / 知觉）。根据 MBTI 理论，在爱情上，和 INTP 型（学者型）最相配的是 ENTJ 型（元帅型），其次是 INTJ 型（专家型）和 ENTP 型（发明家型）。

那力嫂是不是这三个类型的呢？全都不是。

力嫂四个维度的测试结果和力哥全部相反——ESFJ 型（主人型）。（我觉得叫“和事佬”型更形象。）

当年我得到这个信息时，非常兴奋。因为在择偶的性格问题上，一般有两种倾向。一种是倾向于寻找“另一个自己”，即与自己性格完全相同或相近的人，这样你们之间的交流会有较少冲突，容易相处和谐。但这种选择的坏处也显而易见，性格相近的两个人往往也会有相近的思维方式和为人处世方式，你始终在和另一个自己交流，生活中容易缺少惊喜，缺少激情和情趣，久而久之，可能相互之间就容易产生厌倦感，更容易遭遇七年之痒的挑战。

另一种是倾向于寻找“一个未知的世界”，也就是与自己性格大相径庭的人。这样的组合在我们的生活中随处可见，比如丈夫很开朗健谈，妻子则沉默寡言；或者丈夫沉默寡言，妻子开朗健谈。正所谓“致命差异产生致命吸引”。这种性格相反的婚姻组合的优点非常明显，通过婚姻，这种结合为夫妻双方打开了一扇巨大的窗户，透过这扇窗户，夫妻双方都可以看到一个自己过去从未经历过的世界，从而优化自己性格中原先没有察觉到的缺点，并且让自己的生活因为这种差异性产生冲撞进而迸发更多的激情火花，产生更多的生活情趣。

但反过来说，在致命吸引消逝后，因无法调节致命差异，也可能导致致命冲突，从而威胁到你的婚姻。

任何选择都要承担一定的风险，你更倾向于选择哪一种呢?

这个问题没有标准答案，我的选择是后者。因为我的性格决定了我在婚姻问题上特别想寻找“一个未知的世界”，而不是“另一个自己”。我能容忍“一个未知的世界”所带来的激烈碰撞，但无法容忍“另一个自己”带来的无聊乏味。

但请注意，这种选择是有前提的，那就是我和妻子用了整整 4 年时间来磨合这种激烈冲突，看我们是否能在这种冲突中寻找到双方都能接受的平衡点。所以恋爱就像银行业压力测试，是一个测压试错找漏洞的过程。

银行的测试对象是钱，所以可以人为操控压力高低，但恋爱的测试对象是人，我们没法把人放在实验室里测试，只能用足够长的时间，让生活有机会产生足够多的激烈冲撞，才能最终测试出你们的爱情能否经受住来自方方面面的考验。如果只经历短短几个月的压力测试，会给你们未来的共同生活留下大量盲点，所以千万别闪婚。

再换个角度看，当一个男人成功追求到一个女人后，新鲜感会很快褪去。而婚姻却需要你们继续携手走完几十年的人生道路，对于老夫老妻来说，如何才能继续让婚姻大厦稳固呢？

大厦的基础，也就是钢筋水泥结构是钱。中产阶层的离婚概率最低，而穷人的离婚概率最高，所以一段幸福的婚姻不一定要很有钱，但绝不能太贫穷，一旦家庭终日陷于吃了上顿没下顿的窘境，夫妻关系不可能和谐。

而大厦的日常维护整修也非常重要，在我看来，这种日常维护工作就是生活情趣。如果一对夫妻常年生活在一起，只有吃饭睡觉养孩子，而没有更多生活情趣的滋养润滑，那就算这段婚姻的根基还是稳健的，也谈不上多幸福。

在近年来的生活中，我也越来越感觉到我和妻子之间的性格在相互接近，这是长期共同生活导致的必然结果，所谓“夫妻相”不是说笑的，夫妻二人长期朝夕相处，久而久之的确会在外貌上产生微妙的变化。

就算我们找性格相反的人结婚，彼此都会在时间长河中逐渐同化，生活中的惊喜也会越来越少。若是我们一开始就找和我们性格完全一样的另一半，那这样的婚姻和人生岂不是太无聊了？

所以我认为，应该优先找和自己性格差异较大的另一半。

第三指标：爱的程度

我择偶的第三个关键指标是爱的程度。

爱是一个很难被量化的概念，但只有两人相爱才会产生爱情进而走入婚姻殿堂。而“相爱”中的“相”，在文言文中其实有两种解释。一是我们现在依然在用的“相互”的意思，即互指。还有一种文言文中更常用的意思，表示一方对另一方有所动作，可以指代你、我、他，即偏指一方。比如《孔雀东南飞》中的名句“誓天不相负”。这句话不是说我们指天发誓一定不会相互辜负，而是说我（焦仲卿）对天发誓绝不会辜负你（刘氏）。

而如今“相爱”这个词也存在这个问题——两人坠入爱河，彼此爱对方的程度并不完全相同，往往一方的爱会超过另一方。那么，到底选择更爱我的还是我更爱的？从经济理性角度看，我建议选择更爱你的。理由有二。

一是选择更爱你的另一半，今后生活中对方对你的照料关心极大概率会多过你对对方的照料关心，你在这场婚姻中得到的极大概率会多过你付出的，对方的妥协让步会比你的妥协让步多。

二是因为对方爱你爱得更深，万一今后出现婚姻危机，尤其是出现婚外恋问题时，大概率是你出轨，是你提出离婚，而非对方。

当然，没人希望今后在婚姻中出轨，但如果真走到那一天，在你自己出轨，获得人生又一春和你老婆出轨，你被戴绿帽子这两种选项中，相对更优的是哪种呢？虽然这段论述会让许多人三观尽毁，觉得无法接受，但平心静气好好想想，是不是这个道理？

那如何才能分辨出到底是我爱对方多还是对方爱我多呢？

恐怕没有通用公式可以套，但我观察身边比较熟悉的情侣朋友，可以从他们的言行中感觉出谁更爱对方多一些，如果你已处于恋爱或婚姻状态中，静下心想一想，肯定也能得出答案。

第四指标：物欲

我择偶的第四个关键指标是物欲（野心）的强度。

女性择偶时如果自身属于稀缺资源，一定会想方设法找绩优股。但真正的绩优股也稀缺，所以自身估值没那么高的普通女性往往更愿意寻觅黑马潜力股，赌自己眼光准。

那作为男性，如何防范未来自己的潜力没有爆发出来，可能会引发的婚姻危机呢？这又分两种情况，一是你自己本身就没把自己看成多厉害的潜力股，或者说你对事业和财富的野心本就不是特别大，但是你的另一半却有很强的物欲，把你看成潜力股来投资，对投资回报的期望值特别高。这就是我们常说的“女强男弱”家庭结构。这种情况下，你的婚姻结构注定是非常脆弱的。

只要你的事业没有太大成就，收入没有呈指数级上升，而你的另一半又经常会因为身边同事、邻居的老公升官发财的消息受刺激，还会在每次参加同学会时受到强烈刺激，然后不断在内心抱怨自己当年的投资何等愚蠢，瞎了眼了才会嫁给你这种没用的东西……

长此以往，只有两种结果。要么你被逼无奈，为了赚更多钱来满足妻子不断膨胀的物欲而走上歧途。要么你继续做个窝囊废，三天两头被老婆数落，终于有一天，你们离婚了。

第二种情况更普遍，即你本来就自视为潜力股，你自己的野心就不小，而你老婆也的确把你当成一只潜力股进行投资。但命运无常，能不能在事业上有大成就，能不能成为富人，除了我们自己的天赋和努力，很大程度还要看运气。如果你运气好，从潜力股蜕变成绩优股，自然皆大欢喜，但如果没能成功呢？你该如何面对她的殷切期望？

所以从风控角度看，我们应该找一个物欲（野心）强度比较低，至少没有你高的女性做另一半。万一你今后事业和财富上没有太大成就，对方也能坦然接受，平平淡淡才是真，平平安安走一生，你们的婚姻也能继续稳稳地走下去。

至于一个女人物欲强不强，很容易就能看出来。比如恋爱时花钱特别大手大脚，经常信用卡透支还不起钱，没钱还要换新手机，总喜欢和身边的女性在物质上进行攀比。这样的女人，谈恋爱可以，但不适合结婚。

还有一点很关键，就是她用起你的钱来是不是心疼。如果她花自己的钱大手大脚毫不心疼，花你的钱也一点儿不心疼，这样的女人要不得。如果她花自己的钱斤斤计较，懂得量入为出，花你的钱却大手大脚毫不心疼，这样的女人更要不得，因为她压根儿就没想把你们这段感情往婚姻的方向上带。

幸运的是，力嫂的物欲就没那么强。和我刚认识时，她就是个比较勤俭节约的女人，现在依然如此。

第五指标：出身

最后这条标准最实在：家庭出身（经济背景）。在择偶问题上，“门当户对”这个词永远不会过时，这是风险最低的也最符合经济理性的一种策略。

贾宝玉和林黛玉就是典型的“门当户对”，两人家庭背景相同（本来就是一家人），相貌相当，所受的教育和价值观也差不多，只不过曹雪芹是要把《红楼梦》写成旷世巨著，所以必须要悲剧收场。

从经济理性角度看，最理想的情况是另一半的原生家庭的经济背景比自己的原生家庭的经济背景稍微好那么一点点。如果对方的家庭经济背景比自家差很多，一旦结婚成为经济共同体，今后在对你们小家庭的援助上，你的父母就会比对方父母付出更多，实际上是拉低了你们整个大家庭的整体财务水平。

如果对方的家庭经济背景比你家好太多，就容易出现门不当户不对的情况。这样的家庭结构形成后，经济强势一方的父母总会或多或少看不起经济弱势的一方，觉得对这个小家庭，自己付出太多，吃了大亏，这种根深蒂固的歧视心理会有意无意地在日常生活中体现出来，从而影响到双方家长的关系，甚至影响到小夫妻的感情。

如果强势一方是男方家，情况相对还好，但假如强势一方是女方家，特别是“凤凰男”和“孔雀女”的组合，就很容易引发家庭矛盾，尤其是在买房、带孩子这些重大问题上，特别容易产生冲突。

这种类型的家庭，往往男方在家里没什么地位，什么都要听丈人、丈母娘和老婆大人的。如果买不起房，还要和丈人、丈母娘住一起，成为“上门女婿”。作为男人，理论上的一家之主，这种生活的压抑感和挫败感，外人很难想象。

最理想的选择就是找一个家庭经济背景比自己略强的另一半。这样组建新家庭后，整体财务水平会获得小幅提升，你和你爸妈都赚到了，但因为差异不大，所以夫妻双方以及双方的父母也不太会产生明显的优越感或者自卑感，更利于整个家庭的和谐稳定。

最后，总结一下我从理财视角出发得出的五条择偶标准：

一、别找公认的大美女，也别找丑女，找相貌中等偏上，你看着顺眼的女人。

二、别找和你性格相同或相近的女人，找和你性格相差较大或相反的女人。

三、找她爱你的程度比你爱她的程度还要多一点点的女人。

四、找物欲（野心）没有那么强的女人。

五、找家庭经济背景比你家略强的女人。

这五条可以概括成两个字——平衡。

结婚前，女友想在房本上加名字，给不给加？

结婚等于合伙开公司

《奇葩说》第五季第四期的辩题很有意思：结婚前，我让男友在他的房本上加我的名字，有错吗？

一个多小时的节目，前面那些东拉西扯的戏精表演没什么营养，但从 1 小时 1 分 20 秒开始的经济学教授薛兆丰的反方结辩非常精彩。

薛教授认为，结婚就是开公司，开的是合伙制的家庭无限责任公司；领证就是签合同，签的是一张交割时间为终生的家庭期货合同。

合伙开公司，入股各方就都要拿出自己的资源，包括资金、土地、专利技术、人力资源、政府关系等。入股各方整合资源，优势互补，从而让企业越办越红火。在结婚的场景下也一样，两个陌生男女，原本谁也不欠谁，现在要组建起比和父母的关系更亲密的夫妻关系，一辈子共同生活，就要拿出各自的资源包。资源包包括身体、生育能力、容貌、家庭背景、家务劳动技能、当下收入水平、未来收入增长潜力，甚至连理财能力也算。

比如女方身体健康，男方有残疾，在身体这个资源上，女方占优势，未来女方为男方的付出就会更多。如果这是一个公平的、可长久维系的双赢合作，男方就需要在其他资源上占据优势地位，从而弥补这项资源短板。

在现实世界中，能弥补其他各种短板的最紧俏的一种资源是金钱。比如男方没生育能力，女方很想要孩子，但男方很有钱，女方可能也愿意和他结婚。

由于生理构造和社会分工不同，男女双方投入的资源包不太一样，这些资源发挥作用的时间节点也不一样。有些资源必须早一点儿投入，有些则会晚一点儿。一般来说，女性资源包发挥作用的时间往往会早一点儿。

一是容貌。传统观念对婚姻中两性般配的要求是“郎才女貌”，也就是男的要有才，女的要漂亮。然而容颜这种资源，在女性 20 多岁时就达到了巅峰，过了 30 岁，就会快速贬值。这就是为什么从 18 岁到 88 岁的男性，梦中情人都是 20 多岁、漂亮、身材好的女人。如果一个漂亮姑娘在 20 多岁时就死心塌地跟着一个穷小子，她就是在拿自己最优质的资源豪赌。如果看走眼了，到她 40 岁再想推倒重来，就会输得一败涂地。

二是生育。生育能力是夫妻都要具备的资源，但生育负担却完全落在女性身上，今后的育儿负担也大多由女性扛下，女性不得不把更多时间和精力用于照顾家庭，自然会制约其事业成就和收入水平。所以在婚姻关系最初的 10 年，女性往往已经把自己最有价值的资源都贡献出来了。

“陈世美效应”

男性资源包发挥作用的时间相对会晚一点儿。既然女性要承担那么繁重的生育负担和照顾家庭的责任，相应地，男性就会被要求承担更多养家糊口的责任。

虽然今天女权主义盛行，但摸着良心说，从原始社会一路走到今天，男女什么时候真正平等过？妻子不挣钱，无论婆家还是娘家，都不会觉得有什么大不了的，但丈夫不挣钱，会被视为没本事，没出息。做妻子的，容易产生一肚子怨气，正所谓“没事开个同学会，拆散一对儿是一对儿”；做丈夫的，往往自己也会产生道德上的自卑感甚至负罪感，觉得自己对不住妻子，让妻子跟自己受苦了。如果对调角色，妻子是女强人，日进斗金不差钱，丈夫全职在家带孩子，反而可能被人家指指点点，说这男的吃软饭。

但对绝大多数普通人来说，事业的发展和收入的增长是一条先慢后快的上升曲线。男人 20 多岁时，技能、阅历和人脉都严重“欠费”，往往只是基层员工，收入曲线上升很慢，30 多岁才会迎来快速上升通道，40 岁后，才能达到事业和收入的高峰。

这种合伙双方付出和收获的时间差，就会产生一个问题。因为女性投入资源包的时间早，意味着在播种期付出了更多。男性投入资源包的时间晚，意味着在收获期能得到更多，导致负责收割的人就容易敲负责播种的人的竹杠。也就是我们常说的男人有钱就变坏，中年油腻男抛弃糟糠之妻，另寻小三，开启人生第二春的故事。

再回到薛教授的结辩陈词，薛兆丰认为，结婚前，女方想在男方房本上加名字，相当于在签订终身制的家庭期货合同时，为了尽可能降低“陈世美效应”的发生概率，或者说提高“陈世美效应”的发生成本，让男方增加一些抵押品和保障措施，如果真到了婚姻走到尽头的那一天，自己的投资也不至于满盘皆输。这是合情合理的，也是完全符合经济学逻辑的要求。

现实没那么简单

当然，《奇葩说》要求导师必须做出非黑即白的站队，所以薛教授的理论推演虽然无懈可击，但实际情况没有那么简单。

女方要求加名字的最大问题在于，男方的房子，到底是谁出钱买的。如果是男方自己买的，婚前加上女方名字，我觉得无可厚非。你都要和那个你指天发誓说“我会爱你一辈子”的女人结婚了，要是连在你们共同居住的爱的小巢上加上对方名字都不肯，换位思考一下，如果我是女方，也会对你的爱情宣言打个问号。

但今天的房价太贵了，能有几个 20 多岁的年轻小伙子，可以靠自己打工挣的钱全款买房？一套房子掏空“六个钱包”的例子，不用多说了吧。你挣的钱给女朋友花，没问题，你买的房子写老婆名字，也没问题。但你爸妈把养老金拿出来给你买的房子，也要在婚前加上女方名字，你良心何安？

女方婚前担心未来婚姻生变，想给自己多加一道护身符，男方父母也怕啊，他们老了，更禁不起折腾，他们难道不需要保护吗？

我认为，你的房子没动父母的钱，不管婚前还是婚后，全款还是贷款，加女方名字都没问题。但如果动了父母的钱，就要征求父母的意见，如果他们不同意，就要尊重他们的意见。

从法律层面上讲，早在2011年实施的《婚姻法司法解释（三）》就已亮明观点。男方婚前全款买的房子，没写女方名字，以后如果离婚，房子完全归男方，和女方半毛钱关系没有。男方婚前贷款买的房子，没写女方名字，以后如果离婚，首付份额属于男方，贷款份额，只有领证后到离婚前那段时间已偿还的贷款本金部分，属于夫妻共同财产，要和女方分，还没还的贷款部分，也还算男方的。

最关键的是这条：男方婚后全款买的房子，没写女方名字，只要能证明买房钱是自己父母出的（打印一下买房时的银行资金流水就知道了），以后离婚时，房子还是归男方。如果婚后买房是男女双方父母一起出资的，那离婚时，就按买房时的出资比例来划分。

也就是夫妻财产共有的基本原则，需要让位于买房的实际出资人。这条法律的指向很明显，就是要保护个人财产，尤其是保护父母（老人）的利益。

当年这条司法解释出台时，舆论炸了，说为家庭劳心劳力一辈子的“黄脸婆”成了最大的受害者。很多专家还拿发达国家的案例反对新法。

比如在日本，妻子婚后辞职做全职太太的情况非常普遍，离婚时，妻子反而能分到70%的房产份额，甚至还能要求分丈夫一半的退休金，这种乍一看很不公平的法律，却能有效提高日本男人的离婚成本，约束日本男人的出轨冲动，维护日本社会家庭稳定。还有美国、德国、英国等许多西方国家都设置了高额的赡养费制度，从而约束丈夫，保护妻子。

但国情不一样，人家没有“六个钱包”一说，没有全民炒房一说，小夫妻结婚不用过多考虑父母的利益。

四个锦囊

那结婚前，如果男方死活不肯加名字，女方还有什么办法能拓宽自己的婚姻护城河呢?

办法一：签订婚前协议。这是指男女双方为结婚而签订的、在婚后生效的具有法定效应的书面协议，需要双方签字画押，如果能去公证处公证一下，就更放心了。

婚前协议可以规定得很细致，除了约定婚后夫妻的财产如何管理，还能约定一旦将来离婚，财产如何分配的敏感问题。比如可以约定如果婚后 5 年内离婚，男方要拿出家庭资产的 60% 给女方，作为离婚补偿，婚后 5—10 年离婚的，要给 70%，以此类推。如果女方是甩手掌柜，怕男方会转移或隐匿财产，也可以直接说一个数，比如 5 年内离婚，要给 100 万元赡养费，婚姻存续时间每多一年，增加 20 万元赡养费。

虽然在中国人的观念里，现在还不太能接受这套“还没结婚就想着离婚怎么分财产”的思路，觉得好晦气，但这却是最标准的受益终身的理财思维——未雨绸缪、防患未然。这就像我们买保险一样，心里向着最好的方向打算，但也要做好可能出现最坏情况的准备。

如果情感上无法接受这个办法，那还有办法二：买保险。

具体来说，就是丈夫出钱，给妻子买一份长期缴费的储蓄型寿险。比如男方每年都要拿出收入的20%给女方买保险，婚姻关系持续越久，女方手里的保险金就越多，真到人老珠黄时，就算男方把女方一脚踢开，女方至少还有一大笔保险金可以养老。

和买保险作用相似的还有买信托，其实买信托更安全，理财收益也更高，但中国内地现在还很难操作，得去香港办理。

办法三：积极学习理财知识，婚后财政大权一把抓。这其实是最管用的办法。

我前文说了，男女双方给出的资源包中，也包括了理财能力。大部分家庭，往往是一方管钱，另一方傻白甜。只要是你当掌柜，老公工资卡在你手里，家里各种金融资产也在你的掌控中，你买的股票、基金、黄金、保险的账号密码等相关信息他都不知道，万一真离婚了，就算那套房子没你的份儿，家里的金融资产你可以拿大部分。

办法四：门当户对最管用。

其实最稳健的婚房结构，是男女双方各出一部分首付，婚后小夫妻共同还贷，这样房产证上就能名正言顺地写上两个人的名字，因为两家的经济实力比较接近，婚后也不容易因为父母的因素影响小夫妻的感情。

乍一看，用经济学思维来看待和解释生活中遇到的各种问题，显得太过理性，太过冰冷，少了人情味，尤其是婚姻、爱情这种神圣的东西，被说成一种商业行为，情感上很难接受。但真正掌握了经济学思维，很多困扰你许久的问题，就会迎刃而解。你的人生，不会因为拥有了这种理性思维能力而变得更糟，反而会变得更幸福。

你不愿离婚并非忠于爱情，只是诱惑不够多

一道选择题

假如有一个你绝对信任的权威医生告诉你一个不幸的消息：你得了一种怪病，这种病没有任何症状，不会感到疼痛或任何异样，但在未来 3 天中，你有 1% 的概率会因此死亡。但他又说你不用担心，他有一种特效药，药到病除，就是价格贵了点儿，要你所有财产的 10%。你会怎么选择？

拿 10% 的财产换取 100% 的性命无忧？还是不愿放弃 10% 的财产，愿意赌一把，赌 1% 超小概率事件不会发生？

这道选择题把所有可能影响你决策的场外信息都排除了，你不用怀疑医生靠不靠谱，不用考虑这个病本身会给你带来多少痛苦，你只需要在“金钱”和“生命”这两个你都很看重的东西之间做权衡取舍。

每个人的选择都不一样。但如果把付出的资产比例和死亡的发生概率这两个变量做一些调整，最终一定会让所有人做出相同的选择。

如果让你放弃100%的财产，瞬间沦为赤贫，才能获得0.01%的概率会杀死你的怪病的特效药，可能所有人都会赌一把。如果你说你就是视金钱如粪土，视生命为无价，还是不愿放弃买药，那只要把你的付出从倾家荡产变成倒欠银行100亿元，你一辈子都还不清，你就算活到200岁还要辛苦打工还钱，而你被怪病杀死的概率降低到0.00001%。我想，你一定会选择放弃买药。

反之，如果只需要付出1%的财产，很可能你就愿意买特效药了。如果你还不愿意，把你被这种怪病杀死的概率提高到99.99%，你还会有任何犹豫吗？别说放弃1%的财产，就算放弃100%的财产，你也一定会选择买药。

对于普通人来说，生命是最值钱的，命都没了，其他所有依附在上面的价值就都不存在了。所以，排除所有场外信息后，单纯看金钱和生命之间的博弈，能最直白露骨地说明一件事——这个世界上的所有东西，理论上都可以定价，包括你的生命！区别只是不同人的三观不同、年龄不同、身体状况不同、财富总量不同、赚钱能力不同……这些变量最终都会影响你支付对价的意愿。

富人不缺钱，为了延续生命愿意支付很高的对价；穷人缺钱，宁可冒很大的生命危险去挣钱。那些高危工种，或明确以牺牲健康和寿命为代价的工种，为什么还有人愿意做？不就是因为缺钱吗？

只要诱惑足够多

连生命都可以被定价，更何况其他我们认为金钱可能买不到的东西呢？比如健康、亲情、爱情、友情、事业、名誉、学历、自由、民主、理想……

有人可能会为了金钱放弃这些，也有人可能会为了这些放弃金钱。

决定你到底为了前者放弃后者还是为了后者放弃前者的，是你面对的诱惑是不是足够多，让你甘愿为了获得前者（后者）而支付后者（前者）的对价。

不少人对那些为了获得买房资格而“假离婚”的人嗤之以鼻，宣称自己永远不会为了买房离婚。其实他们的生命里只不过还没有机会经历这样的诱惑的试探罢了，或者曾经历过，但交易对手的出价达不到心理预期，没有心动，才会如此坦然地站在道德制高点对“假离婚”买房的人嗤之以鼻。

2016 年 8 月，上海各区民政局被“假离婚”买房的人群挤爆，以至浦东新区民政局出台了离婚排队预约的临时性限制措施。

更夸张的是 2010 年上海开世博会时，因为本地户籍居民以户口为单位，可以领取一份世博会大礼包，内含一张价值 160 元的世博会门票和价值 200 元的交通卡，有人居然只为了多拿一份礼包，就愿意“假离婚”！在这些夫妻的眼里，相较于离婚给他们带来的家庭风险和道德内疚感，这 360 元的礼包更重要。

假如天降洪福，你老家征地拆迁，政府说你们夫妻二人可以分到两套房，但如果离婚算两户，可以多分一套房，这套房价值 200 万元，只要去民政局免费办理一张离婚证，就能让你们这个家庭瞬间获得200万元，今后少奋斗20年，原来还在为孩子今后没钱上大学发愁，现在出国留学都不成问题。作为母亲，摸着良心说，你真的会丝毫不心动吗？

如果你说你还不会心动，好，把这套房子的价值提高到2 000万元，2亿元，20亿元呢？不但你这辈子衣食无忧，你的儿孙一辈子也会因为你办理离婚手续这个小小的既不违法也不伤害任何人的举动而衣食无忧，你依然坚守你的道德观吗？

如果你还敢说自己绝不心动，我相信全世界所有诚实的人都会对你说两个字：虚伪。

无价是个理想状态，世界上不存在无法标价的非卖品。

裴多菲有诗曰："生命诚可贵，爱情价更高，若为自由故，二者皆可抛。"可事实却是，只要对价足够昂贵，生命、爱情和自由都可以定价，都可以拿来卖。

这话听起来无比残酷，甚至会让许多思想保守的人怒不可遏，大发雷霆，但如果你理解了我这番话的真正含义，对你今后的日常生活和投资理财都大有裨益。

所谓理财思维，就是从成本—风险—收益的角度分析一件事的利弊得失，最后做出最理性的权衡取舍，实现个人利益、社会利益、国家利益乃至人类整体利益最大化。

这种思维方式会让一些人感到很不耻，觉得只有精于算计的小人才会整天这么看问题，但正是这种思维方式，帮助英国从偏居亚欧大陆一隅的蕞尔小国，逐渐战胜以西班牙和法国为代表的海峡对岸的强国，成为日不落帝国，并最终让英语，而不是法语、德语、俄语或西班牙语，成为全球化时代的通用语。

不过，如果一个人只有理财思维，那这个人活着就太可悲了，如果所有人都只有理财思维，那这个社会就太可怕了。

无价的信仰

好在这个世界上还有一样东西是理财思维无法解释的，是用再多的钱或其他对价都买不到的。那就是信仰。

信仰高于生命，为了信仰，人连生命都舍得拿出来做对价，就算你给他比马云还要多的财富——虽然作为肉体凡胎，他也会心动，但他还是不愿意拿信仰来交换。

反过来说，他愿意为了金钱而拿来交换的信仰，一定不是真信仰。

当然，如果为了自己的信仰不但可以把自己的生死置之度外，还要拉无辜群众给自己垫背，那就是恶魔了。

听到这里，你可能会说："既然你把话说得这么绝对，没有谁是好东西，那我反过来问你，如果把10亿元摆在你面前，要你和力嫂领张离婚证，你难道不会心动吗？你这不是搬起石头砸自己的脚吗？"

我也是深陷罪中的罪人，所以我不但立马会心动，而且说不定真会和力嫂离婚。因为只要这么做，我和我的整个家族瞬间就财务自由了，而且极有可能像洛克菲勒家族一样富过六代，甚至力嫂可能都支持我这么做。

如果我的信仰不允许我做离婚这种事，我会不会真的突破我的信仰底线这么做呢？

尽管现实世界中发生下面这件事的概率很低，但我依然要说，真到了那一刻，我会长跪在神的面前，匍匐不起，不住流泪，切切祷告，求他赐予我战胜试探的力量！

如何构建幸福一生的婚姻关系？

我们进一步聊聊婚姻和信仰的关系。

爱情的二律背反

婚姻是一场赌局，赌的是面对未来无数不确定性因素，你们的婚姻关系能永久保持确定性。

在无数不确定性因素中保持永久的确定性，从投资角度看，这几乎是不可能完成的任务。哪怕你事先做好充分的风险控制，也不敢保证没风险。毕竟，人不是机器，人是理性和感性、物质和精神混杂在一起的高级存在。婚姻是人和人的相处之道，归根结底还是感情决定的，所以哪怕我们事先规划得再缜密，也不可能确保未来的婚姻万无一失。

除了用经济理性的方法尽可能降低婚姻风险，有没有其他办法进一步降低婚姻风险呢？

很多年前，有一部叫《金婚》的电视剧，许多观众都特别羡慕张国立和蒋雯丽饰演的那对夫妻。在长达50年的婚姻道路上，他们虽然一直磕磕绊绊，有时甚至大吵大闹，但终究有惊无险地相扶到老，体现出了真爱的宝贵。

但也有人认为，这对夫妻从25岁结婚就开始吵，一直到75岁办金婚宴还在吵，真是够累的。本来两人就性格不合，又何必硬拖着不肯离婚呢？

毕竟人这一生一转眼就过去了，应该活出自我，活在当下，活得自由，应该始终忠于自己最真实的感受。如果情缘已尽，又何必为了那些社会道德观念，抑或所谓的责任感，或者什么“为了孩子”之类的想法而放弃对自由和自我价值的追求呢？

说白了，和一个人处的时间久了，必然会觉得乏味，必然会有这样那样的磕绊，于是会萌发“换人玩”的想法。如果这时正好有一个合适的新人在生命中“闪亮登场”，给你带来久违的爱情的新鲜感和刺激感，那有些人就会把持不住，选择和旧爱分道扬镳。

问题是，是不是新换的伴侣就一定比过去的那个更合适你呢？是不是你们就能够长相厮守呢？不一定。

和这个人相处久了，你一样会觉得乏味，就好像你天天盯着一个绝色美女，看个三五年，你会发觉她长得也就那样，你第一眼看到她时那种怦然心动的感觉再也回不来了。

一样的道理，世界上没有两个人的价值观、兴趣爱好和生活习惯完全相同，这种种差异终究会给你们的生活带来这样那样的矛盾。如果你想追求完全的自由解放，那你这辈子将不得不在众多临时伴侣间穿梭。

一直这样换来换去，人虽然获得了自由，又会觉得缺少另一种重要东西——安全感和归属感，感觉自己就是个孤魂野鬼，到处流浪漂泊，始终找不到真正属于自己的爱情，找不到真正能让自己的灵魂完全放心停泊的港湾……折腾几次后，随着年龄渐长，又想安定下来找个真爱长相厮守。

你发现了吗？追求新鲜刺激和自由的爱情是人的本能，追求安全稳定和恒久的爱情也是人的本能，这两种本能本就自相矛盾，我将之称为"爱情的二律背反"。

"灵""肉""约"

那如何才能获得一段能相守终身的爱情和婚姻呢？

我认为，一段婚姻有三个基本支撑点——"灵""肉""约"。

所谓"灵"，就是灵魂伴侣。它要求两个人性格相配，兴趣相投，能有精神上的交流和共鸣。

所谓"肉"，就是肉体欲望。主要体现在双方的外表（相貌、身材等）对彼此有足够的吸引力，双方能从彼此身上获得力比多的有效释放，两人之间充满激情。

所谓"约"，就是婚姻契约。两人有对家庭的责任感，受到法律和道德的约束，并借此逐渐将维系两人关系的要素从"爱情"转变为"亲情"，两人关系从"爱人"转变为"亲人"。

事实上，那些最完美的被我们传颂至今的经典爱情故事都需要满足这三点，也必须满足这三点才能构成一个坚不可摧的"爱情铁三角”。可惜在现实生活中，许多人的爱情都只满足其中的一点或两点。

只满足“灵”的爱情很难成为真正的爱情，这种爱情更多以“红颜知己”或“蓝颜知己”的形式存在。

只满足“肉”的爱情是现在不少西方人和越来越多中国人的主流爱情观。很多大牌球星换女友像换衣服一样，他们对爱情的理解完全停留在追求新鲜刺激的阶段，但是力比多或者说激情这东西来得快去得也快，一旦感觉没了，不来电了，两人就马上散了。这也很难成就真正伟大的爱情。

只有“约”的爱情无疑最痛苦。因为两个人在一起既没有精神上的愉悦，也没有肉体上的快乐，只是被一纸证书捆在一块儿过日子。这样的婚姻根本没有爱情的内核，很难获得真正幸福的婚姻生活。旧时的父母包办婚姻大多属于这类。当然，只要共同生活的时间足够久，两个既没有“灵”也没有“肉”的人一样会产生很深厚的感情，但这种感情并不是爱情，更像亲情。

同时满足两个条件的爱情呢?

同时满足“灵”与“肉”的爱情就是罗密欧与朱丽叶、梁山伯与祝英台，有缘无分，明明相爱却不能厮守终身，这种爱情最令人惋惜。

同时满足“灵”和“约”的爱情，估计夫妻生活还是会过得不错，长相厮守的概率挺大，因为年龄越大，在婚姻中“灵”的作用会越大，“肉”的作用会越小。

同时满足“肉”和“约”的爱情显然最危险，尤其对女方不利。因为你们之间只有肌肤之亲而无灵魂之爱，一旦你容颜老去，支撑婚姻的力量就完全倾斜到那一纸婚书上。尤其是丈夫人到中年，口袋里有大把钞票的情况下，他出轨的概率便会陡增。

说了这么多，有人可能会一声叹息：世间本就没有十全十美的爱情。

随着时间的推移，“肉”的变化显而易见，“灵”的变化也理所当然。人的思想、情绪、兴趣爱好都会随着年龄和环境的变化而不断变化，只不过有的人变得多，有的人变得少，有时候变得多，有时候变得少。

就像台湾作家刘墉说的，两个人携手在婚姻和人生的长路上漫步，走着走着，可能就会出现一个人还兴致盎然地想向前冲，另一个人却已走不动了想坐下休息的矛盾。

在“唯一不变的是变化”这条铁律面前，谁又能保证两人的爱情和婚姻永远不变质呢？

反过来说，感情的事无法量化，你又怎么确定你的另一半是真的完全走不动了，还是只想稍微坐下歇歇，等养足精神再和你一起上路呢？

这样看来，婚姻的本质就清晰地浮现在我们面前了：正是因为在时间的长河中，没人知道未来会发生什么，没人知道两个人的“灵”和“肉”将来究竟会发生怎样的变化，没人知道今天这种炽热的爱情将来是否会逐渐冷却，所以我们才需要用婚姻契约这一确定不变的东西来锁定两个人未来面临的一切不确定的风险。

因此，与其说婚姻绑架了爱情，婚姻是爱情的坟墓，不如说婚姻成全了爱情，婚姻是爱情的港湾。

“约”的真正含义

问题的关键就落在了“约”字上。

事实上，任何忠贞不渝的爱情都需要有“约”做支撑。但什么样的“约”才能真正起到完全锁定风险的效果呢？

是山盟海誓的口头承诺吗？过去或许还会有人信，但在今天这个时代，恐怕很少有女孩会把男友脱口而出的“表忠心”当成自己一生幸福的唯一保证吧。

是社会道德的约束吗？可正因为传统道德伦理观念在世俗化浪潮和泛滥的物欲冲击下已几乎失效，所以才会出现一浪高过一浪的离婚潮。

是靠法律来维系这一生的约定吗？就像人们对公平的强烈渴望正反映了其对人性的不信任一样，恋人对结婚证书的强烈需求也正反映了双方对彼此宣称的爱情的不信任。

可这一张薄薄的纸片真的能够把两个人的心紧紧捆绑在一起吗？从法律的角度说，结婚证只不过是夫妻财务共同体的证明。这个证书只能把两个人各自的钱变成共同体的钱。一旦要解除这个约定，在经济上强势的一方就必须支付相当昂贵的成本——自己的半数财产。

结婚证压根儿不是什么甜蜜爱情的见证，之所以要有结婚证，是因为我不相信你嘴上说的话，我只相信你口袋里掏出的钱！结婚证无法让两个人的心结合在一起，只能把两个人的钱结合在一起。然而钱终究无法绑住人心，当你丈夫的心彻底被勾走的时候，就算面对赔掉一半身家的惩罚，他也还是会离婚。

换句话说，婚姻中弱势的一方只不过想通过结婚证这张爱情保单来暗示对方：万一你今后不爱我了，人走可以，但把钱留下，人财两空的傻事我是万万不会做的。

可钱留下了又如何？你领到结婚证的那一刻无限憧憬的执子之手、与子偕老的幸福生活终究还是“无可奈何花落去”了。

真正能确保婚姻美满的那个“约”，绝不可能是外在的道德约束，也不可能是外在的法律威慑，而只能是内在的信仰——只有双方都无条件爱对方，把两人的爱情当成一种矢志不渝的信仰，才能真正将爱情进行到底。

然而这种心灵之约、信心之约、信仰之约，在今天这个浮躁时代，又有几人能做到？

退一步说，就算我此刻真把爱情当成信仰，我又怎能保证时过境迁，我当时的这份单纯而勇敢的信心不会慢慢减弱呢？

说到这里，我想起网上流传甚广的一则故事。

有一天，柏拉图问老师苏格拉底什么是爱情。苏格拉底就叫他到麦田走一次，要不回头地走，在途中要摘一株最大最好的麦穗，但只可以摘一次。

柏拉图觉得很容易，充满信心地出去，谁知过了半天他仍没有回来。最后，他垂头丧气地出现在老师跟前，诉说空手而回的原因：“很难得看见一株不错的，却不知道是不是最好的，因为只可以摘一株，只好放弃，想再往前走看看有没有更好的。等到发现已经走到尽头时，才发觉手上一株麦穗也没有。”

这时，苏格拉底告诉他：“这就是爱情！”

之后又有一天，柏拉图问苏格拉底什么是婚姻。苏格拉底叫他先到树林里，砍下一棵全树林最大最茂盛的树，同样只能砍一次，同样不能回头。

这次，柏拉图带了一棵普普通通，不是很茂盛，也不算太差的树回来。苏格拉底问他，怎么带这棵普普通通的树回来，他说：“有了上一次的经验，当我走过大半路程还两手空空时，看到这棵树也不太差，便砍了下来，免得错过了它，最后又什么也带不回来。”

苏格拉底说：“这就是婚姻！”

苏格拉底的意思是说，信仰爱情必须要放弃追求自身利益最大化的想法。如果我们始终想要得到生命里出现过的那株“最大最好的麦穗”，只会出现下面两种结果。

如果我们只能出手摘一次的话，那么我们就会看这株也不好，看那株也不行，难得看到一株还不错，却又抱着“今后可能会遇到更好的”的侥幸心理而对其视而不见。于是一路上挑啊挑，等啊等，最后就变成了剩男剩女。

如果我们一路上出手摘麦穗的次数不受限制的话，那我们就会看到一株喜欢的就马上摘下来，但走了一段路后，又看到一株更大的，就立刻把前面已经摘的那株扔了，结果就导致了离婚率的上升。

总之，面对充满风险的未来，如果你想要获得确定无疑的幸福，就必须放弃摘到“最大最好的麦穗”的想法，转而选择砍一棵虽然“普普通通”但却十分适合你的“树”，哪怕在未来的道路上，还会出现更大更茂盛的树，也不再心动。

可见，能否守住婚姻的心灵之约，能否把爱情上升到信仰的高度，关键不在于外界环境给了你多么大的诱惑和试探，而在于你的心是否知足。

理财·置业规划

看了那么多，我觉得最值得买的房子还是核心城市中心区域的普通住宅。

——力哥

哪里的房子最值得买？

理财是门跨学科的学问，表面上看铜臭无比，但真要持续赚钱，赚到的钱还能安稳守住一辈子，最后这些钱还要成功转化为幸福生活的基石，而不是使人掉入欲海，难以自拔，一辈子成为金钱的奴隶，背后需要掌握许多知识，语文、数学、英语、政治、历史、地理、法律、哲学、物理、化学、生物……

理财入门不难，但要成为大师，却不容易。具体到房产投资的学问，地理知识特别重要。

最理想的居所

请问，我们为什么要买房？

根本上是为了能有个安全的地方待着。这样夏天不怕晒，冬天不怕冻，下雨不怕淋，更不会遭到野兽袭击或旁人偷窃。

如果仅仅是为了有个地方遮风挡雨，那地球表面有超过 1 亿平方公里土地能盖房子，很多城市的房价没理由涨那么高。所以我们差的不是土地，更不是房子，我们真正差的是最适宜人类居住的土地。

最理想的居所，应同时满足三个标准。

一、气候上适宜人类居住。

温度上，冬天不冷，夏天不热，最好四季如春，穿衬衫正合适；湿度上，降水充沛，不干旱，但又不会阴雨连绵，潮得让人难受。

二、地质地貌上适宜人类居住。

地质上，远离火山地震带，也远离泥石流、山体滑坡、海啸等次生灾害高发区；地貌上，最好是平原，还是广袤的大平原的中心，便于农业生产，也便于工业开发，更便于建设四通八达的交通网络。

三、海陆关系上适合经济全球化发展的需要。

最好沿海，有深水港，方便对外交流，如果是大江大海的交汇口就更好了，方便船只溯江而上，开拓广阔腹地。当然，虽然沿海，但最好没有台风 / 飓风、龙卷风、寒潮等气候灾害侵袭。

地球上有没有同时满足以上所有要求的仙境沃土呢？不存在的。世间无完美之人，也无完美之地。不论何地，多少都有缺陷。

现实中的可选项

那我们退而求其次，矮子里拔高个儿，有哪些相对最适宜人类居住的地方呢？

先看气候。终年温度太高或太低，体感难受，人也容易折寿，人类文明最早都起源于北温带地区，就是最好的证明。所以热带、亚寒带和寒带的几种气候类型都淘汰了。

但绝大部分亚热带和温带气候类型，冬天冷，夏天热，也不是最舒服的。区别是地中海气候（亚热带海洋性）（如罗马，西边对着海），雨热不同期，相对夏天干、冬天湿；亚热带季风 / 湿润气候（如上海，东边对着海），相对夏天湿、冬天干。但沿海地区，无论冬夏都相对湿润。而温带季风气候（如北京，东边对着海）与亚热带季风气候相比，冬天更冷更干些，夏天有时也很热。温带海洋性气候（如伦敦，西边对着海），终年受西风带影响，全年降水比较平均，但一样冬冷夏热。

真要四季如春，体感怡人，得找"低纬高原盆地"的特殊地貌。

纬度低意味着整体气温偏高，但因为海拔高，温度又能降下来。海拔越高，气温受纬度影响越小，高到像西藏那样，就成了独特的高原山地气候，拉萨比上海纬度更低，但空气太稀薄，也不适合人类居住。

所以海拔 1 000 ~ 2 000 米的亚热带或热带高原，往往夏天没那么热，是避暑胜地，同时冬天也不冷。如果是高原中的小盆地，夏天南边的山能挡住热气，冬天北边的山能挡住寒风，更适合人类居住。比如春城昆明，还有哥伦比亚首都波哥大，都是高原上的盆地城市。马来西亚金马伦高原的云顶度假村，泰国的素贴山蒲屏皇宫，也都有异曲同工之妙。但这些地方往往远离海岸，山路崎岖，所以度假可以，但很难发展出世界级的大城市。如果想在昆明或云南其他度假区买房，和在海南买房的考量视角类似。

如果把平原、沿海这些同样刚需的因素考虑进去，再结合气候因素，全世界相对适合人类居住的地点主要为以下地区。

地中海气候：南法沿海平原（马赛）、意大利波河平原（威尼斯）、尼罗河三角洲平原（开罗）、加州沿海平原（洛杉矶）、智利北部沿海平原（圣迭戈）、南非西南沿海平原（开普敦）、澳洲西南沿海平原（珀斯、阿德莱德）。

亚热带季风/湿润气候：长江三角洲平原（上海）、珠江三角洲平原（广州）、关东平原（东京）、汉江平原（首尔）、密西西比河三角洲平原（新奥尔良）、拉普拉塔平原（布宜诺斯艾利斯）、澳洲东南沿海平原（悉尼、墨尔本）。

温带季风气候：黄淮海平原（天津、青岛）。

温带海洋性气候：泰晤士河平原（伦敦）、莱茵河平原（阿姆斯特丹）、加拿大西海岸平原（温哥华）。

独特的纽约

你会问宜居城市怎么没有世界第一大都会——纽约？

纽约虽然靠海，但属于温带大陆性气候，纬度和沈阳一样，但冬天比沈阳湿多了，积雪厚得惊人，冬季严寒，并不适宜人类居住。

纽约能成为世界第一大都会，是因为美国是世界第一强国。美国立国不在西海岸的加州，而在东海岸 13 个殖民地。南方亚热带湿润气候区更适宜农业发展，工业发展相对滞后，北方就逐渐成为美国的工业中心，后来因为经济结构不同而在废奴问题上争执不下，才会引发南北分裂，温带大陆性气候各州加入北方阵营，亚热带湿润气候各州加入南方阵营。

为什么离华盛顿那么近的弗吉尼亚州也加入了南方阵营？因为这

里正好是美国的地理南北分界线，弗吉尼亚州还能种种茶叶，华盛顿就只能养牛了。而隔壁同纬度的西弗吉尼亚州加入北方阵营，就是因为隔了条阿巴拉契亚山脉，西弗吉尼亚州的农业条件就不如弗吉尼亚州。

而北方沿海港口中，纽约比巴尔的摩和波士顿的港口条件更好，但隔壁费城的条件也不错，两强争着做首都。在19世纪中叶，伊利运河贯通，把五大湖和哈德孙河连了起来，五大湖又把美国中部广袤的密西西比平原打通，这使得美国的东海岸和南海岸在内陆形成完整的物流闭环。

哈德孙河的河口在纽约。得天独厚、无可取代的地理环境，使得纽约在100年后成了世界第一大都会，而费城只能算作美国的大城市。所以在纽约买房投资可以，但永久移居绝非首选。

“人流钱流逐水流”

古代的帝国中心，就应该建在内陆，方便统治者统摄帝国各境。但到了近代，国家中心就必然要转移到沿海地区，方便对外贸易。

在古代，河流对文明的发展无比重要；到了近现代，河流依然重要，但海洋更重要，正所谓“人流钱流逐水流”。所以俄罗斯曾经把首都从莫斯科迁到彼得堡，日本把首都从京都迁到江户（今东京）。但彼得堡太冷，东京则无大河。

如果加上有大河支撑广袤腹地这条标准，首选是长江口的上海、密西西比河口的新奥尔良、拉普拉塔河口的布宜诺斯艾利斯和蒙得维的亚。其次是尼罗河口的开罗、亚历山大，墨累河口的阿德莱德，珠江口的广州、深圳、香港。

所以从自然地理角度看，中国最值得买房子的城市是上海。

今天北京人口已超越上海，成为中国第一大城市，怎么解释？可见，买房不仅要考虑自然地理上的宜居性，还要考虑人文地理，也就是政治、经济、文化、民族、宗教等各方面因素。北京虽然是内陆城市，却是政治中心。在北京，能够集中海量资本，成为鹤立鸡群、独领风骚的财富高地，吸引各种人才汇聚于此。

上面说的这几个河口都市，布宜诺斯艾利斯的气候、地质地貌和水陆关系都非常棒，但自然环境只是先天条件，后天还得靠人去开发。可惜阿根廷人结合了西班牙人和意大利人的性格，所以虽然这地方食物好吃得不得了，姑娘美得不得了，但经济发展却并不稳定。从投资角度看，并非买房首选。

密西西比河口的新奥尔良，同样魅力无穷。到这里旅游可以，但作为亚裔，常住此地的话就会遇到一个很头痛的问题——种族歧视。

新奥尔良曾是美国南方蓄奴业的大本营，黑人比例全美最高。另外路易斯安那州飓风频发，2005 年卡特里娜飓风重创新奥尔良，很多居民选择搬家走人。过去 10 年，新奥尔良是继底特律之后，美国第二个市区人口出现大规模下降的大城市。

至于开罗，那里政治并不稳定，你真敢去那里买房？这么一合计，就剩澳大利亚的阿德莱德了。

阿德莱德是移民城市，不排外，存量人口不多，人均资源占有量大，但每年增量人口不少，再加上经济繁荣、政治稳定、治安良好、教育发达、环境优美，的确是适合置业的地方。

如果退一步，热带气候的大河河口城市也考虑，我们的选择就会增加曼谷（湄南河）、胡志明市（湄公河）和河内（红河）这三座城市。这些年，中国人喜欢去东南亚买房，也不是没原因的。

如果再退一步，不要求大江大河和广袤腹地，单纯考虑气候好、平原，人文地理环境也不错，那又会增加几个选择。

首先是澳大利亚的悉尼、墨尔本这两座澳大利亚的大城市。当然，过去十几年，这两座城市的房价已经被中国人和印度人联手炒得很高了，累计涨幅不比国内一些小城市低。无论是当地人还是新移民，越来越多的人对悉尼和墨尔本的房价望而却步。

相较而言，另一个中国人最喜欢移民的国家——加拿大，就没那么幸运了。因为加拿大太冷。多伦多、渥太华、蒙特利尔等都属温带大陆性气候，逼近亚寒带针叶林气候，并不十分适宜人类居住。整个加拿大，只有西南角的温哥华大湾区的气候比较适合居住。这里背靠巍峨的落基山脉，面对北太平洋暖流，冬天有点小冷，但夏天就非常舒服了。背靠雪山，面朝大海，春暖花开……很有诗意。这和俄罗斯度假胜地索契有点像。

索契东北侧紧靠巍峨的高加索山脉，该山脉冬天能挡住来自西伯利亚的刺骨寒风，锁住西南侧来自黑海的暖湿气流，所以索契冬无严寒，夏无酷暑，夏天下海游泳，冬天上山滑雪。如果当地居民不是那么排外的话，冬暖夏凉的索契，其实比三亚更适合度假养老。

温哥华南边的加州也是不错的选择。虽然这里地震山火频发，没大河，没腹地，往内陆走一点儿就是沙漠，但加州可能是全世界最舒服的地中海气候区。进一步看，南加州的洛杉矶比北加州的旧金山更舒服，但因为大湾区有硅谷，那里是人类科技的最前沿，也聚集了大量财富，所以南北加州其实都可以买房。

最后的总结

房子归根结底是用来住的，所以买房首要考虑的还是自然地理环境必须适合人类居住。

比如这两年迪拜房地产也炒得很热，但我不是很看好，因为那里是热带沙漠气候，实际上并不适合人类居住。迪拜神话是完全靠石油资源和国际资本合力造出来的。当地阿拉伯居民世代游牧而居，骑着骆驼在沙漠里到处搭帐篷，这种基因，和我们中国人浓重的乡土情结截然相反，所以，迪拜的房价都是国际资本炒起来的。前些年受金融危机影响，迪拜房价崩过一回，现在迪拜的租金回报率不低，但对在迪拜投资买房我依然持保留态度。

其次，要考虑人文地理环境。国家或城市必须对新移民友好、包容，政治稳定，治安良好，经济繁荣。从这个角度看，在对新移民友好度一般的欧洲置业，很难说是最佳选择。

和欧洲相比，日本虽然因高度老龄化导致经济活力不足，加上三天两头地震，但毕竟已形成了成熟稳定的社会结构。东京的小户型公寓，还是可以考虑作为海外置业的保守型资产配置。

如果是稳健型资产配置，就要选澳大利亚的几个大城市、加州的几个大城市和温哥华。

你可能会问，悉尼、温哥华的房价有泡沫吗？很难说没有。泡沫会破吗？很难说不会。泡沫破了以后，房价还会重新起来吗？很难说不会。

因为底层的地理逻辑决定了全世界的有钱人都想要追求更美好的生活，其实最优选择就那么几个。要不你只能寄希望于马斯克的火星移民计划了。

如果是激进型资产配置，就要选曼谷、胡志明市等东南亚发展中国家的大城市。

记住，中心城市化是全球性的不可逆的潮流，不仅适用于中国，也适用于全球。所以买房就要买中心，别去一天到晚见不着几个人的地方买房。

比如在泰国买房就应该盯着曼谷市中心，最好就是毗尼、素坤逸和是隆区，别去清迈买房，更别说其他更小的城市了。

理解了这套买房的底层逻辑，你再回过头看国内的房子，也是一个道理。比如在海南买房，就买海口的，别买三亚的。哪怕没有五指山做屏障的琼东北地区，即便这里冬天受北方南下强冷空气影响，不如琼南暖和，也应该在这里买房。为什么厦门房价那么贵，青岛房价那么贵，甚至地处东北的大连房价也有支撑？因为它们都是区域内相对最宜居的城市。

哪里的房子最值得买？从地理角度看，答案一目了然。

未来中国一半人口都会聚集到这几座城市

如果年轻人不回小城市，想去大城市，在中国众多城市中，又该如何选择呢?

以下是我眼中的中国一、二、三线城市真实竞争力排行榜，在未来更残酷的城市人口争夺战中，希望我的话能给明白我一片苦心的年轻人一点儿指导。

我个人认为，20年后，北京、上海将成为和纽约、伦敦比肩的超一流国际性大都会，深圳将成为比肩东京的一流国际性大都会，广州将成为比肩新加坡、中国香港的国际性大都会，杭州、成都将成为具有国际影响力和知名度的大都会。

今天中国13.8亿人口中，已有3.5亿人生活在长三角、珠三角和京津冀这三大都市圈范围内，占全国人口25%，但面积不到全国的4%。在这不到4%的狭小空间内，未来20年，我估计还会涌入1.5亿—2.5亿人口，这些人将在此奋斗，努力扎根，结婚生子，繁衍后代。

中国一、二、三线城市真实竞争力排行榜		
第一高地	超强一线	北京、上海 （北京已超越上海成为中国第一大城市，未来 20 年大概率也会继续领跑）
第二高地	强一线	深圳
第三高地	普通一线	广州
第四高地	弱（准）一线	杭州、成都
第五高地	强二线	武汉、苏州、天津、南京、厦门、青岛、重庆、西安、宁波
第六高地	普通二线	郑州、长沙、济南、福州、佛山、东莞、无锡、沈阳、大连
第七高地	弱二线	合肥、昆明、南宁、泉州、珠海、南昌、海口、太原、石家庄、嘉兴、温州、乌鲁木齐、长春、哈尔滨、贵阳、呼和浩特
第八高地	沿海强三线	常州、惠州、廊坊、保定、烟台、唐山、中山、南通、镇江、台州、昆山、湖州、威海、江阴、漳州、张家港、常熟、江门、绍兴、太仓、宜兴、舟山
第九高地	内地强三线	兰州、西宁、银川、拉萨、开封、湘潭、株洲

加上三大都市圈之外的第四极——成渝都市圈，未来中国估计有近一半人口生活在这四大都市圈中。剩下的一半人口，又会有近一半集中生活在我上面说的那些二、三线城市中。

经济相对发达的东部沿海地区，比如福建、山东，省内还能有多个中心城市吸聚人口。而经济越落后的内地省区，人口集中度越高，最后往往会集中到一座城市——由于政府天然的资源倾斜，这座城市超大概率就是省会。

比如宁夏回族自治区今天已有超过 1/3 人口集中生活在银川。未来，小镇衰败的速度会加快，越来越多无力挤入三大都市圈的年轻人会涌入省会寻找希望与前途，所以未来将会出现大武汉≈湖北、大郑州≈河南、大长沙≈湖南、大合肥≈安徽、大西安≈陕西的局面。

面积、人口都和浙江差不多的韩国，今天一半人口集中在大首尔都市圈，也就是大首尔≈韩国。

我国台湾地区今天也有一半人口集中生活在大台北都市圈，也就是大台北≈台湾。

日本的体量和前两者不在一个级别上，今天有一半人口集中生活在大东京都市圈和关西都市圈，也就是东京＋大阪≈日本，但大阪和东京完全不在一个量级上，也可以近似理解为大东京≈日本。

放眼世界，面积和人口相当于中国一省的西方强国中，巴黎≈法国、伦敦≈英国，德国、意大利由于历史上长期分裂形成多个中心城市，西班牙则由于历史民族矛盾无法把全国资源集中到马德里。

再看看幅员辽阔的国家，莫斯科＋圣彼得堡≈俄罗斯，悉尼＋墨尔本＋布里斯班≈澳大利亚、多伦多＋蒙特利尔＋温哥华≈加拿大。

美国是唯一和中国一样有适宜人类居住的广袤领土的国家，所以美国形成了东北部沿海都市圈、太平洋沿岸都市圈、五大湖都市圈等多个世界级都市圈。

1 000年前，虽然巴黎已是法兰西国王的驻地，但那时的诸侯并不听命于国王，国王仅能号令巴黎周边地区，因此大巴黎地区被戏称为“法兰西岛”。但当法国完成民族国家的中央集权统一后，巴黎就持续数百年不断吸取全法国甚至法国在全球殖民地的“血”，这才有了后来光芒万丈、集万千宠爱于一身的巴黎——另一种意义上的“法兰西岛”。今天说起法国，大部分国人脑子里跳出来的只有巴黎和大巴黎地区的宏伟建筑，甚至很多人都想不起来马赛、里昂、波尔多。

这就是趋势的力量，越早行动越主动，越晚醒悟越被动。

洪水来之前，你得搞明白哪里是更安全的高地，并在自己的能力范围内，尽可能爬到相对最高的地方。

比普通住宅便宜三成的商住房能不能买？

房价节节攀升，不但各种乱象随之而来，而且各种投机取巧的想法也出现了，有人就把视线投向了比普通住宅价格便宜三成的商住房。

商住房，全称商住两用房，既可以用于居住，又可以用于商业办公，或者说一栋楼的部分区域用于居住，部分区域用于商业办公。

总体来看，商住房属于一种融入了商业办公用途的特殊住宅，这其实是基于现代 SOHO 住宅观念的一种延伸产物，居住者在居住的同时又能从事商业活动。具体来说，商住房分类非常复杂，比如有的叫 SOHO，有的叫 LOFT，有的叫酒店式公寓，有的叫公寓式酒店。

与普通住宅相比，商住房的优点主要有四点。

第一，同样的地段、同样的面积，商住房的价格比普通住宅低上一截。有些商住房的单价并不比普通住宅低，但可以“操作”的空间大得多。比如可以买一层送一层，买顶楼送阁楼，甚至可以通过违规改建把原本规划中属于公共区域的一部分面积划入你的私人空间，所以总价上就显得比较划算了。

第二，很多对住宅限购的城市对商住房并不限购。不需要本地户口，也不需要缴纳一定年限的社保，更无须假结婚或假离婚，敞开供应商住房。

第三，商住房的目标客户大多是单身的商务人士，考虑到这一人群工作繁忙，所以大量的商住房在交付时都是精装修，甚至有些连家具、家电都赠送了（其实羊毛还是出在羊身上），可以直接入住，既省心又方便。

第四，如果你是一家小型企业的老板，或者有一个只有几个员工的创业团队，商住房可自住也可办公的特点就比较适合你了，毕竟这样可以把居住和办公的总成本压到最低。

不过商住房的缺点也非常明显。

首先，产权不是 70 年，理论上应该是 40 年，实际上 40 年、50 年、60 年的都有，原因也比较复杂。尽管产权到期后会“自动续期”，但买 40 年产权的房子和 70 年产权的房子，购房者终究会有心理落差，因为毕竟到时怎么“自动续期”还是个未知数，还存在隐性风险。为什么同样地段的新房价格总比二手房明显高出一截，而且越老的二手房价格越低？除了房屋本身的折旧，更重要的是老房子已经消耗了一部分 70 年产权的时效，可能你买下这套二手房时，它只剩下 50 年剩余产权有效期，那价格自然就要打折扣。

第二，普通住宅可以落户，而商住房无法落户，也就不存在学区房之说了。所以，如果你买房有落户需求，就别考虑商住房了。

第三，与普通住宅相比，商铺和写字楼的投资风险更高。因为住宅是刚需，经济条件再差人也要有地方住，而商铺和写字楼不是刚需，电商崛起，许多实体店铺生意难做，纷纷打烊，想要把商铺租出去很困难。写字楼更是明显受宏观经济景气程度影响，经济低迷，创业的人少，企业裁员倒闭的多，自然租用写字楼的需求就会减少。而商住房的投资风险则介于普通住宅和商铺、写字楼之间。商住房的投资风险明显高于普通住宅，所以银行放贷时的风险权数就会提高，首付比例往往要求五成甚至七成，资金杠杆的运用明显不如普通住宅。

另外，商住房因为性质特殊，不属于公积金的住房保障范围，所以不能用公积金贷款，而且产权只有 40 年，商贷最多只能贷 10 年，利率也会上浮 1.1 倍，所以在总价较低的光鲜表面背后，贷款买房的财务成本其实大幅提高了。

第四，商住房的水电价格属于商业价格，比普通住宅的民用价格贵出很多。而且因为考虑到商业用途，所以商住房的厨房一般设计成西式的敞开式厨房，理论上只能用电磁炉做饭，不能用煤气。可做中国菜不能用明火，这事太不靠谱了吧？所以实际上也有许多商住房的使用者违规用明火烧饭。

第五，买商住房缴纳的契税没有任何优惠，比买普通住宅高。

第六，商住房的房屋结构近似于酒店，往往乘一部电梯上去后，北边会有一排走廊，一眼望去，一排好几十户人家。由于许多商住房是重新改建的，房间之间的隔音效果不如普通住宅，而且商住房的年轻住户居多，租客居多，可能会影响居住环境（比如半夜三更还有人进进出出、吵吵闹闹）。

最后，因为考虑到商业用途，所以商住房往往都是沿街排列，打开窗户很可能正对着马路，相对比较吵闹。更麻烦的是，许多商住房往往有底商，如果只是卖服装也就算了，最怕的是烤肉店、烧烤店、重庆烤鱼店、四川麻辣烫店，尤其是夏天还要搞夜排档的话，那就不仅仅是噪声污染了，各种重口味的油烟也会让你活得够呛。

所以说，价格高总有价格高的道理，价格低也总有价格低的原因。光看到便宜就出手买，往往会栽大跟头。

看了那么多，还是这种房子最值得买

不时有人问我，能不能投资写字楼、商铺或旅游地产？

问写字楼和商铺的，大多是三、四线城市的，因为一、二线城市的写字楼和商铺的价格都已经很贵了，而很多三、四线城市的写字楼和商铺总价低、不限购，很多人就心动了。

问旅游度假房的，则一、二线城市的居多，这些城市的人日子越过越好，就想到海边或山里买一套度假屋，一来可以投资升值，二来自己以后也可以去度假养老。

虽然客观地说，我不应该一棒子打死这些房产品种，但对于普通人来说，我还是建议大家尽可能远离它们。

大家想一想，为什么会有那么多中介向你推荐写字楼、商铺或旅游度假房？因为佣金比例比普通住宅更高。为什么佣金比例更高呢？房子不好卖呗。

写字楼的投资风险

先来说写字楼和商铺这两种商用物业。

买房投资要获得收益，要是靠租金，那就必须长期有人愿意租住；要是靠出售赚差价，那就必须有很强的流动性，买房需求大，容易脱手。

而商用物业的出租，很大程度上取决于当地经济所处的发展阶段。很多三、四线城市的地方政府很欢迎开发商用物业，因为这能带来就业和税收，能持续推动地方 GDP 增长，而普通住宅则是一锤子买卖。但是这种思路会导致商用物业的建造速度超过当地经济的实际发展水平，也就是说当地实际没有那么多租写字楼和商铺的需求。

更重要的是，商用物业不是刚需，经济形势好、赚钱机会多的时候，自然商用物业会比较吃香，但经济形势变差了呢？毕竟，不管经济好不好，普通人日子总要继续过，饭总要继续吃，房子总要继续住，经济低迷时，不可能自己住的房子也不要了。如果经济低迷带动房价下跌，那作为刚需的住宅，需求最容易被刺激出来，而商用物业，依然乏人问津，因为这时抄底买下的商用物业，很可能还是租不出去。

更大的问题在于人口。绝大多数三、四线城市的人口，放在 10 年以上的长周期来看，一定会逐渐减少。因为人口向少数中心城市聚集，是全世界城市化发展的经验，中国不可能例外。相较于住宅，商用物业更依赖人口基数，也更容易受到冲击。

不说三、四线城市，就以上海为例，投资写字楼和商铺也是一门大学问。写字楼和商铺要靠近地铁，已是人尽皆知的真理，但即使靠近地铁，也不一定就能把商铺和写字楼租出去。

比如 2018 年我自己的公司换办公室，我也到处跑，发现很多位置稍偏的写字楼，空置率明显比较高。即使靠近地铁的，只要附近还盖了更大更新的写字楼，老楼的租金也会受影响。

我租下的写字楼，据说半年前还能维持在 5 元每平方米，就因为隔壁新开了一个写字楼，我实际以 4.7 元每平方米租下了这个办公室。而在外环外，到处都是区政府甚至镇政府大力扶持的商务区。在上海郊区，也没那么缺地，有大片农田可以平整出来，进行综合开发，段位往往都很高，但因为位置偏僻，要是没有地铁直通，往往也没那么好租出去。

据我观察，中国现在的写字楼数量已明显过剩，尤其是那些雄心勃勃大造新城的二、三线城市。真正稀缺的，永远是位于一线城市市中心的稀缺地块上的写字楼。

还记得 2018 年北京出了个新政吗？五环以内（南四环）原则上未来不允许再造新的写字楼，这才是真稀缺。哪怕中国经济再低迷，北京国贸、上海陆家嘴、深圳福田、广州珠江新城、香港中环的写字楼，从长期看，还是香饽饽。

商铺的投资风险

至于商铺，它的投资风险比写字楼更高。

写字楼可以用来办公，也可以用作各种直接面向客户的商业用途，比如我租的办公室，之前是租给一家足疗按摩养生机构的。而我的办公室周围的邻居，大多是做和孩子有关的生意的，这类生意开在写字楼和商铺里都可以，但商铺租金比写字楼贵得多，所以我们在马路边经常能看到“旺铺招租”的广告，其实这些铺子一点儿都不旺。

我的办公室所在的写字楼，我入驻才3个月，同一楼层一共8户人家，已经有3户换了新租客，可见创业失败的概率真的很高。

再说商铺租金。现在各种城市综合体越来越多，但里面的消费也越来越高。其中最大的成本，就是越来越贵的店面租金。别说综合体了，就说我家小区门口的门面房。前几天我去那家充其量只有30平方米的沙县小吃吃馄饨，一看怎么馄饨都涨价了，老板娘就开始吐苦水，说租约下个月到期，房东直接把房租从1万元涨到2万元，就算天天包馄饨，一天都不休息，每天就要增加300元左右的成本，相当于每天至少50碗大馄饨都是替房东下的。她现在也没想好怎么办，实在不行，只能关门走人。

难怪现在上海外环内，随便一小碗只有两三片薄如蝉翼的牛肉片的兰州拉面，都要10元起卖，随便一个开在门面房里的煎饼果子，也要两位数。

要是你想开个高端点儿的服装饰品店，左边是家兰州拉面，右边是家沙县小吃，你觉得这家店有可能生意红火吗？

另外商用物业不是民生刚需，所以在房屋交易阶段，不会有各种税收优惠，一定是封顶征收，这部分成本在转手时也会高得吓死人。而且在房屋持有阶段，水、电、气的费用都贵，物业费更贵，如果买下后常年租不出去，光是物业费的成本就能吓死人。

说实话，商铺也不是不能投资，真正的金铺的确可以做到“一铺养三代”，但前提是统筹规划，精细管理。那些最旺的商铺，往往都是开发商自持物业，统一招商。不到万不得已，谁愿意把一只会下金蛋的鸡拱手让人呢？

那么问题来了：那些整天被推荐给你的商铺，又能是什么好货色呢？你以为的“一铺养三代”，可能到头来变成“三代养一铺”。

度假房的投资风险

再来说说度假房，它的投资道理和投资商用物业的道理是相通的，人口永远是最核心的要素。真正国际知名的旅游度假区的核心区域的地产，还是很稀缺的。但这种房子，往往可遇而不可求，真正已经开发成熟、管理规范、每年客流稳定的知名旅游区，核心区域哪还有新房出售？

旅游地产一般要么靠山，要么靠海。中国山川秀丽，海岸线绵长，在我看来，不管是黄山、庐山还是大理、西双版纳，旅游地产的稀缺性其实并没有那么高。热带海岛的一线海景房，稀缺性会高一些，在中国只有海南有。即便是海南，也已经被过度开发了，太多的沿海楼盘，早已变成鬼城。

我有一个平时常驻海南，在海南做了10年旅游地产企划的上海朋友，整天在卖文昌陵水的房子。他私下多次和我说，海南真正值得买的，只有海口市中心那4个区，连三亚都不值得买。三亚的城市级别达不到那么高，但因为全国人民都去哄抢，房价却高得吓人。

国外的旅游地产也是这个逻辑。我2018年在曼谷买房之前，先去东南亚最热门也是最成熟的海岛游目的地——普吉岛转了一圈，发现普吉岛真正有投资价值的核心一线海景房，只有那么一小块沿着芭东海滩的地皮，卡伦海滩也还行，到了卡塔海滩就稍微有点儿偏了，更不要说更南边的奈涵和拉威海滩了，基本就是把投资客往绝路上带的节奏。

真正最热门的一线海景房，还等得到在 2018 年留给你买吗？普吉岛 30 年前刚开发时，最好的一线海景房就已被“希尔顿们”抢先圈走了，所以现在新开发的度假房，往往只能造在半山腰上，虽说海景也还是看得见，但走到海滩和商业区，要十几二十分钟，性质就完全不一样了。

所以说，看了那么多，我觉得最值得买的，还是普通住宅，尤其是核心城市中心区域的普通住宅。

这样买房子，能省十万块？

“理财专家”的建议

买房钱不够，就要贷款。要贷款，就会心疼利息。那有没有哪种贷款方式能尽量帮我们降低利息呢？

经常有所谓的“理财专家”支着儿：只要把银行默认的“等额本息还款法”换成“等额本金还款法”，就能省下好几万块利息。

一般人还房贷每个月的金额是固定的，也就是说，你每个月偿还的本金和利息之和是固定值，这就叫等额本息。而等额本金，顾名思义，就是你每月偿还的本金是固定值，而利息则是变动的。

假如一笔20年的房贷，你第一个月偿还的是整整借20年的房贷利息，所以第一个月的利息最高，但第二个月还的是你借19年零11个月的利息，借款时间缩短了1个月，所以房贷利息也降低了，第三个月会继续下降，所以你整个还贷周期中，利息支出会逐月递减，从而使你每月的还贷本息总额也逐月递减。

等额本金真比等额本息利息低吗？当然了。

按现在5年期以上贷款基准利率4.9%算，商业贷款100万元，分20年还清，等额本息的月供是6544元，20年利息总支出570 665元。

如果等额本金的话，第一个月的月供是8 250元，第二个月8 233元，第三个月8 216元，然后每个月都会降十几元，直到最后一个月只要还4 183元，20年利息总支出492 041元，比等额本息少了78 624元。

中国已进入加息周期，未来几年，加息是大概率事件，只要利息一涨，如果你是二套房贷1.3倍惩罚利率，贷款100万元，用等额本金的还款方式真能省下10万元利息。

之所以会出现这种情况，是因为采用等额本息还款法，你前期偿还的本金少，利息多，自然累计的利息就比较多。而等额本金还款法，你第一个月偿还的本金和最后一个月偿还的本金一样多，导致本金归还速度比较快，利息支出相对就比较少了。

如下图所示，等额本息的还款图形是一个长方形，本金和利息混在一起。等额本金的还款图形是下面一个长方形上面叠了一个直角三角形，长方形是本金，三角形是利息。

正因为银行很清楚这里面的小九九，所以你申请房贷的时候一般不会给你选择权，直接默认等额本息还款法，银行就可以实现利益最大化。

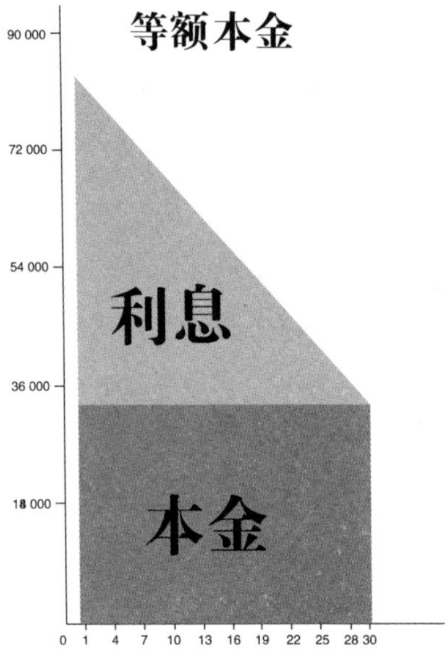

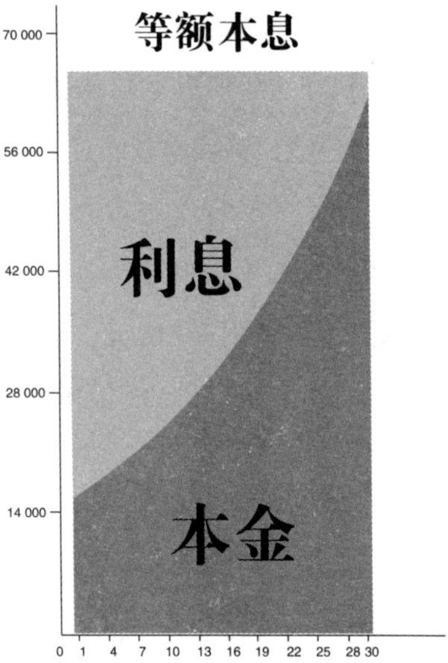

但事实真相果真如此吗？等额本金真比等额本息更划算吗？其实并不是。

对绝大多数普通工薪阶层年轻人来说，我还是建议你选择等额本息，而非等额本金。

为何建议选等额本息？

从理财角度看，选择总利息支出更高的还款方式才是更聪明的选择。

第一，等额本金之所以总利息支出少，不是因为这种还款方式更划算，而是因为等额本金占用银行资金的时间更短，利息支出自然少了。不管你采取等额本息、等额本金、等额递增、等额递减，或者是双周供、气球贷、随心贷等各种还贷新玩法，本质上都是换汤不换药。占用银行资金时间越长，偿还利息就一定越多。用各种方式把占用银行资金的时间缩短了，银行资金的时间成本下来了，利息当然就少了。

比如，为什么双周供比月供利息支出少，因为月供是到月底还一次，而双周供在月中就要先还掉一半，你有一半本金提前半个月还给银行，那利息可不就少了吗？所以我们只能说某种还款方式的利息支出相对更少，而不能说某种还款方式更划算。如果一定要省钱，不贷款就一分钱利息不用出，不是更划算？按这种逻辑，不买房就一分钱不用出，不是更划算？

第二，我们不能只看账面利息支出，更要看你手里可用于投资的资金还有多少。比如你这个月刚申请房贷，下个月如果采取等额本息方式还款，只还 6 544 元，而采用等额本金的方式，要还 8 250 元，差了 1 706 元。这 1 706 元留在你手里，不就能拿去投资了吗？钱是有时间价值的，现钱永远最值钱。因为你可以即刻拿现钱去投资，钱生钱，让复利效应滚动起来。

回想一下，现在 100 元能买到的东西，和 20 年前一样吗？如果你有两个选择，一是现在给你 10 万元，二是 20 年后给你 20 万元，你选哪个？

不懂理财的人往往会选后者，毕竟两者差一倍呢。但懂理财的人一定会选前者，20 年回报才翻一倍，根据“72 法则”，每年的投资回报率只有可怜的 3.6%，连通胀都跑不赢。

如果会理财，自己做投资，每年获利 10% 并非难事，20 年后能变成 67 万元。一边是 20 万元，一边是 67 万元，前者是保险公司推销万能险 / 分红险的套路，后者是我教你的理财之道。

第三，我们选择还款方式不光要看利息支出，更要结合你的理财需求看。

我们为什么要贷款买房？不就因为现在年纪轻，积累少，没有足够多的钱全款买房吗？但随着年龄、资历、经验不断增长，只要持续努力奋斗，将来的收入会不断提高，生活会越过越好，所以我们才敢冒风险背房贷。

既然对将来的收入水平和经济状况的预期会越来越好，选择每月还款金额一样的等额本息还款法，你的实际还贷负担就会随着时间流逝，不断下降。如果选择还款金额越来越少的等额本金还款法，还贷压力下降速度就更快了。

也就是说，在你手头资金很紧张的青涩岁月，你的还贷压力就达到了一生中的顶峰，而当你收入越来越高，还贷能力越来越强时，月供反而越来越少。你没发现你的还贷节奏和你的收入节奏以及生命周期严重不匹配吗？

最后，等额本息的月供是固定的，你只要记住一个数字就行了，简单粗暴，一目了然。但等额本金的月供不断递减，你就得每月拿出还款计划表看一眼。还少了，额外收罚息；还多了，这钱躺在活期账户里也是浪费。

这就是我为什么反而更推荐利息支出更多的等额本息还款方式的奥秘所在。

记住，真正懂理财的人，不怕负债，乐于承受良性负债，能借助杠杆，帮自己更快提升财富层级，这才是富人的思维。

如果你总是害怕负债，兜里有点儿钱就惦记着赶紧提前还贷，无债一身轻，睡觉倍儿踏实，那你可能这辈子注定与成为富人无缘了。

房贷利息那么高，首付要不要多付？

X 君的悲剧

5 年前，我一位同学，暂且称他为 X 君吧，想要买婚房，总价 200 多万元，关于具体的贷款方式，他来咨询我的意见。

我给出的意见非常明确。

（1）首付能少付尽量少付，贷款能多贷尽量多贷。

（2）选择等额本息还款法，而不是等额本金还款法。

（3）贷款时间能贷多长就贷多长，最好贷足 30 年。

然而我给他的三条建议，最后他们一家商量后，一条也没有采纳。

他倾尽双方家庭所能，把首付提高到了 60%。为了节省账面上的利息支出，最后选择了还款压力逐月递减的等额本金还款法。同样为了节省账面上的利息，他最后咬咬牙，选择10年还清贷款，毕竟10年还清和30年还清，利息可以差上好几十万元。

对此，我也表示无能为力。他的选择，也是绝大多数没有理财思维的普通人的选择——习惯用静态的眼光看待财富数字，且对背债这件事一百个不乐意，总希望尽量少付利息，尽早还清贷款，早日无债一身轻。

莎士比亚在《哈姆雷特》中有一句经典对白："不要向别人借钱，也不要借给别人钱，向别人借钱会丧失尊严，借给别人钱会人财两空。"如果人人都采用莎士比亚的态度，那资本主义根本发展不起来，现代金融体系的发展更是无源之水，无本之木，但这符合人性。

普通人出于生存本能，一定不想借钱给别人，因为怕别人要无赖不还钱，自己又拉不下脸去讨债，怕自己到时哑巴吃黄连。

普通人不到万不得已也不会开口向别人借钱，因为一个人得多么厚脸皮才好意思向别人伸手，普通人会觉得面子上过不去。

X君也是这种具有大众思维方式的普通人。

但这个世界很残酷，采取大众思维方式的普通人永远都是被剥削的族群，虽然表面上看，今天这个社会还挺公平，他们的生活还挺安逸，但弱肉强食的本质一刻也没有消失过。

弱者和穷人的思维方式不需要刻意学习来培养磨炼，因为那符合人的天性。而强者和富人的思维方式必须刻意学习来培养磨炼，因为那违反人性。

想清楚了这些根本问题，我们就会发现X君如果用他那种思维方式，不管他如何努力工作，如果天赋异禀加恰逢机遇，或可奋斗成中产阶层，如果天资愚钝又缺乏洞察机遇的能力和抓住机遇的勇气，则一辈子只能生活在社会中下层。但无论如何，他都很难有朝一日成为富人。

富人的思维方式

我们再回到贷款买房的具体语境中来分析，就看得更清楚了。

为什么我建议他少付首付，多贷款？因为房贷是中国金融市场上能找到的利率最低的贷款品种，当时房贷利率还能在央行发布的基准贷款利率基础上打 8.5 折，公积金贷款利率更低，相当于基准贷款利率打 7 折。更重要的是，在房价上涨压力持续“高烧不退”的情况下，国家必然会持续推行差别化的限贷政策。

第一次贷款买房一定是最划算的，今后再想要贷款买第二套房，对不起，首付可能就要从 30% 提高到 50%、70% 甚至 80%，你购买资产的杠杆将大幅降低。而且贷款利率也会从 7 折或 8.5 折提高到 1.1 倍、1.2 倍甚至 1.3 倍的惩罚性利率。尤其是公积金贷款政策规定，你首套房贷没有还清的情况下，不能再申请第二次公积金贷款。

第一次贷款买房时，一定要尽一切可能把公积金贷款用到极限。不管你手里钱多还是钱少，是刚好只够三成首付，还是就算全款买房手里还有余钱，都应该尽可能首付三成，贷款七成，尽可能把银行如此优惠的钱利用上。

为什么我建议选择利息总支出更高的等额本息还款法而不是等额本金还款法呢？

这里面的小九九，我在前文已做了详细分析。

那为什么我建议贷款时间能贷多长就贷多长呢？这样做应对的是持续的货币超发。

今天中国市场上存在的货币总量（M2）比 30 年前市场上存在的货币总量增加了超过 100 倍！在可预测的未来 30 年，这个趋势恐怕不会根本性扭转。

也就是说，我们手里的钱每时每刻都在被市场通过无形的“通胀税”的方式“洗劫”。这就导致仅仅依靠自己辛苦劳动挣到的工资来生活，然后把工资结余存进银行的人，一定会被市场“洗劫”。

而自己明明只有 100 万元，却敢向银行贷款 300 万元买房的人，则有可能不被市场“洗劫”。你用杠杆超发货币，稀释财富，我则顺势而为，把你超发的货币通过贷款的方式为自己所用，你放杠杆，我也放杠杆，到头来，可能我不但不吃亏，反而有的赚。

在政府超发货币的过程中，社会中的少数人用高杠杆让自己不吃亏，多数人却吃了亏，从社会财富总体分配布局上看，时间越久，那些敢于贷款购买资产的人就会相对越富有，而不敢贷款只敢存款的人就会相对越贫穷。

过去 10 多年，贷款利率最低、资产升值速度最快最稳健的就是贷款买房，所以在大城市里有没有房才会成为中国阶层分化最重要的分水岭。

既然如此，那我们最理性的选择就是低息的房贷，能向银行多贷款就多贷款，能尽可能晚还就尽可能晚还。而一旦你选择 10 年还清贷款，到时就很可能陷入被动——你现在 30 岁，贷款 10 年后你才 40

岁，正是事业和收入迈入巅峰期的时候，收入节节攀升，而贷款却已早早还清，此时你如果还想第二次贷款买房，就要面临政策调控，异常困难。

如果你选择30年还清贷款，现在30岁开始还贷，中途无须提前还贷，到你60岁还清贷款，已接近退休年龄。随着你收入的不断提高，这30年中的还贷压力会逐渐减小，你眼下觉得压力巨大，以后就会觉得这是小菜一碟。

很多穷人觉得富人之所以富只是因为运气好，自己之所以穷是因为命不好。其实哪有那么简单，归根到底，是因为富人思考问题的方法和角度和你不一样。

刚需买房，一看就懂

我前面讲了很多宏观上的买房知识，现在聊聊微观上挑选房子的技巧。

市区老破小对比郊区高大上

地段和房屋新旧、小区品质之间该优选哪个？

总价一样的情况下，建议在满足基本居住面积需求的情况下，尽可能选择距离市中心更近的，比如北京五环附近、上海外环附近、深圳龙岗一带。虽然现在房价也很贵了，但买离市中心近的房子，能最大限度平衡自身居住需求和未来投资保值的需求。

我不鼓励年轻人买市中心很小的老房子，方便是方便，但更适合租，而非买。

多层房对比电梯高层房

多层房出房率高，物业费低，更实惠；高层房有电梯，上下楼轻松。

年轻人体力好，其实多爬几层楼无所谓，反而可以强迫自己爬楼梯健身。年纪大的就撑不住了。所以如果你买的房子，现在或未来10年内，不会有父母或家里其他老人同住，我更建议买多层房。如果有父母要和你同住，我建议买电梯高层房。

二、三楼对比四、五楼

不带电梯的多层住宅，一般都是6层楼。顶层夏天太热，冬天太冷，隔热防水问题多少都会有。除非你预算太少，要住的人太多，看重的是附送的阁楼，否则一般不推荐买顶层。

1楼视野差，采光差，空气流动差，虽然过去十几年新建的商品房都会做地基垫高处理，要比地平面高一点儿，但总体上还是能不选就不选，除非家里有行动极为不便的连一层楼也爬不动的老人或病人。

剩下的2、3、4、5楼，都可以选。过去叫“金三银四”，3楼和4楼的价格差不多，相应地，2楼和5楼的价格也差不多。

未来随着老龄化越来越严重，没电梯的多层住宅，低层需求会比高层需求更多，就会逐渐演变为2楼和3楼一个价，4楼便宜点儿，5楼更便宜点儿。

因此同等条件下，优选2楼和3楼的房子，未来如果要卖掉房子，也能卖个更好的价钱。

低层电梯房对比高层电梯房

电梯房的价格，一般楼层越高越贵，因为楼层越高，私密性越好，视野越好，也不易受地面噪声污染。有人为了省钱，就选低层的，那何必要买电梯房呢？如果买电梯房的 1 楼至 5 楼，还不如直接买多层房呢。

但楼层高又太贵，钱又不够，怎么办？那就买中间楼层，比如一栋楼总高 20 层，买 9—10 层。私密性够好了，看出去视野够开阔了，一般人也不会恐高，万一电梯坏了，楼梯也勉强爬得动，关键是价格也适中。

新房对比二手房

新的总比二手的好，但价格也更贵，对吧？

这两年由于调控，新房限价，很多城市出现了同一板块的新房价格比二手房更便宜的怪象。买新房得排队摇号，这就是个运气活儿了。如果能摇上号，当然买新房。如果遇到新房比周边同板块二手房贵，就要好好思量一下。

我更倾向于选择已上市 5—10 年的次新房。首先，作为二手房，可少交增值税。其次，5—10 年房龄，还算比较新的，无论是房型设计、小区环境还是物业管理，各方面应该都还不错。再次，现在 5—10 年房龄的二手房，是 2009—2014 年建成的。这段时间，私家车已经处于快速进入寻常百姓家的阶段，所以新建小区基本上都配有相对齐全的停车位和地下停车库，这就避免了让车主头痛的小区停车难问题。

而2007年以前建成的小区，大多在规划建设时还没有意识到私家车骤增的问题，很多小区没有建地下车库，就算建了，配比也完全不够。

当然，在市中心，土地都开发得差不多了，极少还有新盘供应，所以如果想买市区的房子，基本没得选，就是二手房。

地铁房对比非地铁房

现在有些开发商，把距离地铁站三四公里远的楼盘也敢称为地铁房。

我认为，真正的地铁房，是冬天一碗汤的距离。也就是大冬天，你端着碗汤，从家走到地铁站，汤还是热的，这才叫地铁房。

步行500米之内的距离，是真正毫无瑕疵的地铁房，就算把标准放宽，最多也不能超过1 000米，步行不超过10分钟。但这种房子，往往房价比周边的房子高出一截。可是地铁真的很方便，未来一、二线城市堵车问题会越来越严重，停车会越来越困难，地铁出行是大势所趋。

我认为刚需最优选择是买准地铁房，也就是距离地铁站步行一二公里的房子。

注意，我说的是步行距离，不是直线距离，绿化带、河道、天桥，这些交通阻碍都不能忽视。如果步行超过两公里，还敢自称地铁房的话，那北京、上海满大街全是地铁房了。

步行两公里，也还是有点儿距离的，但好在有共享单车，这个距离也就几分钟的事。

正规商品房对比小产权房

很多人买不起正规商品房，就想买相对便宜的小产权房，可以吗？

如果是刚需自住，很差钱，又急着买房，没得选，当然只能买小产权房。

如果想投资，就算了。

面积大对比户型好

总价一样，有的房子面积大，但户型不好，要么不是南北向的，要么房间不是横平竖直的，要么房间是错位的，要么有很长的过道，除了走路什么都不能干。有的房子面积小一点儿，但户型很好。怎么选呢？

我建议选户型更好的，因为这样的房子可以通过后期的装修设计，把户型的优势最大限度释放出来。

如果一味追求面积大而在户型上让步，装修时会很头痛，以后住起来也会觉得各种不舒服，各种浪费。房价这么贵，户型好的房子，才能把每一平方米都充分利用起来。

下面这几种户型是我个人比较喜欢的，基本没有浪费空间。

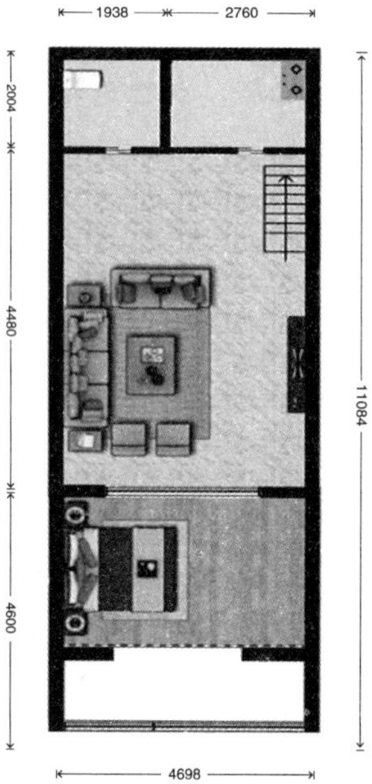

一室一厅一卫 50 平方米

这个户型厨卫朝北，卧室朝南，客厅在中间，都是四四方方的，做橱柜放家具很方便。有些客厅会有朝东或朝西开的窗，那就最好了。

这种户型比较适合老两口住，小夫妻住也可以，但有孩子后就要面临换房问题。

另外，这种户型还很适合单身女性，假如还没找到对象，手里攒了点儿小钱，但又买不起大房子，又怕现在不买以后更买不起，就可以先买这种小户型。就算以后不结婚，做一辈子单身贵族，这样的房子一个人住也够了。如果以后结婚有了孩子要换房，这种小户型也很抢手，很容易卖掉。

越是房价高企的城市，这种小户型的需求越多，相比大户型的单位溢价也越高。

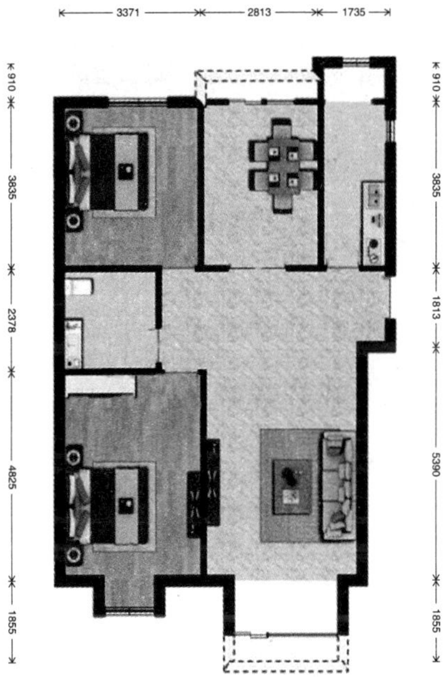

两室两厅一卫 98 平方米

这个户型主卧、次卧、客厅、餐厅、阳台、厨房、卫生间，都很好，没有哪个区域给人特别狭小、活动不开的感觉。尤其是从正门走进来就是很大气的客厅，会使人感觉空间很大。

其中主卧和次卧门对门，南北通透，客厅、南阳台和餐厅、北阳台（工作阳台）同样南北通透，采光很好，会很舒服。

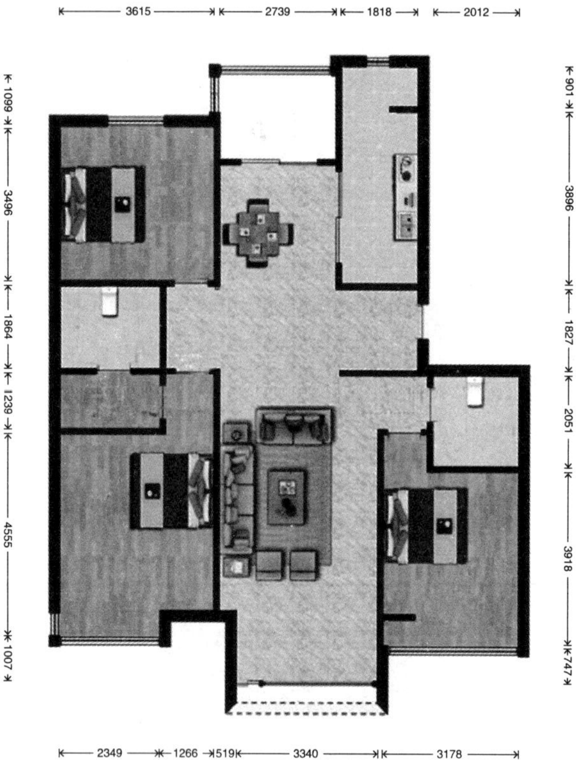

三房两厅一卫 116 平方米

和上文的两种户型相比，这个户型多了一间朝南的卧室。

如果三代同堂，可以保证各有一间房。如果有两个娃或准备要二胎，能保证两个孩子各有一间独立房。

如果只有一个孩子，也不和老人同住，可以把两间朝南的卧室分别给父母和孩子住，北边的卧室改造成书房，平时办公，老家有父母或亲戚来时，临时改成客卧。

现在有很多新建的电梯房，公摊面积很大，还要加一个很鸡肋的卫生间（我去过有两个卫生间的房子，住户平时大多只用一个卫生间，把另一个卫生间当储物室用了），像上图这种户型的三房，往往建筑面积要 130—140 平方米，得多花好多银子。

最后，除了在嘉兴买房还是在东莞买房这种大方向上的战略考量，微观上的买房考量维度就三个：地段、小区（新旧、好坏）、房子（户型、面积、楼层等）。

从投资角度看，这三个指标的重要程度是地段 > 小区 > 房子。

从自住角度看，这三个指标的重要程度是房子 = 地段 > 小区。

你可能会发现，我最重要的理财智慧——平衡是贯穿全书始终的。

最后给大家一个友情提醒，装修房子时，千万记得多打一些柜子。随着时间的推移，储物空间只可能不够用，永远不会嫌多。

年薪 50 万的二孩爸爸中年失业还不起房贷，怪谁?

一则故事

2017 年春天，网上流传的一则《华为 50 万年薪二孩爸爸中年失业还不起房贷》的故事引发热议，以下是故事原文。

我 2001 年本科毕业，工作一两年上的研究生，然后入职深圳某知名通信公司，到现在将近 10 年。老婆和我都是农村出身，家里没钱支持，2010 年辛辛苦苦攒了点儿钱在坂田买了套二手房，当时大概是 120 万元，每个月房贷 6 000 元。2011 年生了个儿子。

2016 年政策放开，我也算响应国家号召，又生了个女儿。因为我要经常出差，还在国外研究所待过一两年，家里父母孩子没人照顾，老婆不得不辞职照顾家。

2015 年年底深圳房价大涨，手里正好有小几十万余款，考虑孩子以后要上学，大家也认为房价有国家托着，只会涨不会跌，又在关内买了套五六十平方米的学区房，总价300多万元。首付不够，把第一套房找人抵押凑了70万元，加在一起付了首付，贷款260万元，月供1.7万元。70万元的抵押贷一个月也要七八千。

全家就我一个人在挣钱，拿到手的工资两万多，不包括奖金和分红，因为两套房的房贷加上抵押贷就3万元了，奖金就用来补贴家用，日子过得紧巴巴。但想到自己深圳有两套房，心里也觉得安慰了很多。一般分红大部分用来购买股票了，现在持有十几万元股票。

前段时间公司要安排出国，当时考虑家庭条件去不了，后来人力就找我谈话希望我主动离职，看现在的样子不离职也很难，公司总有理由让你离职，不行打个C就末位淘汰了。

与其闹来闹去地离职，不如舒舒服服地好聚好散，而且至今我也没发现谁闹着就可以不被离职的。其实我绩效还是不错的，也得过很多次A，因为我深知，农村出来的孩子，不努力就更没有出路，我能走到今天，是公司给我创造的机会。

最近也在网上投过简历，我这种30多岁的年纪，一般出去做不了高管，企业也不要，面试机会也很少，少数小公司面试过，基本月薪是税前不到2万元，税后还房贷都不够。有的公司还看不上我。

我们在大公司，自我感觉水平不错，视野开阔，但和人家一交流，明显有很大不同。人家小公司到我们这个年龄的，即使不是高管，基本产品从前到后什么都懂，软硬件、结构等都能做，我们则只能做自己擅长的一段，真正让我们做出产品需要很多配置协助，小公司也养不起我们这样复杂的玩法。

目前看只能把学区房卖掉了，但眼下比较麻烦的是，现在深圳二手房交易十分低迷，学区房也不好卖，急着卖的话 350 万元可能只能卖 300 万元，还了贷款和杂七杂八的刚好没有了。

最后就十几万股票离职时可以换几十万元，离职补偿已经在前年兑现了。这几十万元只能凑合偿还一套房的抵押贷款。就算把学区房以 300 万元卖掉，幸运地找个税前 2 万元税后 1 万多的工作，剩下 6 000 的房贷，加上两个孩子上学，养家，完全入不敷出，何况税前 2 万元的工作也不好找。现在每天下班回家，看到孩子和老婆都觉得愧疚，夜晚也辗转难眠。今天这个局面也不怪公司，十年来在公司获得的收益已经超出社会平均水平很多，企业的成本压力同样很大。

这么多年来，我时时鞭策自己，从来不敢懈怠，能加班就加班，能早去就早去，领导一点儿不满，就紧张好多天，生怕丢了工作，可到头来还是不得不离职，入不敷出。那是哪里出了问题呢？是我不努力吗？是企业给我的待遇不好吗？还是房价带来太高的生活成本？

看完这篇文章，你是不是心里很不是滋味？

你可能觉得这样底层出身、白手起家的农村大学生，那么努力，好不容易有了今天的成就，突然失业面临巨大家庭财务危机。而你可能还没有他那么努力，学历和收入更没他那么高，你的未来是不是会比他更惨呢？这到底怪谁呢？

我觉得最主要得怪这位二孩爸爸不懂理财，选择赌博。

人生复盘

下面我就来复盘这位二孩爸爸的理财人生。

2001 年本科毕业，正常情况下应是 1978—1979 年生人，2010 年在深圳结婚买房时已 32 岁，此时夫妻双方工作了 9 年（假定妻子和他一样大），考虑到双方家庭都帮不上忙，而职场最开始的几年收入一般不会很高，再加上深圳的高消费和房租支出以及考研等学习费用，中间也可能还要反哺农村父母，能攒下几十万元首付款实属不易。

为了能逆袭，就必须想方设法留在深圳工作，因为只有这里能给他提供月薪 2 万多元，算上奖金和公司股票分红，实际年薪应该有 50 万元左右的高薪工作。这样的高薪工作，别说在农村和镇子上压根儿找不到，在许多二、三线城市也很难找到。

而要一劳永逸安家深圳，就必须在深圳有一张房票。既然只有这里有这么高薪的工作，全国各地高学历、高能力、能吃苦、肯拼搏的年轻人都想来此淘金，那高房价就是市场经济环境下最自然最管用的人口调节器。所以节衣缩食攒首付也是最理性的正确选择。买房后第二年，33 岁的他生了个儿子，先买房后生子的理财策略也非常正确。

至此，没毛病。

但“2016 年政策放开，我也算响应国家号召，又生了个女儿”，这或许是他前半生最失策的人生选择。因为生不生二孩不仅是权利问题，更是能力问题。

国家在 2016 年全面开放二孩政策，是国家给你这个选择的权利，但用不用这个权利的决定权在你手里。国家并没鼓励你生二孩，更没说替你养孩子，所以生孩子前就要仔细想想你是不是有生二孩的经济条件。

这个双农子弟家庭面临着非常沉重的养老负担，双方父母都是农民，最多只享受层次比较低的新农合保障，未来养老看病的压力都落在这对夫妻身上，而已经有的一个儿子未来在深圳的抚养教育费用也不可能低，他们自身在 2016 年也已经 38 岁，人到中年，必须考虑自己未来的养老需求。

“因为我要经常出差，还在国外研究所待过一两年，家里父母孩子没人照顾，老婆不得不辞职照顾家。”这种情况完全可以理解，但也意味着老婆断了收入，整个家庭甚至家族的经济压力完全压在他一人身上。

这本身就是一种极为危险的家庭财务结构。

眼下他面临的还只是意外失业，人完好无损，就算找不到年薪 50 万元的工作，按他自己的说法，在深圳找家小型科技公司，月薪税前不到 2 万元，也就是年薪 20 万元左右的工作还是能找到的。2016 年深圳的平均工资是 7 914 元，即年薪 9.5 万元，20 万元年薪是当地平均工资的两倍多，怎么也不能算穷人。

所以，虽然中年失业的风险很可怕，但远不如身体出现风险可怕。

人到中年，年轻时常年一刻不停拼命工作，到这时会逐渐反映到身体上，无论是过劳死还是罹患癌症的概率都开始大幅提高。我不知道他有没有给自己买过高额寿险和重疾险，不知道他有没有想过，万一自己意外猝死或罹患重病失去工作能力，却没有提前购买足额保险的话，他的父母、妻子和孩子才真的会面临万劫不复的灭顶之灾。

更何况，2016 年他们已经 38 岁（假定妻子和他一样大），高龄产子本就风险高、质量差。自己和父母年纪都大了，未来带孩子会更加力不从心，而且一胎是儿子，一方面，养儿子的成本本就比女儿高；另一方面，就算农村有重男轻女的传统思想，一胎儿子也已满足“传香火”的需求了。万一二胎还是儿子，两个“建设银行”的抚养成本就高多了。

幸运的是，二胎生了个女儿，如他们所愿一双儿女凑成“好”字，但如果二孩又是儿子呢？如果他真有风险意识的话，这种极为脆弱的家庭财务结构本就不具备生二孩的能力和条件，生二孩行为本就近乎赌博，这也决定了他不得不在赌徒的道路上越走越远。

第一，抚养两个孩子面临的经济压力更大，所以他急需通过更激进的理财手段，谋求更高的投资收益。

第二，家里有两个孩子也意味着6年前买的房子很可能住不下了，不得不换更大的房子。

第三，中年得子的喜悦，尤其是对一双儿女强烈的责任感，促使他更加在意孩子未来的教育和“钱”途，希望给孩子创造更好的教育环境，等孩子长大了，能彻底改变整个家族的命运。

这些需求和焦虑都是二孩计划的副产品。这才出现了“2015 年年底深圳房价大涨，手里正好有小几十万余款，考虑孩子以后要上学，大家也认为房价有国家托着，只会涨不会跌，又在关内买了套五六十平方米的学区房，总价 300 多万元。首付不够，把第一套房找人抵押凑了70万元，加在一起付了首付，贷款260万元，月供1.7万元。70万元的抵押贷一个月也要七八千”。

然而“大家也认为房价有国家托着，只会涨不会跌”，只是他给自己选择赌博找的安慰剂。2015年深圳房价大涨的赚钱效应加上市场一致看涨的预期导致他认为那时买房是相对安全又能取得较高潜在回报的投资选择。

可他又不是职业炒家，早不买晚不买，偏偏生二孩时要买房？说到底还是被二孩逼出的需求，最后半投资半自住性地在关内买了套自己的财务状况无力承担的高价学区房。

原来他只需要偿还6 000元月供，现在却需要偿还3万元—3.1万元月供。虽然他的实际年薪能达到50万元左右，但分红大多都放在公司股票账户上，实际每月能到手的工资和奖金也就3万多块。

这么高的月供基本耗尽了他们家日常的现金流，就算孩子还小，关内学区房暂时不住出租，每月能有5 000元租金收入，日子也还是过得紧巴巴，更无法覆盖我上面说的他们家未来那么大的风险敞口。

而他全部的希望都寄托在熬过这几年月供高压期，等下一波深圳房价暴涨，自己的投资就赚大了。他自己也毫不讳言地说，虽然收入那么高，日子却过得那么苦，“但想到自己深圳有两套房，心里也觉得安慰了很多”。

这不是赌，又是什么？

很多人做出购房决策，只出于他们主观判断房价未来还会涨，自己现在买房应该能赚钱，却并不在意自己到底有没有购房需求和能力。但实际上买不买房，买哪里的房子，买多大的房子，这不仅取决于宏观上的房价走势，更取决于微观上你的理财需求和能力。

没能力却硬要买房，那就是赌。

现在他只有两条路。一条路是继续赌深圳房价上涨，赶紧找个月薪 1 万多块的工作做起来，满足家庭日常开销没问题，还贷不够的钱就先用卖掉股票套现的几十万元补贴。这点儿钱支撑两三年应该没问题。

这段时间里，他可以想办法二次学习，东山再起，重新找到高薪的工作岗位。同时，用还没拿去还贷的积蓄，做收益率更高的金融投资，获得更高的利息。

深圳是中国最具活力的城市，对全国人才有着最强的吸引力，而且落户也相对容易，理论上说，政府很难长期压制深圳房价，只要未来三五年内，深圳房价还有一波大幅上涨的热潮，交投活跃，到时再卖就容易多了。说不定扣掉利息，还能赚个上百万元。但未来的事，又有谁能百分百肯定呢？

另一条路是愿赌服输，到此为止。把学区房低价卖掉，用离职卖股票的几十万元还了首付的抵押贷款，这样他就不再拥有这套学区房的资产，也不再背负巨大的债务。但即便如此，老房子 6 000 元的房贷还是要还，加上两个孩子的抚养费和日常开销，1 万多块的税后月薪还是不够。

问题出在哪？

最后我来回答他的疑惑：到底哪里出了问题？

怪企业冷血无情吗？

企业不是慈善机构或养老院，所有想把企业打扮成一个温暖大家庭的老板都是伪善的。公司业绩下滑，资深老员工的实际贡献越来越低，而人力成本越来越高，对年纪偏大的老员工一刀切，既节约人力成本，又能给薪资更低但学习和创新能力更强的90后甚至95后年轻人腾出空间，作为以狼性文化著称的华为，这么做无可厚非。过去10年，他在华为能拿到这么高的薪水就是拜狼性文化所赐，只不过现在到自己要还的时候了。虽然残忍，但也没什么好抱怨的，更没必要拿道德说事。

怪自己不努力吗？显然说不通，他已经拼尽全力了。

怪高房价“逼良为娼”吗？

深圳的房价是很高，但他也在深圳找到了高薪工作，从而在深圳买房安家。和那些95后年轻人相比，他出生的时代决定了他比那些年轻人幸运得多，深圳并不亏欠他。更何况并不是所有在深圳的打工族都必须生二孩，也不是所有在深圳的打工族都必须买学区房。

这个故事告诉我们四个很残酷的道理。

第一，懂理财很重要。

年收入不到5万元的年轻人输得起，年收入50万元的中年中产阶层输不起。不懂理财瞎折腾，把自己放到输不起的赌桌上，那就是作死。

第二，生二孩要慎重。

对年轻人来说，如果不想下一代长大了也和自己一样挣扎在社会底层，天天为生存发愁，就不要轻易生孩子。对新兴中产阶层来说，不要妄想你们夫妻都是高知高收入，以后能狠下心穷养孩子，所以生二孩务必谨慎。

第三，持续学习很重要。

现在是后喻时代，年轻人学习新事物、吸收新知识的能力比中年人已掌握的旧知识和老经验更重要，别妄想有张985本科甚至研究生文凭，被外人看起来光鲜亮丽的500强大公司招入麾下就能一生安稳，平步青云。

随着年龄增长，你的刚性支出会越来越多，如果你不能在工作中持续学习，对企业来说你的性价比就会越来越低，遭遇中年失业危机就一点儿不意外了。收入最高的金融、科技、互联网行业尤其如此。

第四，选择往往比努力更重要。

这是有史以来最美好的和平时代，我们不需要通过真刀真枪发动战争的方式来竞争生存资源；这又是有史以来竞争最激烈的时代，没有硝烟的战场上，维度更高的激烈竞争每天都在上演。

最终决定成败的往往不是你的努力程度，而是你的选择，因为努力并不稀缺，但做出睿智选择的能力很稀缺。

理财·子女教育规划

从 30 年后孩子需要的社会生存技能出发，倒推现在应给孩子怎样的教育，你就会发现：财商第一，情商第二，智商第三。

——力哥

为什么读了那么多年书，我还是赚不到钱？

“教育”≠“教育制度”

很多人都有这个困惑：为什么读了那么多年书，我还是赚不到钱？

首先，你要明白“教育”和“教育制度”是两码事。我所理解的教育的根本目的分成三个维度。

低维度目的是习得谋生技能。这是所有动物出生后都必须学习的一门功课。狮子妈妈要教小狮子如何抓羚羊，因为如果小狮子不能掌握这项谋生技能，就会饿死。

这是自然界铁律，人类世界也必须遵循。只不过古代人类的知识和财富总量有限，所以绝大部分人只要掌握种地、织布的劳动技能就可以了，到了近代科学大发展，人类掌握的知识太多，但个体生命有限，所以只能分科教育，谋生技能变得越来越复杂，越来越多样化。

中维度目的是探索世界真相。这是古希腊先哲就已经开始追求的教育目的。亚里士多德那句“吾爱吾师，吾更爱真理”已说明一切。

动物只求生存，“知其然”就满足了，唯有人类有好奇心追问“其所以然”，这是人与动物的本质区别。人类文明就是在无数前人不断对世界进行探索的基础上建立起来的。

高维度目的是战胜人性的弱点。教育的起点是人，让个体能在人类社会生存下去，中点是满足个体的求知欲和好奇心，而终点依然是人，让个体在习得足够的知识后，有能力战胜人性的弱点，从而让自己活得更安全、更舒适、更快乐、更有成就感。

也就是说，人类中的最强者，不是战胜他人或自然的强者，而是战胜自我的强者。

“教育制度”的根本目的则是维系社会稳定。

一个均贫富的社会不需要刻意维稳，因为没有谁比谁更可怜。普通人的幸福感是通过与身边人的比较获得的，比如那么多父母给孩子上早教课、补习班，是环境压力所迫。

一个产生了贫富分化的社会，富人歧视穷人，穷人憎恨富人，这种社会结构不稳定，容易产生动乱。这时，教育制度就起到了关键作用。

通俗地说，教育制度就是“大棒加胡萝卜”。“大棒”就是通过教育，在人脑中植入一套立身处世的行为准则，也就是价值观。中国古代主要是用儒家思想教育人，教人们忠君爱国、舍生取义、气节高远、三从四德……读书人学了这套东西就能当官，当官后就整天给没读过书的老百姓讲这套理论，久而久之，就会形成社会主流价值观。

如果有人违反这套价值观或道德体系，就会受到严厉制裁，轻则被乡人的口水淹没，重则沉猪笼，这种正面宣教和负面恐吓加在一起，人们就不敢乱来了。

但光有“大棒”不够，还得给老百姓“胡萝卜”，告诉他们只要在官方构建的教育体制内努力攀登，最后就有希望从穷人阶级跨入富人阶级，穷人看到改变命运的希望和实现希望的路径，就会更安分守己，把精力都投入学习，没工夫想造反的事了。

人才招募制度的演进

古代皇权社会，权力本身就代表财富，所以越接近权力中心的人财富越多，追求财富阶层跨越的途径就是进入权力体系——当官。

春秋以前，主要靠世袭，老爸的爵位封地，儿子天然继承，平民没有阶层跨越的可能。

到了礼崩乐坏、战争越来越残酷的战国时期，为打赢战争，各国开始变法，不拘一格，举贤纳能，却因动了世卿贵族的奶酪而遭到拦阻，商鞅等变法者大多不得善终，最后变法最彻底的秦国一统天下。

到了汉代，为了长治久安，官府出台一系列制度招揽人才，维系稳定，核心制度是察举制，由地方官员推荐合适的人才进入权力体系。比如最有名的举孝廉，看谁家孩子孝顺，越孝顺越有机会当官，从而在社会上形成了非常扭曲的孝道观念。因为没有明确标准，最后还是形成了任人唯亲的局面，权力被集中在几个大家族手中。东汉末年，袁绍家族“四世三公”就是这么来的。

曹操把天下从汉末乱世中拯救出来后，为了既能争取北方世家大族的支持，又能从平民中选拔真正的人才，就建立了九品中正制（曹丕称帝后正式实施），虽然也是一套官员推荐制度，但有了更明确的选拔标准和审核流程，还要听取地方百姓的意见。但是在中国这种关系社会，这套流程太容易流于形式，所以底层平民的上升通道还是没有真正打开。

直到隋唐开启伟大的科举制度，平民的上升通道才真正打开，唐宋盛世和科举制度密不可分。

明清时期，中国古代文明进入创新乏力的衰老期，科举考试内容越来越腐朽，但这套制度却一直维系着社会稳定。有才华的人大多能通过科举制进入权力场。

但古代没有义务教育，穷人没钱怎么读书呢？只有通过祖父拼命种地攒钱，父亲继续种地攒钱，最后供一个孙子念书。用今天的话说，这叫风险投资，孙子争气中举，整个家族就翻身了；如果孙子不争气，到老还是个童生，就继续种地攒钱，积攒下一次风投的本钱。不过机会之门总是向你敞开的，就看你愿不愿意付出。

到 1905 年科举制废除后，那么多读书人一下子没了向上攀登的阶梯，不是因为自己不努力，而是政府说话不算话。所以清末权力阶层的改革越激进，革命火焰就越高涨，没了科举制，改良派都投身革命去了。

而从西方学来的现代教育制度，根本目的依然是维系社会内部稳定，给底层穷人以阶层跨越的希望——老爸这辈子穷也就算了，我认命，但再穷不能穷孩子，娃，你好好读书，争口气考上大学，光宗耀祖！

世道变了

在太平安稳的世道，这套逻辑是成立的。但在兵荒马乱的世道，政府自身难保，这套教育制度的内在价值就会大打折扣。

年轻人与其把全部精力放在体制内的晋升道路上，不如到体制外闯荡一番，撞大运逆袭翻身的概率更大，就像陈胜那句振聋发聩的发问："王侯将相，宁有种乎？"

这话放在秦末乱世成立，放到汉代就不成立了，放到汉末乱世又成立了……刘邦、曹操、朱元璋，只有恰巧活在乱世才成就了那番伟业。

今天的中国虽是几千年未有之盛世，但在短短 30 多年里，中国社会经济制度发生了巨大变化。其中最激烈的一段改革发生在 20 世纪 90 年代后期，住房制度改革、医疗制度改革、养老制度改革以及教育和就业制度改革都迅速完成。

1998 年之后，国家取消大学生工作包分配制度，不再承担大学生学费。随后中国大学启动了全面市场化改革，教育从过去的全民福利，变成了一项从业者需要负责赚钱的产业。于是大学疯狂扩招，大学教授到处讲课培训，大学教育质量每况愈下，越来越多的大学把精力重点放在了学费更高、利润更大的研究生教育和成人教育（比如 MBA）上。

这么一来，从 1950 年到 1998 年，这 40 多年（中间一度中断）里通过"高考→上大学→毕业分配好工作"的体制内阶层晋升之路被彻底阻断了。

计划经济时期，高考发挥了和科举制度一样的作用，既能稳定社会，又能给有才华肯奋斗的年轻人提供一条可靠的上升通道。清华北大毕业、一本毕业、二本毕业、大专毕业、中专毕业能分配到什么样的工作，非常清楚。我寒窗苦读，大学毕业当官，你不好好读书，初中毕业当工人，公平。

然而改革后，一方面，大学文凭不能保证换来令人羡慕的好工作；另一方面，大学不断扩招使得大学生不再是稀缺品，而成了大众品，大学文凭不再是多么金贵的身份象征，而成了在大城市里找工作最基本的敲门砖。

尤其是在这短短 20 年里，中国社会快速经历了第二次工业革命、全球化浪潮、城市化浪潮、第三次科技革命、全球金融危机、少子化和老龄化危机、后工业化浪潮（环保革命）、逆全球化浪潮、人工智能革命等一系列前所未见的重大变化。1873 年，李鸿章上书同治帝，说中国正面临“三千年未有之大变局”，今天的中国也一样。

为了鼓励穷人家的孩子发愤读书，老师总喜欢说“知识改变命运”，小时候我也信，就像古人相信“饿死事小，失节事大”一样。

但纵观历史，我发现真正改变命运的不是知识本身，而是官方对你掌握的知识水平的权威认可。在古代就是中了举人、贡士甚至进士，后来就是清华北大的毕业证书，你只有获得这个认可，从亲友邻居到同事领导，所有人才会高看你一眼，各种机会之门才会向你敞开，你的命运才会改变。

但如果生逢今天这种大变局，有了这种权威认可也很难改变命运，因为权威本身正在坍塌。

2013 年，在《青年中国说》节目中，董明珠当面怒斥北大法学硕士张天一："北大毕业却去卖米粉是对教育资源的严重浪费！你应该把米粉店关了，去从事一份用得上自己知识的事业。"

张天一回答说："书读得越多，出学校你的选择越少，今天我卖米粉，我就觉得这件事我要干一辈子，这是我选的。"

今天，张天一的米粉店"伏牛堂"做得有声有色。50后董明珠还在用计划经济时代的思维看待学历和工作的关系，反而是90后的张天一看得更通透。

至此，答案呼之欲出：傻孩子，你被忽悠了！这个时代，就算你读到博士，也不见得一定能多挣几个钱！

回到教育的根本目的

那么问题来了，既然体制内的大学文凭越来越成为一块面试敲门砖，甚至很多公司领教过华而不实的海龟后，海外镀金也不再那么管用，年轻人怎么才能真正赚到大钱呢？那就要回到教育的三个根本目的上。

教育的低维度目的是习得谋生技能，所以要优先学习实用性知识，也就是学了就能用来赚钱的一技之长。

山东蓝翔技师学院的校长说，来蓝翔就是实打实学本领，咱们不玩儿虚的，你学挖掘机就把地挖好，你学厨师就把菜做好，你学裁缝就把衣服做好。在蓝翔如果不踏踏实实学本事，那跟清华北大还有什么区别呢？

再比如跟着我学理财，也是学最直接、能赚钱的知识。我本人能赚钱也是因为我身上具备了两种稀缺技能：专业理财能力和降维表达能力（演讲和写作）。

工作高度细分的时代，没人能成为全才。如果你能掌握一项稀缺技能，单点突破，精益求精，找到一份高薪工作并不难。

教育的中维度的目的是探索世界真相。人类知识的积累和财富的增长，靠的就是在前人基础上不断创新突破。但科技发展到今天，大的创新突破越来越难，小的创新突破往往也需要团队合作。你看这些年诺贝尔科学奖大多同时颁发给多个科学家。

所以在探索世界、寻求创新的过程中，就需要具备跨专业的知识技能，这些交叉领域往往蕴藏着尚未开发的巨大潜在需求。比如你同时具备了计算机专业和金融专业的知识，你在互联网金融公司就会非常吃香，甚至可以自己创业。

在这些风口，你需要的是冒险精神和行动力，而不是精致的学历。其中暗藏的暴富机会就不是蓝翔能教你的。

更重要的是，我们今天正处于人工智能技术大发展的前夜，而我们今天的应试教育还在重复着工业时代的流水线模式——把前人总结的知识记住，复制下来，不求创新，只求在工作中熟练运用就可以了。

在未来的人工智能时代，不管是文科的背背背，还是理科的算算算，机器的学习能力都比人强得多。哪怕在几年前，我还天真地以为人工智能只能写写简单的新闻通讯，不可能代替人类记者，但今天通过人工智能写出的新闻报道已经具有很强的专业性和复杂性。“图灵测试”正在迅速被人工智能攻破，这让我不寒而栗。

人工智能的强项是学习整合过去已有的知识，弱点是从 0 到 1 的突破创新，尤其是艺术上的突破，这是只有人类才有的“灵感”。未来的人工智能时代，这种拥有“灵感”的人才最宝贵！

教育的高维度的目的是战胜人性的弱点。

2017年刚去世的美国著名战略大师布热津斯基在20多年前提出过“奶头乐理论”（Tittytainment）。他认为，资本主义天然会造成严重的贫富分化，而全球化则进一步加速了全球范围内的贫富分化，这使得二八现象更加严重——20%的人口占有80%的资源，掌握人类社会各领域的话语权，而高达80%的人口会被“边缘化”。过去通过社保制度、工人持股等方式改良的资本主义制度也无法对抗广大底层民众的不满情绪，罢工、抗议，甚至革命会再次发生。

解除“边缘人”不满情绪的办法只有一个，就是在他们嘴中塞一个“奶嘴”，让他们以为自己过得很充实，很幸福。“奶嘴”的形式有两种：一种是发泄性娱乐，比如开放色情业、博彩业，鼓励暴力网络游戏，鼓动网络口水战；一种是满足性游戏，比如拍摄大量不切实际的肥皂剧和偶像剧，大量报道明星丑闻，播放很多虚假的真人秀等大众娱乐节目。

把这些令人很轻松就可以沉迷其中的娱乐感官体验疯狂堆砌在“边缘人”面前，占据他们的业余时间，就算白天干活辛苦，收入微薄，受到剥削和不公平待遇，而且没有向上跃迁的阶层通道，他们也会在不知不觉中丧失独立思考的能力。这时，只要给他们一份能填饱肚子的工作，他们便会沉浸在“快乐”中。

这话说得很露骨，而且打击面甚广，但社会生活中确实有这样的人存在。

为什么我不给孩子上早教，却要送他出国留学？

牛娃之殇

《三体》里说，生存是文明的第一需求，对个体来说更是如此。

越是小地方，看到的世界越小，欲望越小，穷人有口饭吃感觉就能活下去；越是大都会，看到的世界越大，欲望越大，生存焦虑就越大。

穷人担心被赶出这座城市，中产阶层担心重新跌回 M 型社会下游，富人则担心富不过三代，子孙后代无法成功守财。所以大城市的居民，不管是穷人、中产阶层还是富人，普遍都没有同级别的小镇居民幸福感高。

这种“生于忧患，死于安乐”的焦虑感，最终迫使大城市里的居民，不管是穷人、中产阶层还是富人，都把竞争聚焦在下一代的教育上。

今天的一线城市，尤其是上海，已经和东京、首尔等中国周边的儒家文化圈中心城市一样，在子女教育问题上走上了“不疯魔，不成活”的恐怖竞赛道路。

2017 年 9 月，一篇名叫《牛娃之殇》的文章爆红网络，讲的是一位 68 岁的上海老教授讲述自家外孙从 3 岁开始的牛娃进阶之路以及后来一家人的反思。

搞笑的是，我想在微信上搜索这篇文章时，找到的居然绝大多数都是各种早教、辅导班、英语教育机构的官方微信。

当然，并不是这些社会上的商业化教育机构导致了这么惨烈的牛娃战争，而是因为社会上先有了这种强烈需求，才催生出这条非常赚钱的产业链，反过来这条成熟的产业链又会洗脑般把更多家长卷入这潭浑水。

在要不要给孩子上早教，要不要让孩子在天真无邪的年纪就提早踏入牛娃战争的修罗场等选择上，大部分父母的内心很纠结，而他们最后的选择却多是向现实低头——有钱要上，没钱从牙缝里省钱也要上。

我身边许多邻居、同学、朋友皆如此，甚至教会里的许多家庭条件尚可的基督徒父母也无法免俗，周日送孩子上儿童主日学（礼拜天在教会内部进行的针对孩子的宗教教育，一般在周日礼拜后进行），周六也不让孩子休息，补语、数、外。

所以我家宝宝出生后，妻子就深陷这种焦虑和纠结中——她既希望孩子有一个幸福快乐、无忧无虑的童年，又担心自己这么做反而害了他。

后来经过反复观察，我发现了问题的关键：生活在这样的大环境下，个体很难挣脱环境枷锁。

今天，这个环境枷锁主要体现在躁动的微信群上。在怀孕期间，我妻子加入了一群预产期相同的准妈妈的微信群，结果她变得非常焦虑，因为里面绝大多数准妈妈都是第一次生孩子，本就心里没底，然而世界那么大，就算现代医疗技术再发达，总还会有些小概率的诸如先天畸形之类的意外，这些意外在这个特殊群体中就会被大肆渲染，无限放大，弄得很多准妈妈忧心忡忡。

其实上海新生儿死亡率是3‰，孕产妇死亡率是0.03‰，真没必要自己吓自己。

一样的道理，人类是群居动物，然而现在大多数家庭只有一个孩子，孩子需要和其他小朋友玩耍交际，最近的就是邻居家孩子。孩子玩耍时，边上的妈妈会聊什么呢？没错，聊早教。

不少妈妈是全职主妇，碎片化时间很多，所以往往小区微信群也被这些妈妈霸占，微信群的主题还是聊早教，结果这种激烈的竞争氛围就会在整个小区弥漫。

《牛娃之殇》一文中说，当自家孩子没能如愿考入上海四大民办小学后，最令孩子妈妈崩溃的是，邻居家的孩子几乎和他们一起开始牛娃战争，人家孩子最终熬过了修罗战场的试炼，成功进入了四大名校之一。

没有比较，就没有伤害。

一个才3岁的孩子，就被妈妈强行拽入了“你不能输给邻居家孩子”的恐怖魔咒中。这背后的逻辑很简单：不提前上早教就进不了好的小学，进不了好的小学就没机会进好的初中，进不了好的初中就很难考上好的高中，进不了好的高中就不可能考上好的大学。

《牛娃之殇》一文举例说，“比如，上海中学，一本率接近 100%，2016 年清华北大录取了 55 人，要知道清华北大在上海每年总共录取 200 人左右”！

上海能上清华北大的学生基本被四大名校（复旦附中、交大附中、上中、华师大二附中）垄断了，所以从概率学上说，现在不给孩子上早教，揠苗助长，往他们脑子里拼命塞语、数、外，将来他们几乎不可能上清华北大。

从一开始，这场战争的目的就不是让孩子自然成长，自然而然地变得更有学识和智慧，而是只要比别人家孩子分数更高就是成功，至于学的是什么，能不能消化理解，今后用不用得上，都无关紧要。

为谁而活？

问题的关键是：孩子这一生，究竟为谁而活？为父母的攀比心而活？为一张名校文凭而活？为了在阶层上能碾轧其他同龄人而活？

我反复说，理财就是理生活，理财也好，工作也罢，都是为了赚钱，但赚钱不是最终目的，只是获得幸福生活的手段，手段和目的不能颠倒。

如果为了达到幸福这个最终目的，却在通往幸福的道路上痛苦不堪，为达目的，不择手段，则会丧失初心，使一切都变得毫无意义。

那什么是幸福呢？我认为答案是自由。基本的自由是人身自由，高级的自由是财务自由，顶级的自由是精神世界的自由。

人和动物最大的区别在于，动物只会根据生物本能吃喝性交，然后就心满意足睡去了，而人类却有自由意志，能根据自己的自由意志立身处世，能获得更高层次的幸福感。

父母把孩子送往牛娃战争的修罗场，目的是希望孩子长大后有更高的概率能找到更体面的工作，获得更丰厚的收入，从而有更大的可能实现财务自由。然而为了追求未来实现这种自由的可能性，代价却是眼下要剥夺孩子从 3 岁到 18 岁的全部自由！

试问，一个不自由的人怎么可能幸福？

试问，今天中国有多少被剥夺了十多年自由的大学生，不知道为什么而学？不知道为什么而活？

试问，这样的交换真的划算吗？

说来也巧，我当年读的小学就是上海中学隔壁的名校上海小学，只不过小升初时成绩一般，只进了对口的普通中学，而班里有几个牛娃考进了上中。

20 年过去了，那些当年考进上中的牛娃真的都比我们这些普通娃混得更好吗？至少我观察下来，不见得。

回望我大学前的学生时代，最幸福的时期反而是我读那所相对最差的普通初中的时光，在小学，班里牛人多，我最多只做过小队长；在高中，班里牛人还是多，我考试还是只能排在中游。这样的竞争环境下，我很难对自己产生很强的自信心和认同感，觉得自己太泯然众人了。唯独在初中，我做过体育委员、班长等各种班级干部，考试经常因考进年级前 20 名而上红榜，是全班第一批入团的“先进分子”，在各种文艺演出上唱歌出风头，老师对我的表扬多于批评，我那时感到更快乐。

这就是环境对人的影响。人不可能改变环境，但可以改变自己。

两条出路

想要改变进入修罗场的命运，只有两个办法：一是换个环境，二是不换环境，但无视无孔不入的环境压力。

第一个办法的代价实在太大。一线城市的家长不太可能再回到二、三线城市，但要让孩子从小就去国外读书，需要举家移民置业，绝大多数普通家庭无法承受。

而第二个办法，想要无视环境压力，则需要父母有一颗异常强大的内心。因为这是另一条修罗之路。你将带着孩子，与周边的大环境为敌，你的亲友、邻居甚至伴侣都会给你巨大压力。而等孩子上学后，你又将与现行的教育体制为敌，因为班主任让孩子做A，你会让孩子做B，你和你的孩子都将很难被老师喜欢，你们将成为现行牛娃试炼场教育体系中的异类……这绝不是一条容易坚持下去的道路。

对孩子的童年负责，你需要有强大的内心；对孩子的未来负责，你还需要具备两个条件。一是把更多的时间花在亲子教育上，增长他的见识和思维能力。最终决定孩子一生事业成就的是学力而非学历，培养他在求知中感受快乐的习惯和能力，要比给他灌输知识本身更重要。但这对家长自身素养的要求很高。二是在经济上做好准备，孩子初中毕业或高中毕业就送他出国留学。如果选择不屈服于现行教育体制，人家牛娃整天在书山题海中搏击，你带着孩子去吃牛蛙看青蛙，你的孩子虽然见多识广，但考试成绩肯定不如人家。走国内的高考独木桥肯定会被挤下去，所以最早初中毕业，最晚高中毕业，必须得出国留学。

当然，别以为海外都是素质教育，学生整天嘻嘻哈哈很欢乐，那是针对普通老百姓的，欧美精英阶层的孩子为了进顶尖学府，读书一样跟打了鸡血似的累得半死，你看哈佛、耶鲁、斯坦福的图书馆里什么时候空过？中美教育体制不同，我们这里更看重背背背，人家更看重想想想，虽然最后教育出来的人不一样，但残酷竞争的本质没有丝毫不同。

在国内打了那么多年基础，如果你的言传身教真的管用，到那时，你的孩子应该已经比国内的同龄人思想成熟很多，视野宽广很多，更能理解学习的乐趣和世界的本质，会从“要我学”变成“我要学”。他在海外不见得非得上一流名校，在二流学校里可能会学到更多东西。

这个时代，越是保守的既得利益相互交织的领域，越是讲究文凭，本身越是体现了强大既得利益势力的傲慢。高盛招实习生必须毕业于北大清华或海外名校，否则根本连面试资格都没有，所以有一张海外非野鸡大学的文凭还是很有必要的。但在更多的充分开放、自由竞争的新兴领域，学历已经越来越不重要了。英雄不问出处，就看你有没有真本事。

我相信到那时，我儿子在国内、在我身边所受的教育，加上出国留学后所学到的，一定能让他掌握一身能在社会上养活自己的本事。这就是我不给孩子上早教，却要送他出国留学的原因。但如果作为父母，你不具备今后送孩子出国留学的经济基础，那你和你的孩子其实没有太多的选择空间。

养大一个孩子要付出多少代价?

抓狂的妻子

记得妻子生完孩子后有一段时间曾特别焦虑，一点儿小事就发火，我成了出气筒。当时我就说，放轻松，人类历史上那么多代母亲，都是一个人把几个孩子一手拉扯大的。

古人可以，现代人有那么好的衣食条件，那么发达的医学，那么多减轻家务负担的家电，还有老一辈或保姆来帮忙带孩子，甚至还有随用随扔的尿不湿，连洗晒尿布的繁重工作也省了，怎么会比古人更累呢？之所以现在的妈妈这么焦虑，是因为她们大多就打算生一个，把孩子看得太金贵，一个个都望子成龙，教育期望值太高。如果就放养孩子的话，哪会那么累？

随着孩子不断成长，我发现这段看似符合逻辑的推论并不靠谱。

妈妈的焦虑和什么竞争压力、教育期望值无关，哪怕只是每天看着孩子，光是喂饭、换尿布、刷牙、洗澡、出门溜娃、陪读书、看动画片、哄睡……这些看似不需要什么专业技能的简单工作，如果一个人长期坚持，一周 7 天一天 24 小时全年无休，也会把人累得抓狂。妈妈得了产后重度抑郁症，又得不到家人的支持，最终精神崩溃杀了孩子的骇人新闻，无论中外，从来不绝于耳。

所以事实的真相是：并不是现在的妈妈太脆弱，而是过去的妈妈一旦生下孩子，这辈子就算完结了，接下去就是无止境的相夫教子干家务，甚至还要负责砍柴、打水、织布、耕地这些繁重的体力活，所以几乎每天从早忙到晚，也只能勉强混个温饱，孩子真是“含辛茹苦拉扯大的”。

一转眼，孩子大了，自己老了，离死也不远了，所以感慨时间都去哪儿了，难免潸然泪下……

没错，古人的确普遍生多个孩子，只要不遇到战乱或灾荒也都能把孩子养大，但之后几十年的生活却毫无质量可言。或者说，那根本不叫生活，只是活着——必须用尽全力，才能勉强生存下去。直到改革开放之前，情况还是如此。回忆我妈的人生，也是以生我为转折点，之前芳华无限，之后就把自己大部分时间、精力和金钱，都花在了我身上，她 30 岁之后的人生，就是为我而活。这样的人生，虽然可敬，却也可悲。

如此看来，经济发达的国家和大都会，女性生育意愿较低，也就很容易理解了。你可以称之为自私，可世间谁不自私呢？如果有选择，为何非得像古人那样，为了养育后代，自缚手脚，影响事业，无暇玩乐，生活品质大幅下降，人生宽度大幅缩水呢？所以真正适合多生孩子的，是不差钱的富人家庭。

如果妈妈无须边上班边带娃，还能高薪聘请住家保姆或育儿嫂帮忙带孩子，像喂饭、洗澡、换尿布这种繁重琐碎毫无成就感的体力活，都外包出去，自己只要晚上讲讲故事，周末溜娃来培养亲子感情就可以了，80% 以上的育儿负担就都没了。

而普通中产阶层不一定敢多生孩子，因为开过眼界了，知道富人是怎么生活的，内心的教育期望值是向着富人阶层去的，多生一个，自己这点儿工资就真不够了。

小猪佩奇家到底多有钱？

最近我看到一篇文章，讲的是如果像小猪佩奇那样生活，需要有多少钱。

不知道小猪佩奇是什么？没关系，等你有了孩子就一定会知道。这只“当红炸子猪”，被称为史上最赚钱的动画片之一。仅 2016 年，它的制作公司娱乐壹英国有限公司（eOne）就在全球通过 500 多个知识产权授权协议，获得 11 亿美元的销售额，而这只猪 2020 年的目标零售额是 20 亿美元。

那篇文章说，通过对比动画片场景和现实世界，人们发现佩奇的家应该离伦敦市中心不远，符合这一条件的肯辛顿区和切尔西区，房价大约每平方米 13 820 英镑，折合人民币约 124 380 元。这个价钱，可与著名的北京实验二小周边的学区房媲美。

然而佩奇家不是小公寓，而是带阁楼的三层别墅，目测 350 平方米左右，房子坐落在山顶，所以也可能在伦敦郊区，房价大约每平方米 4 510 英镑，折合人民币 40 590 元，所以佩奇家住宅的市值约超过 1 400 万元人民币。和北京六环内的别墅价钱差不多。

佩奇上的幼儿园，是私人小班教学，日常课程甚至有芭蕾舞和参观大英博物馆。硬件也很强，有标准塑胶跑道。在伦敦，这种级别的私立幼儿园按天收费，一般在 70—125 英镑之间，折合人民币最少 800 元，一个月的学费就要超过 2 万元。别忘了，佩奇还有个弟弟乔治，所以费用翻倍。

佩奇的爸爸开的微型车，原型是英国很常见的三门甲壳虫，售价折合人民币也超过 20 万元。

要支撑这样的家庭，佩奇父母的工作是什么呢？动画片没明说，但文章作者从各种蛛丝马迹中推测，佩奇的妈妈是有兼职的家庭主妇，需要每天对着电脑打字，而且特别关心娱乐新闻，可能是网络写手或时尚杂志专栏作家。而佩奇的爸爸则可能是某大公司的高管，动画片里，佩奇的爸爸说，“我的工作就是用公式计算一些数字”，所以他可能是保险精算师或建筑建造师，年薪起码人民币百万元以上。

佩奇的祖父母住的房子更高级，是带有私家花园的别墅，人力成本那么高的英国，花园日常维护费用也很贵，别墅内部装修更精致，阁楼上还有一架天文望远镜。另外，爷爷还有私人游艇，经常借给佩奇家乘游艇出去玩。佩奇的爷爷奶奶都流露出知书达礼的贵族范儿。佩奇的爸妈也是多才多艺：爸爸会拉手风琴，打架子鼓，还是运动健将，年轻时还练过跳水；妈妈精通小提琴，还会说一口流利的法语，一看就都是从小富养长大的。

在这种家庭中长大的佩奇，可以称得上“无比幸福”。长大后也会前途无量。所以说，钱是个好东西。因为差钱，穷人每天只能苟且求生，因为不差钱，富人每天可以享受生活。

站在绝对理性的角度看，如果是穷人，与其生娃，还不如养蛙。结婚可以，但别轻易选择生孩子。否则，可能以后你苦，孩子也苦。但对个人来说绝对理性的选择，却是对民族、国家的集体无意识毒药。

国家统计局发布的数据显示，2017 年，二孩数量上升到 883 万人，比 2016 年增加 162 万人。即便如此，2017 年，我国新生儿总人口还是比 2016 年少了 63 万人。因为一孩数量只有 724 万人，比 2016 年大幅减少 249 万人，首次出现了二孩占比超过一孩的情况。

2016 年全面放开二孩政策后，因为还有和家人商量要不要二孩以及十月怀胎的过程，所以 2017 年才是新政推出后生育补偿效应最显著的一年。可以预见，从 2018 年开始，生育补偿效应就会明显减弱。

2017 年，在二孩数量大幅上升的情况下，新生儿总数和人口出生率依然在滑坡，足见今天 80 后和 90 后年轻人的生育意愿有多低。如果今后越来越多的年轻人选择不生孩子，我们的国家还有未来吗？

我仿佛看到了 30 年后我们这代人老去时的惨境。

我喊妻子生二胎，猜她怎么说？

生还是不生，这是个问题

20世纪70年代，我国开始推行计划生育政策，但强制执行独生子女政策，则是1980年后的事。所以我们80后一代，是中国乃至人类史上从未出现过的、整体性缺乏直系兄弟姐妹的孤独的一代人。

独生子女政策下的孩子缺乏兄弟姐妹的陪伴，从小一人孤独成长，只能和电子游戏做伴，现在回想起来，真是一件让人感到遗憾甚至悲伤的事。更可怕的是长大后，父母终究要离你远去，自己老了之后，连个能走动的至亲都没有，真的很凄凉。

我第一次强烈萌发生二胎的念头，是2018年年初第一次带儿子坐飞机去广州长隆玩的时候。

在长隆熊猫酒店的大堂里，我带着儿子等妻子，发现他总喜欢跟在不认识的小哥哥小姐姐身后，主动搭讪，和其他几个小孩玩得很开心。等人家一个个都走了，他的失落感立刻写在脸上。

那一刻，我真觉得儿子挺可怜的。因为回想起我小时候，也是这么可怜。

虽然妻子天天陪他玩，我也经常抽空和他玩，但大人陪孩子玩，和孩子们一起玩，真的不一样。那天我就和妻子商量，要不再生个娃吧。

你们猜力嫂怎么说？

门儿都没有！

一个最显而易见的理由是——怕痛。

怕痛是真的，哪怕用了镇痛棒，也还是很痛。但更怕的还是在孩子身上操不完的心。

3 岁前，孩子没有连续的记忆，处于似懂非懂的状态，所以我们都没怎么带孩子出过远门，加上晚上孩子黏妈妈，导致力嫂分身乏术，从怀孕到现在已经 4 年了，一直没有和我两个人出去“浪”的机会。

你可能会说，请个育儿嫂啊，妈妈就能解放了。以我家的经济条件，育儿嫂当然请得起，但孩子的成长陪伴不能都扔给育儿嫂。很多需要言传身教的东西，父母亲力亲为和交给外人，效果完全不同。

还有语言也是个大问题。现在我们在家几乎不许孩子说普通话，一定要说上海话，因为上幼儿园后，他接触到的所有集体环境，都不再会有上海话的语言环境，年龄渐长，他会越来越抗拒说上海话，只有现在是让他无意识学习上海话的最佳时机。说实话，等他长大后，上海话这项语言技能没什么用，这样做主要是为了让他获得文化认同。

最关键的是，亲子之间近乎本能的亲密度，只有长期相伴才能建立起来，等孩子上学了再培养，就晚了。

我年轻时上理财课，有位知名理财专家分享育儿经验时就说，爸妈千万不要为了自己省心省力，把孩子往全托的托儿所和小学一扔。你是舒服了，孩子会留下心理阴影——自己小时候就被父母这么一扔，直到现在回想起来，还是阵阵委屈。

一个孩子就已经让我和妻子，甚至家里的老人身心俱疲，如果有两个呢？尤其是如果二胎“不幸”又是儿子呢？

我所认识的养儿子的妈，没有一个不是在短短几年内就苍老到几乎换了个人似的，那些记忆中的校花班花，再看看现在的宝妈形象，我简直不敢相信自己的眼睛。

“炼狱之路”

我和妻子预见到，一旦生了孩子，就注定要走上一条漫长的“炼狱之路”。

孩子刚出生时，天天把屎把尿，半夜起来喂奶，梦里也是小孩的哭闹声，体力消耗超级大。

等孩子会走路、会讲话了，就进入“可怕的 2 岁”和“讨厌的 3 岁”的阶段，孩子各种调皮捣蛋不听话，你说东，他偏往西，有时真让人抓狂到不行，尤其是男孩。

再大点儿上幼儿园了，就真正进入越来越白热化的“军备竞赛”阶段了。各种早教培训班，都是几万元几万元往里砸，这就像个无底洞一样，一旦开弓，就没有回头箭，要一路砸到大学才算是个头。

以前我以为这种疯狂的教育竞赛只有在一线城市，特别是在上海才明显，后来我发现，全国各地都一样。

每次我写有关楼市的文章，读者会留言问哪个城市的房子能不能买的，几乎一半都在问学区房，无论是一、二线城市的读者，还是三、四线城市的读者，都特别在意这件事。甚至有时我感觉，很多小城镇的家长比大城市的家长更在乎学区房，焦虑感更强，更愿意为孩子的教育倾其所有。

只要学区房政策不改，优质教育资源总是稀缺的，那不管几线城市的学区房，长期看都是无数人争抢得最为激烈的香饽饽。

纵观世界民族之林，有两种文化圈对子女教育特别重视，一是犹太文化圈，二是儒家文化圈（包括日本、韩国、新加坡）。一个民族特别重视教育是好事，但重视到今天中国家长这么“变态”的程度，还是让人倒吸一口凉气。

“人生是马拉松，不是百米冲刺，不要太在意起点上的细微差异”。道理家长都懂，但自己就这一个娃，如果自己有条件让孩子赢在起跑线上，为什么要放弃呢？

如果没条件呢？没有条件，创造条件也要上啊！

所以越来越多经济条件优越，甚至经济条件一般的家庭，都做出了妈妈全职带娃的决定。

养娃成本知多少

对力嫂来说，生二胎精力上的消耗实在是生命不可承受之重，但对更多的家庭来说，更大的顾虑还是经济压力。

这条育儿成长之路，不仅需要你耗费海量时间和巨大心血铺就，而且还需要很多金钱做垫脚石，才能走到最后。

“房奴”虽然可怕，但那个数字是你买房前就明明白白摆在面前的，一算就能算出来。“孩奴”更可怕，因为教育投入是个无底洞，未来充满不确定性，别说二胎了，就算是一胎，也让很多年轻人打起了退堂鼓。

以现在的育儿投入来算，即使是三、四线城市，从怀孕到孩子大学毕业，砸在孩子身上的钱，七七八八加起来怎么也得有 50 万元，如果生活在一线城市，稍微“富养”一下，就得准备 200 万元。上海很多私立学校光一年的学费就要 20 万元，而且还得孩子非常优秀才能挤进去。真要一路高配打怪升级成“牛娃”，准备 200 万元也不够。

注意，这还没算上学区房和通胀因素。

所以从经济学上的投入产出角度看，现在生娃的确太不划算，完全是靠“情怀”在支撑。

力嫂所在的育儿圈，在孩子一两岁就去上各种早教的大有人在，十几堂课，售价几千元甚至上万元的比比皆是，看着闺蜜们的孩子都在上各种早教，有个闺蜜的女儿才两岁半，已经能识 3 000 个字了……这样的消息充斥在耳边，力嫂也经常不淡定，想给儿子报个什么班，但总是被我严厉制止。

我的想法很简单，父母是孩子最好的老师，家庭教育是最关键的教育，与其花这个冤枉钱，还不如我们自己多花点儿时间教孩子。

2019 年，我儿子就上家门口最普通的几百块钱一个月的公立幼儿园，我也不打算买什么学区房，再往后，也是走一步看一步。

当然，我这种比较随性的放养育儿法，估计会被很多宝妈诟病“太天真”“吃苦的日子在后头”。但我敢这么做，是因为我儿子运气好，而这种运气没法复制。

一是他有个高认知的老爸，我可以带他去各种博物馆里回答他的各种“为什么”，把上早教和补习班的时间省下来，带他去世界各地旅游长见识，我自己就是最好的导游，所以他的认知起点会很高，即使被放养，今后逻辑思辨、社交应变、素质修养等各种能力也不会差到哪里去。

二是他以后有退路，可以不和同龄人一起挤高考这座独木桥，有本事就自己拼搏考海外名校，没本事，我就送他出国镀个金，家里这点儿钱还是拿得出的。

生二胎自测题

想不想生二胎？能不能生二胎？要不要上早教？要不要买学区房？要不要出国留学？这些问题都是开放式的，没有标准答案。但不管你怎么选择，最后一定是有苦有甜，有利有弊，关键还是取决于每个家庭的价值观、育儿心态和经济实力，需要从精力、财力、父母事业规划、孩子居住环境等各方面进行综合考虑，仔细权衡，量力而为。

经济基础决定上层建筑，“想不想生二胎”是个态度问题，“能不能生二胎”则是经济问题，所以一个基本结论是：有钱不一定要生二胎，没钱别轻易生二胎。

我从财务角度设计了一个可量化的生二胎自测题：

1. 家庭可支配净资产（自住房除外）是否在居住地月平均工资1 000倍以上？（如上海2017年社会平均工资7 132元，1000倍即713.2万元）

A. 是（恭喜你！哪怕你面对再多的困难，只要你能善加打理手上的资产，同时抚养两个孩子不在话下！）

B. 否（请转至第2题）

2. 夫妻每月各种收入之和是否在居住地月平均工资的10倍以上且没有房贷？（如上海2017年社会平均工资7 132元，10倍即为71 320元）

A. 是（恭喜你！可能你眼下的资产还没达到富豪级，但只要保持这样的收入水平并使之持续增长，同时抚养两个孩子也难不倒你！）

B. 否（请转至第3题）

3. 丈夫（或妻子）一方月收入是否超过居住地月平均工资8倍以上且没有房贷？（如上海2017年社会平均工资7 132元，8倍即为57 056元）

A. 是（恭喜你！有你这样的顶梁柱在，哪怕生完二胎后，你的另一半辞职在家带两娃，你们家的经济状况也还能撑住！）

B. 否（请转至第4题）

4. 夫妻双方或一方的父母是否拥有居住地月平均工资1 000倍以上的可支配净资产（自住房除外）？

A. 是（恭喜你！虽然你们小夫妻俩眼下的吸金能力有限，但背后有坚实的老可以“啃”，相信今后你们抚养两个孩子力有不逮时，爷爷、奶奶、外公、外婆一定是该出手时就出手，会在经济上鼎力相助！）

B. 否（请转至第 5 题）

5. 目前是否在居住地拥有独立产权且面积在 100 平方米以上的三居室？

A. 是（请转至第 6 题）

B. 否（请转至第 7 题）

6. 夫妻每月各种收入之和是否在居住地月平均工资的 10 倍以上且房贷月供不超过月收入的 30%？（如上海 2017 年社会平均工资 7 132 元，10 倍即 71 320 元）

A. 是（恭喜你！因为你不用为生二胎而换房，以你的收入和负债情况，依然具备养两个孩子的能力）

B. 否（请转至第 7 题）

7. 夫妻每月各种收入之和是否在居住地月平均工资的 8 倍以上且有经济实力在居住地购置三居室？（如上海 2017 年社会平均工资 7 132 元，8 倍即为 57 056 元）

A. 是（好吧，只要你别对孩子的教育期望值太高，还是能把两个孩子拉扯大的）

B. 否（请转至第 8 题）

8. 第一胎是否为女孩且已超过 3 周岁？

A. 是（请转至第 9 题）

B. 否（请转至第 10 题）

9. 夫妻每月各种收入之和是否在居住地月平均工资的6倍以上且有经济实力在居住地购置三居室？（如上海2017年社会平均工资7 132元，6倍即42 792元）

A. 是（好吧，最顽皮的女孩也比最听话的男孩好带，姐姐照顾弟弟/妹妹也能为父母省下不少心，如果你执意想给你家小公主找个小伙伴的话，那就鼓起勇气，生吧！）

B. 否（请转至第10题）

10. 夫妻双方是否至少有一方父母均健在、身体状况良好且为当地居民（或有住房条件可在当地居住）？

A. 是（请转至第11题）

B. 否（请转至第12题）

11. 妻子年龄是否小于35岁，且夫妻每月各种收入之和在居住地月平均工资的5倍以上，且第一胎为女孩？（如上海2017年社会平均工资7 132元，5倍即为35 660元）

A. 是（有父母帮忙带孩子，妻子也还算年轻，就算收入不是特别高，总还不至于陷入财务危机，一定要生也不是不行）

B. 否（请转至第12题）

12. 夫妻每月各种收入之和是否在居住地月平均工资的4倍以上？（如上海2017年社会平均工资7 132元，4倍即28 528元）

A. 是（好吧，如果你确定想挑战一下自己，那我也不拦你了）

B. 否（亲，对不起！你真心不适合养两个孩子！还是先琢磨着怎么才能把第一个娃拉扯大吧！）

最后，给想生或已有二胎的父母 5 条专业理财建议：

第一，家庭应急准备金比例要提高。把应急准备金从家庭 3—6 个月的支出额提高到 6—12 个月的支出额。

第二，“顶梁柱”的保险要第一时间跟上。给“顶梁柱”配备 200 万元寿险和 50 万元重疾险是最起码的。

第三，同步准备两份教育金。不会理财的以储蓄型保险形式积攒，会理财的以基金定投形式积攒，两个孩子的教育金一定要分开，千万不能混。

第四，丈夫谋划职场转型，妻子考虑全职带娃。生二胎前，夫妻俩必须对好好商量事业与家庭，收入和家务之间的矛盾。因为养两个娃势必要求更高的收入，同时照顾两个娃也会消耗更多的时间和精力。最常见的做法是丈夫谋求更高收入，妻子在家带娃。如果妻子不愿放弃工作收入，那家里的老人要特别给力才行。

第五，适当缩减娱乐开支。

最后的最后，送上三句话：

第一，家中无老人可分担育儿压力的，慎要二胎；

第二，高龄产妇，慎要二胎；

第三，第一胎为儿子的，慎要二胎。

财商第一，情商第二，智商第三

我认为做父母的在教育问题上最大的认知误区是：总把自己对教育的理解强加在孩子身上，把我们自己或学校老师或主流社会观念认为重要的教给孩子，而不是反过来想，二三十年后，孩子在社会上立足时，真正需要的是什么技能。

如果我们从 30 年后孩子需要的社会生存技能出发，倒推现在应该给孩子怎样的教育，就会发现：财商第一，情商第二，智商第三。

这是我的核心教育观。

财商第一

先说财商第一。

孩子出生时，当父母的会在孩子身上看见无数可能性，从而对孩子寄予无限的想象和期望。这也是为什么很多人有了孩子后，才突然想到要买保险，而且还是优先给孩子买保险。

这种过高的想象和期望，对孩子很不公平。我们自身就有这样那样的缺点，凭什么要孩子事事完美？我们自己都没考上“双一流”，凭什么非得逼孩子考上？我们自己就是身无所长的平凡人，凭什么要孩子将来成就卓越？我们自己活了30多岁，都没实现逆袭，还挣扎在社会中下层，凭什么要孩子以后一定要逆袭成功？

很抱歉，世界上99.99%的人都是普通人，绝大多数人既不会富甲天下，也不会成为社会名人，更不会被写入史书。我们这代人如此，下一代也一样。所以你现在最烦恼的事，超大概率也是30年后，你孩子最烦恼的事。

大部分人现在最大的烦恼是什么？没错，缺钱。

你孩子以后超大概率也会和你一样。所以抛开那些空想，把孩子当成一个平凡人看待，他最需要的其实是财商教育。而这恰恰是学校教育的空白——从小学到大学，我们的教育都缺乏系统的财商教育。

反过来说，如果同龄人缺乏财商教育，而你的孩子从小就接受了科学而系统的财商教育，他才真正在与同龄人的竞赛中，赢在了起跑线！

要知道，财商教育的核心思想是“延迟消费”和“复利投资”，能越早控制自己的消费冲动，做到延迟消费（很多成年人现在都做不到），越早启动复利投资，今后比起同龄人，他在财富上的领先程度就会越大。

情商第二

再来说情商第二。

早教机构都宣称他们能开发儿童智力，让孩子赢在起跑线，我觉得这句话很可笑。

3岁的孩子，就认识3 000个汉字，2 000个英文单词，掌握四则混合运算，被学前教育机构当作典型，家长惊呼这样的孩子是“神童”。这算哪门子开发智力？这叫扼杀孩子的想象力！

认字、背单词这些纯粹靠记忆获得的知识，无非是早点儿学晚点儿学的问题，四则混合运算现在又有谁不会呢？

学龄前儿童最宝贵的，是他们那还没有被人类社会现存的知识框架束缚、天马行空且无边无际的想象力。很多最伟大的文学家、艺术家、电影导演，越到晚年集大成时期，越是努力追求在思想和创造上“回到小孩子的模样”。

你看梵高、毕加索、马蒂斯、齐白石、丰子恺……内心都像小孩子一样充满童真。毕加索说：“我能用很短的时间就画得像一位大师，但我却要一生去学习画得像孩子。”

还有斯皮尔伯格、卡梅隆、黑泽明、宫崎骏……这些电影奇才的内心都有充满童真童趣、对世界有好奇心的一面。

说句形而上的话，《圣经》里耶稣说，“你们若不变成小孩子的模样，绝进不了天国”，注意，耶稣这里说的“小孩子”，是没有接受过早教的最纯真的状态，那才是真正稀缺的，不可复制的，独一无二的，最为宝贵的。

越早开发智力，就是越早强行把孩子的思维拉入人类现存的知识体系，请问真有那么着急吗？

更有甚者，还会让学龄前孩子学C语言。我看到网上有家长问：

“我家孩子 4 岁，到底是先认字还是先学编程？”连“编程”两个字都不认识，就去学编程，还被很多早教机构认为很有必要，它们的理由是：未来是人工智能时代，我们的下一代，掌握计算机语言就像掌握人类语言一样，是标配技能，所以孩子从小就要学编程。

我觉得商家说这些话是坏，家长信这些话是蠢。

计算机科学发展到今天，下一个世代的确会迎来人工智能大发展、大飞跃，我们的孩子未来会生活在一个充满人工智能的社会环境中。但请问，人工智能的发展方向，是让人类越来越像人工智能，还是让人工智能越来越像人类？

想一想过去 20 年计算机科学的发展，是让人类使用计算机的难度越来越高，变得曲高和寡，还是越来越低，变成文盲老太太也会用支付宝买东西？

人工智能是一种技术，最终的服务对象还是人本身。人工智能发展到极致阶段，自己就会给自己编程，也就是自我学习，自我更新。这就像今天的“码农”一样，“码农”二字极为形象，归根到底还是和田里种地的农民一样，掌握技能后，就需要反复操作，这并不是一项多么稀缺的技能。所以今天这个时代，中关村的码农虽然收入不低，但一样买不起北京三环的房子。

正是因为未来是人工智能时代，大量重复性的生产工作都能被人工智能代替，码农会越来越不稀缺。会编程真有那么重要吗？真正无法代替的，一是需要大量创意的无法简单复制的生产性工作，二是一部分直接与人交流的服务性工作。

今天年轻人找工作时，我也是这个建议，能找在一线和人打交道的工作，就尽量不要找在二线整天和机器打交道的工作。

未来，一个人的表达能力、观察能力、随机应变能力、情绪控制力、抗挫折能力，将会越来越重要。

在底层做一颗螺丝钉，可能智商和具体的职业技能更重要，但想要事业上有更高的突破，早晚你得成为一个管理者。尤其是要做到“不知妻美刘强东”“悔创阿里杰克马”“一无所有王健林”这种段位的管理者，你原来是学什么专业的并不重要，你懂不懂最前沿的科技进展也不重要，这些都可以靠手下智囊团帮你搞定，你最需要的技能是：对内，能搞定各派的利益纠纷，让所有人团结在你的麾下，为你工作；对外，能从容镇定对着上万人演讲，让听众接受你的建议和意见。

人类是群居动物，尤其社会发展到今天，分工协作无处不在。对孩子来说，未来能成为一个善于和他人打交道，能让别人喜欢他、认同他、成就他的人，比智商达到 130 更重要。

智商第三

最后是智商第三。

现在市场上“X 商”特别多，除了我们常听说的“三商”，还有逆商、爱商、语商、体商、德商、胆商、灵商……

其实什么逆商、爱商、语商，都可以归入情商范畴，取这么多名字，无非是多给成功学导师、心理学家和电台主播几个自我推销的由头。体商说的是你对自己身体健康的了解程度，这就是个意识，谈不到什么商数。德商更可笑，指一个人道德品质的高低，直接说一个人缺德不就行了。

哪怕是情商和财商的说法，在学界也有很大争议，因为这两者很难量化，但智商可以明确测出来。

换句话说，智商很大程度上是天生的，是基因决定的，后天教育能起到一定激发作用，但天才可能因为缺乏合适的教育而被埋没，庸才却不可能因为后天良好的教育变成天才。

“智商第三”，不是说智商不重要。恰恰相反，智商很重要，但是我发现，靠教育来提高智商，比提高财商和情商难得多。通过教育来提高孩子的财商，可能是“事半功倍”，而想要靠教育提高孩子的智商，则是“事倍功半”。

在智商教育上，我认为最重要的是培养孩子的理工科思维能力。讲理性、讲逻辑、讲数据、讲事实、讲交叉验证、讲双盲测试……不管孩子长大了从事哪行哪业，这种实事求是、科学严谨的理工科思维能力，都对他的成长大有裨益。

注意，我这里说的是理工科思维能力，而不是具体某一个数理化知识点。

普通人生活中能用到的数学知识，学到初二就足够了，二次函数都用不上，再往后学的什么集合、指数函数、对数函数、复数、数列、立体几何、解析几何、空间向量……大部分人早就还给老师了，但为什么我们还要学习呢？就是要透过数学，掌握这种相对复杂的思维能力。

如果你数理化学得好，应该对我常说的“世界的核心是平衡”有深刻的理解。反过来，如果你文史哲学得好，也能得出同样的结论。

对孩子来说，真正受益一生的，不是具体某一道三角函数题目怎么解，也不是非得记住一元二次方程的求根公式，而是以后在生活中，能熟练运用这种逻辑思辨能力，从而更有效地解决问题。

对孩子来说，真正受益一生的，不是记住甲午战争或珍珠港事件发生在某年某月某日，也不是把第二次工业革命代表性产物的发明人名字都背出来，而是能把人类社会的历史发展脉络看清楚，从而对当下世界所发生的各种现象做到“不惑”。

然而这种真正受用一生的能力，我们的教育体制很难考察出来。

我们的教育体制强调两点。一是“服从”，这样才便于管理。这样做便于学校管理学生，结果就是任何问题都只有一个“标准答案”，孩子的想象力和创造力从小就被强制扼杀，这样一路读下去，最后我们培养的科研人才很难获得诺贝尔科学奖。二是“公平”，只看分数，不管其他，这样才能给寒门子弟留出最后一个出人头地的机会。如果中国真学欧美国家，全面实施素质教育，搞综合评分，校长推荐，看德智体美全面发展，孩子做公益、看世界、演话剧、学击剑都作为加分项，那教育腐败就会肆虐，能考进大学的孩子几乎会被权贵和中产阶层的孩子垄断，底层穷人的孩子就会丧失最后一根改变命运的救命稻草。

最重要的教育

除了帮孩子学好学校里教的那些常规知识，作为家长，我们还需要培养孩子哪些长大后至关重要的能力呢？

一是财商教育，让孩子掌握正确的理财知识。

二是出色的思辨能力和表达能力。理工科的思维模式和文科的表达能力，是最好的组合，如果还能有一定的艺术欣赏能力，就更好了。

三是开放的心态。今天这个时代，知识和观念的更新速度越来越快，人类已经从持续数千年的前喻时代快速进入了后喻时代。

现在学校里学到的知识，特别是大学阶段学到的知识，很可能 20 年后就被淘汰了。所以要让孩子从小养成开放包容的心态，对新生事物，对自己不理解的东西，都能充满好奇心，乐于学习。在未来的大变革时代，这种人能活得更从容。

归纳起来，父母最需要教给孩子的，是理性的思维习惯和健全的人格素养。

这些教育不可能一蹴而就，需要父母长期有意识地引导，像春雨一样，随风潜入夜，润物细无声。更重要的是，这些和早教或补习班的关系都不大，但和父母自身，以及愿意花在孩子身上的时间和精力关系很大。

说到底，父母的格局和境界才是孩子真正的起跑线。

到底要不要买学区房?

买学区房无非考虑两个因素，一是投资赚钱，二是孩子读书。

如果有人买学区房不是为了孩子读书，而是单纯投机炒房，那今天这么做的难度和风险都已经非常大了，很少有人敢这么玩。

如果有人买学区房完全是为了子女读书而压根儿不考虑投资因素，那他至少是身家 5 000 万元以上的上层富豪。但这样的富豪完全可以送孩子去读不需要房票但学费超贵的私立学校，甚至是 12 年一贯制的国际学校，压根儿不需要参加小升初考试以及国内的中、高考竞争，可以一路按照西方国家的精英教育模式来教孩子。

我从投资和子女教育这两个角度分别阐述我的看法。

投资角度

从投资角度看，现在买学区房的不确定性风险比买普通住宅更高，长期投资回报率不见得更高。

最大的不确定性是政策风险，因为国家不希望房价这样疯长，更不希望学区房价格这样疯长。我国楼市调控政策一日三变，学区房政策也可能说变就变。

可能发生的变化有三种。

一是收紧学区房的入学政策。有向前延长时限和向后延长时限两种办法。向前延长是指孩子的户口在达到入学年龄前的2年、3年、5年甚至一出生就必须落在这套房子上，并且户主必须是他的父母，爷爷奶奶或叔叔伯伯都不行。向后延长是指一个学区房户口用过一次入学名额后要间隔3年、5年、7年甚至10年才允许再增加一个入学名额（二孩不受限制）。

这意味着可能你买完学区房后的10多年内，它除了满足你们家的自住需求外，额外利益仅是孩子的入学资格。但为此你可能要支付比买非学区住宅高出少则20%，多则100%的巨额溢价，考虑到学区房动辄几百万元甚至上千万元，学区溢价的绝对值可能也高达几百万元，在长达10多年时间里，你的这笔巨额投资都将被锁死且不产生一分钱利息。

虽然理论上只要孩子入学并且你决定不要二孩就可以抛售这套房子，但因为你刚用掉学区资格，肯定卖不到周边学区房的价格，没人愿意亏钱抛房，所以你一定会等10多年后再考虑卖出。

但10多年后，中国GDP大概率会超越美国，中国已深陷老龄化陷阱，届时一定会房多人少，房价暴涨的根基不在了，你手里的学区房到底是赚是亏要打个很大的问号。

另外，还要考虑到今天中国房产的租金回报率超级低，一线城市只有 1%~1.6%，这说明中国房地产泡沫非常严重。你用 20%~100% 的溢价买了高价学区房，就算以后不住了，这房子的租金也不会比周边非学区的房子更高，所以你的租金回报率会更可怜。

二是变更学区划分。

你买房时，这个小区对口的是重点小学 A，但过了两年，学区划分变了，对应的是普通小学B，这个小区头顶的学区房光环瞬间消失，房价下跌是板上钉钉的事。

上海还有这样的政策：A、B、C、D、E、F 六个小区都属某重点小学招生范围，但僧多粥少，所以逢单年 A、C、E 小区可报名入学，B、D、F 不可以，逢双年反之，和北京汽车限号一个逻辑。但这种政策也可能变。一旦你买的房子突然从学区房变成非学区房，你就欲哭无泪了。

三是彻底取消学区房政策。

如果政府真的下狠手打压过热学区房，也可能会彻底取消现行的学区房政策，学北京购车摇号政策，比如把整个街道 50 个小区和 12 所小学（其中 2 所优秀小学，10 所普通小学）全部打散，靠抽签决定你家孩子到底读哪所学校。如果你刚买好学区房就出这种情况，也是欲哭无泪。

子女教育角度

从子女教育角度看，买学区房的根本目的是希望孩子长大后能在激烈的竞争中脱颖而出，维持或提高阶层地位。但这不是最优方法，更不是唯一的方法。

一个人的命运，既取决于宏观上的时代大环境，又取决于微观上不可知的偶然性。

往大了说，假如你出生在战争年代、动乱时代或商品匮乏年代，你的命运和父辈们会大不一样，你完全无力改变时代大环境。

往小了说，假如有一天你出门横遭车祸，这事没法预测。虽然从概率学上可以分析出这个城市、这个时点、你这种出行方式被车撞的概率有多大，但就算是 0.000001% 的概率被你碰上了，对你和你家人来说就是 100% 的灾难。

这些不可知不可控但真正能决定一个人命运的事，都是学区房或教育无能为力的。遇到这种灾难，人们会向宗教寻求帮助。为什么年纪越大的人越容易迷信？因为看的人和事多了，就越来越发现自己拼命努力的作用可能还不如老天爷开个眼的作用大。即便如此，我们唯一能做的依然是拼命。所以我才说“尽人事，听天命”是最聪明也最成熟的人生观。

说得功利点，决定你孩子未来贫富贵贱的因素主要是五个。除了命，还有出身、天赋、个人努力和教育。

中国人常说富不过三代，强调教育的重要性。但如果你爸爸是世界首富，你再怎么败家，也很难在你这一代就把家业全败光，要败光也要到你儿子那一代才有可能。

富人的孩子不太可能接受很差的教育，自控力往往很强；穷人的孩子也不太可能接受太好的教育，自控力往往很差。就算穷人拼命把孩子送进好学校，父母的眼界、人脉，孩子从小能接触到的世界已经差太多了。富人家的孩子放暑假，爸妈带他去欧洲、美国开眼界，你为了挣钱没时间管孩子，只能把孩子送回农村老家让你爸妈看着。你的孩子对这个世界的认知水平怎么可能和富人家的孩子比呢？

天赋和个人努力对孩子的影响可能也比教育大。

这样的例子随处可见，有些人就算读到博士依然是高分低能，情商极低，生活白痴，不会恋爱，不会社交，更不可能用创新思维去创业。只有高中学历甚至初中就辍学的孩子，为谋生计，不得不早早闯荡社会，但智商和情商极高，又肯拼命，自学速度极快，也完全可能成就一番大事业，这样的励志故事比比皆是。

你看，学区房只能决定你的孩子所读小学的教学质量比其他学校强点儿，因此未来上教学质量更好的中学的概率会更大，如果上了这类中学，未来上优秀大学的概率会更高。但这一切仅仅是概率，并不能完全决定他未来的中学和大学也能继续高开高走。高考成绩好坏，与运气、天赋和努力都有很大的关系。

说极端点，妈妈是重点高中特级教师，孩子能免试进重点高中，加上妈妈平时亲自给孩子开小灶，但孩子高考连二本都考不上，这种情况很常见。

就算你的孩子天资聪颖又上进，一路披荆斩棘，杀敌无数，考进“双一流”，也只代表他在现行应试教育体制下表现优异。现代教育的本质是阶层竞争的工具。我们的高考数学卷可能比美国大学数学系的考卷还难，这不是为了培养数学家，也不是为了锻炼学生的逻辑思维，这就是为了做残酷的选拔，谁叫中国人多资源少，一个个都铆足劲想出人头地呢？可你会解最复杂的微积分题目也不代表你有很强的工作能力，因为绝大多数普通人一辈子在工作中都用不到微积分。

再退一万步说，就算你的孩子是全能学霸，同时接受了最好的应试教育和素质教育，这对他工作后到底能赚多少钱的实际影响，可能还是排在命、出身、天赋、努力的后面。所以父母今天为孩子买学区房的“因”，和孩子长大后能维持或提高阶层地位的“果”之间，还充满了太多的未知数。

如果你完全不差钱，当然可以为了提高孩子成才的概率这么做，但如果为了买学区房需要你拼尽全力，甚至过度负债，直接影响到当下生活的稳定和安逸，是否还有必要这么做，就值得你好好权衡了。

有得就有失，如果买了过于昂贵的学区房，不仅要承担巨大的投资风险，还要背负更大的房贷压力，这会大幅提高内心的焦虑感，让我们不得不花更多的时间来拼命挣钱，结果不但牺牲了当下的生活品质和健康，也失去了陪伴孩子度过美好童年时光的机会。

想想我们自己的成长经历就知道了，孩子 18 岁成年后，受父母的影响就很小了。13—18 岁的叛逆期，孩子也容易不听父母的教导，更容易受同学、老师和社会（网络信息）的影响。

从孩子两三岁有完整的语言表达能力和认知能力开始到 12 岁，最宝贵的亲子时间不到 10 年，一晃就过去了。如果为了一套学区房，你不得不把更多的时间花在工作挣钱上，对你、对孩子、对这个家庭而言，可能反而得不偿失。

在要不要买学区房的问题上，还请三思而后行。

给力嫂的小情人的一封信

“力哥”的由来

现在是2015年12月1日，距离你降临人间已进入最后倒计时。刚刚爸爸在网上看完了和我年龄一样大的美国富翁、脸书（Facebook）创始人扎克伯格叔叔写给他女儿的一封长信，读完颇多感慨。作为一个靠文字工作为生的人，作为一个即将成为父亲的人，我想我也有责任给你写一封信，让你知道，我作为父亲，在你身上都寄予了哪些希望。

父母给孩子起的名字，最能体现父母对孩子寄予的期望，所以我想先从你的名字入手来解释这个问题的答案。

但在说你的名字之前，我想先聊聊爸爸的名字的由来。

爸爸出生在1984年的上海，那一年，你的爷爷奶奶虽然都在上海工作、生活，但奶奶的户口却在黄山脚下的安徽歙县。将来你上中学，学了中国现代史就会知道，从1966—1976年，中国爆发了一场席卷全国的政治运动，这场运动改变了你爷爷奶奶那一代人一生的命运。

当时，奶奶正好初中毕业，成了城市青年“上山下乡”向贫下中农学习的一分子，而她的户口也从过去的上海城市户口变成了安徽农村户口。在那个计划经济时代，户口在一定程度上可以决定一个人的命运。一个人的工作、住房、医疗、子女上学，甚至日常生活的柴、米、油、盐、酱、醋、茶的配给量都是由户口决定的。

等到爸爸出生时，奶奶的户口依然是农村户口，根据当时的政策规定，爸爸的户口只能跟着奶奶走，所以爸爸的户口也落在了安徽农村。用奶奶的话说，爸爸将成为一个“乡下人”。这不仅是一件让她感到非常丢脸和失望的事，如果中国在过去30年里继续走计划经济的道路，那不仅爸爸将来在名义上是一个“乡下人”，实际上在未来上学、就业等很多方面，也的确会受到一个“乡下人”的待遇。

在爸爸出生的时候，你奶奶相信她已经无力改变爸爸将是一个“乡下人”的命运，今后想要重新从“乡下人”变回“城里人”，只能靠爸爸长大后自力更生和自我奋斗，所以她决定给爸爸起名为“力”。

尽管爸爸从懂事起就一直不喜欢这个名字，觉得很土气很没有文化内涵，但当爸爸想要建立个人品牌做理财自媒体的时候，也只能自称“力哥”这个我自己也不是很满意的昵称。但是没办法，一个人的名字本就不是用来体现自己的个人意志的，而是用来体现你父母的意志的。因为人的生命是父母给予的，把他们自己的意志深深烙印在跟随你一生的名字上面，既是他们的责任，也是他们当仁不让的权利。所以哪怕你奶奶是个目不识丁的乡间老妪，给你爸爸取名“二傻”“三呆子”什么的，爸爸也会无条件接受，并且依然一辈子感恩你奶奶给予我生命并抚育我长大的无以为报的似海恩情。

之所以和你聊爸爸的名字，是想告诉你，每一个人的名字背后都有一个故事，有时候不仅是一个家庭的故事，也是一个时代的故事。对于你奶奶那一辈人来说，“文化大革命”不是历史课本上的一段文字介绍，而是深深印在他们生命里的一段永远抹不去的记忆。而对你爸爸来说，“文化大革命”既是历史课本上的文字介绍，也是你奶奶从小到大在我耳边唠叨的口述史。但对你来说，这个在你出生前近40年就已经结束的历史事件，将仅仅只是历史课本上的一段文字介绍，它不会在你生命中留下任何印记。

这就是这个世界上最伟大也最恐怖的力量——时间。

命运的力量

在过去100多年的时间里，由于科技的飞速进步，政治的风云变幻，时代的快速变迁，每一代中国人的命运都和他们的父辈有着天壤之别。

在你出生的100年前——1915年，你奶奶的爸爸也就是你的外曾祖父出生了。那一年，袁世凯执掌的北洋政府部分接受了日本提出的“二十一条”，在国内引发了激烈的抵制日货运动。随后面对共和乱象，袁世凯决定恢复帝制，但由于把原本对外宣称的君主立宪制变成了实权君主制，政权得不到民心，很快就被推翻了。

此后，中国陷入了军阀割据混战的糟糕局面，直皖战争、直奉战争、北伐战争、中原大战、第一次国共内战……你的外曾祖父就诞生在这样一个混乱、贫穷、愚昧、落后的中国。而在他人生中最宝贵的20岁到40岁这段时间里，他经历了抗日战争、国共内战以及共产党军队胜利后新中国成立初期那段大破大立的混沌岁月。

爸爸料想这期间最让他难忘的恐怕是这么两件事。

一是他26岁那年（1941年），由于日军在上海戒严，他的大女儿因为生病得不到及时医治，病死在他的怀抱中。二是他33岁那年（1948年），受赵丹引荐（没错，就是你知道的那个电影明星赵丹），他曾经有机会可以去日本展开全新的事业和人生，但是为了家人，他考虑再三，最终选择了放弃，留在了国内。

这些人生经历恐怕是他的父亲，你的外高祖父，一位民国时期的皖系军阀的排长，在1915年时绝对想不到的。而当你奶奶在1955年出生的时候，想必你的外曾祖父也绝对想不到，他最疼爱的小女儿在17岁的时候就会被迫背井离乡……

这就是命运。

同样的，在1984年，你的奶奶恐怕绝对想不到爸爸会在过去31年的时间里经历那么多事情。如果奶奶直接从1984年穿越到2015年玩微信摇一摇抢红包，她的感受恐怕会和经历过奇幻漂流后的少年派一样——感觉不可思议，就像做梦一样！

或许奶奶做梦也想不到，就在她近乎绝望地给爸爸取名“力”后的第三年（1987年），因为邓小平主持的户口新政，爸爸的户口跟随奶奶的户口一同从农村回到了上海，成了名正言顺的“城里人”。奶奶在爸爸名字里寄托的厚望，在爸爸只有3岁的时候就已经轻松实现了。

在今天，附加在户籍制度上的不平等已经比30年前少了很多。但现在的户籍制度依然在教育、医疗、买房等领域人为制造了一定的不平等，爸爸希望也相信，等你长大以后，附加在户籍制度上的不平等将会彻底消失。

或许你的爷爷做梦也想不到，在爸爸只有21岁还在上大学的时候，他就会因为一场突如其来的重病离开了人世，没有机会看到爸爸此后大学毕业、工作、结婚、买房、创业等一系列精彩的人生故事，以及最激动人心的一幕——你的诞生。

或许是命中注定，奶奶当初认为只能靠爸爸长大后自力更生来改变自己的命运，在21年后竟然以另一种方式实现了——当爸爸离开学校，进入社会以后，我的背后不但没有站着一个“富爸爸”，甚至连一个“穷爸爸”都没有，我只能自力更生，用我自己的才智和奋斗改变自己的命运。我不认为这是命运对我的不公，反而认为这是命运对我的眷顾，命运是想告诉我，什么样的人生才是真正有意义有价值的。

当爸爸的事业刚刚小有成就，但未来依然面对许多不可捉摸的变数时，你来到了我的身边，让我的生命从此进入一个崭新的篇章。

这，也是命运吧。

融儿的诞生

爸爸妈妈商量后，决定也给你起一个简单又不简单的名字——融。

融的第一个寓意是“金融”。爸爸的工作是专门传播金融理财知识，当然不希望自己的孩子成为一个金融理财知识的门外汉，更何况这方面的知识本身就是一个生活在21世纪的现代人必备的。但我不会要求你长大后也从事金融理财行业，你可以从事任何一个你喜欢的行业。

融的第二个寓意是“融会贯通”。爸爸希望今后你在认识这个世界的过程中，能够把你在课本上学到的各门学科知识，以及你在生活实践中学到的各种知识融会贯通，独立思考，综合运用，去其糟粕，取其精华，形成你自己的知识和思想体系，千万不要读死书，死读书。希望你不但能成为一个有知识、有学历的人，更要成为一个有见识、有见地的人。

融的第三个寓意是“融合、融洽、圆融”。这是你妈妈对你最大的期望，也是爸爸对你的期望之一。希望你今后不管在家庭中，学校里，工作中，还是社会上，都能够与外界环境融洽相处，融合在一个又一个群体中。而这种融洽的人际环境，反过来应该也能让你过上更加其乐融融的生活。

融的第四个寓意是“冰雪消融”。“融”这个字本意指的是固体受热变软或化为液体，爸爸希望你长大后是一个有温度的人，一个积极阳光的人，一个能向社会传递正能量的人，一个内心柔和谦卑的人，一个能用自己的言语和行为软化他人刚硬之心的人，一个能让这个世界减少一点儿纷争，增添一丝温暖的人。

融的第五个寓意是“融远”和“融光”，这两个词都不是今天的常用词，更常见于古诗文。“融远”是“长久、深远”之意，“融光”

则指“明亮的光”。北宋诗人梅尧臣有诗曰：“日月融光盛，山河王气增”。这两个“融”的解释合在一起，意味着爸爸希望你能一生跟随“永远的光”。

耶稣说：“我是世界的光。跟从我的，就不在黑暗走，必要得着生命的光。”光是这个世界上最奇特的物质存在，它既是粒子，又是波，它虽然在静止状态下没有质量（牛顿力学语境中），却是地球能量最主要的来源，而一旦超越光速，理论上可以逆转时间……所以光的存在本身就是物质世界的一大奇迹。而爸爸相信，2 000多年前拿撒勒人耶稣的诞生是人类有史以来一个无法用理性和逻辑解释的最大的奇迹，爸爸穷尽自己的智慧也无法否认这一点。

当然，爸爸说的这段话永远无法被科学证实或证伪，爸爸不希望你无条件接受我所说的，而希望你在漫长的人生道路上，用自己的眼睛去观察，用自己的大脑去思考，用自己的心灵去感受，从而发现真正能让你信服的真理。

“融”这个字里，寄托了爸爸妈妈希望你今后对待理财、对待知识、对待他人、对待社会、对待自己的生命以及真理应有的态度。

父亲的忠告

除了让你知道我们在你身上都寄予了哪些希望，爸爸还想送给你一些基于我的人生经验总结的忠告，帮助你在今后的人生道路上少走弯路。

然而爸爸也只经历了31年人生，爸爸自己也还在不断学习和自我改进，尤其是今后还要在实践中学习如何做一个称职的父亲，所以我很担心在飞速变化的时代中，今天爸爸送给你的忠告在10年、20年、30年之后将不再适用。毕竟过去100年中，每一代人都有每一代人的时代命运，每一代父辈的人生经验都很难完全套用在孩子的身上。所以思来想去，爸爸想把这三句话送给你，希望你能永远记住。

第一句话：面对世界的变化无常，希望你永远保持一颗开放包容的心。

爸爸是一个喜欢读历史的人，所以我深深意识到，在今天这个时代，历史经验能告诉我们的未来已十分有限，因为知识和观念更新换代的速度正变得越来越快，人类已经从持续数千年的前喻时代快速进入后喻时代。在这个时代，年长者长年积累的经验正变得越来越不如年轻人旺盛的生命力、学习能力和创新能力重要，甚至很多时候，你长期积累的经验反而成了你赶上时代发展步伐的阻碍。

在未来漫长的岁月中，当80后的爸爸妈妈和10后的你之间因为某个事物产生观念或态度上的激烈碰撞时，可能爸爸妈妈会取得阶段性的胜利，但往往最后胜利的一方还是你——因为时间的天平永远站在你那一边，没人能够打破新陈代谢的铁律。

你要知道，从你诞生的那一刻起，你和爸爸妈妈之间就开始了一场不平等的较量。爸爸妈妈会一天比一天衰老，而你则会一天比一天强健，爸爸妈妈的记忆力会一天不如一天，知识结构会一天比一天腐旧老化，甚至有一天可能会完全跟不上时代发展的步伐，而你则会对新知识新事物过目不忘，了如指掌。但是不要忘了，任何人都有衰老的一天，你也不例外。所以为了尽可能避免自己被时代淘汰，尽可能避免自己的固有观念与时代的变迁产生强烈的冲突，请永远保持一颗开放包容的心，去接受世界的变化无常。

第二句话：面对生活的挫折与磨难，希望你永远保持一颗积极乐观的心。

未来永远是个谜，我们不知道幸运女神哪一天会突然降临，我们也不知道死神何时会不期而至。疾病、意外、学业受挫、婚恋不顺、事业受阻、投资失利……你在未来的人生道路上随时可能会遭遇各种不确定性事件，我们从诞生那一刻起，人生中唯一的确定性是我们将注定走向死亡。

爸爸不知道未来能陪你走过多长的人生旅程，这既取决于爸爸不可知的寿命，也取决于你未来不可知的人生选择。你可能会选择移民出国，让爸爸长久无法见你一面；即使你和爸爸生活在同一个城市，但为了应对繁忙的工作，为了照顾你的妻儿，可能你每个月和爸爸见面说话的时间也很有限；如果不出意外的话，爸爸妈妈都会先于你离开这个世界。

命运经常会和我们开玩笑，喜剧有时会转瞬变成悲剧，悲剧又会在不经意间变回喜剧。面对命运的捉弄，很多时候，我们往往只能接受。当幸运和快乐降临的时候，自然万事大吉，但当挫折和磨难降临的时候，才能真正看出人和人之间的差别。

这时候，不管爸爸在不在你身边，不管你面对多大的困难，承受多大的痛苦，都请永远不要丧失希望和信心，继续保持一颗乐观的心。你要相信，除了死亡，人生中没有什么坎儿是过不去的。爸爸相信你将来一定会成为一个顶天立地的男子汉！

第三句话：面对世界的疾病与丑陋，希望你永远能保持一颗有爱的心。

人类是一种很奇特的存在，既有真善美的光明面，也有假恶丑的黑暗面。当你长大以后，你会发现这个世界并没有你想象中的那么纯洁美好。尽管今天的人类已经进入有史以来最美好的时代，但依然面对诸多问题的严峻挑战，无论是人与人的关系，还是人与自然的关系。

传统道德观念和信仰的沦丧、战争和核威胁、宗教极端主义引发的恐怖主义狂潮、癌症、艾滋病、各类致命性的变种病毒、环境污染、温室气体大量排放导致全球变暖进而导致海平面不断上升、生物多样性和文化多样性的快速丧失、经济危机、能源危机、人口危机、老龄化危机、贫富差距拉大……大同世界远没有到来，相信在未来的人生道路上，你一定会逐渐感受到这些问题带来的挑战。

面对这些事关人类未来命运的宏大叙事，我们每个普通人的作用或许都非常有限，但不管科技如何进步，不管制度如何改革，不管文化如何演变，做人的道理是永远不会变的，那就是保持一颗有爱的心——爱自己，爱他人，爱国家，爱地球，爱这个世界。尽管有时候他们看上去是如此冷漠残酷，不值得我们付出那么多。

开放、乐观、有爱，如果你的心中拥有这三个因子，爸爸不敢说你长大后一定能过上非常优渥的物质生活，但即使你的物质生活没有那么优渥，你精神世界的幸福感也不会很低。

总之，爸爸希望你能成为一个快乐的自由人。你可以自由选择你所爱的，一旦做出了选择，你就要爱你所选择的。你在生活中尽量不要和他人攀比，只要跟随自己内心的声音，走自己认为正确的道路，过自己希望过的生活就可以了。

儿子，我爱你

最后，欢迎你来到这个世界，相信你的到来会给爸爸、妈妈、奶奶、外公、外婆等这个世界上你最亲的人带来许多烦恼，以及更多的欢乐和希望，我们已经为你的到来做好了充足的准备！

我甚至已经迫不及待地在幻想你成年后，我和你妈站在你婚礼的舞台上，我的眼角布满皱纹，眼中饱含泪水地对来宾发表答谢词的场景了。当然在那一刻，你和你的妻子才是当仁不让的主角，喜欢表现幽默的老爸绝不会抢了你们的风头。而那一刻的到来，也将宣告我未来人生中最重要的使命胜利完成！

最后，爸爸想告诉你，相信成长在战争年代的外曾祖父会羡慕奶奶能成长在和平年代，相信成长在物质生活极度贫乏和精神生活极不自由的时代的奶奶会羡慕爸爸能成长在物质生活越来越优渥，精神生活越来越丰富的时代，而身为80后的爸爸同样也会对10后的你感到羡慕与嫉妒，因为你不仅出生在和平年代，而且你出生时的物质生活水平比爸爸出生时好太多太多了，你未来成长道路上所能获取的学习资源也比你爸爸在学生时代所能得到的资讯要丰富得多，而你长大以后所能企及的人生广度和人生高度，可能也是今天的爸爸望尘莫及的。

没错，和你的祖祖辈辈相比，你是我们家族中最幸运的一代！

请相信，明天会更好，不管是你的明天还是人类的明天！

请相信，爸爸爱你！

看到这里，你是不是已经对你将要展开的人生画卷感到一丝小激动呢？

理财 · 退休规划

30 年后，你靠什么养活自己？一靠多生孩子，二靠投资人工智能主题的指数基金。

——力哥

30 年后，你拿什么养活自己？

最稀缺的刚性需求

年轻人走出校园后，总觉得天高地广任我行，年轻就是无极限，我的未来不是梦，根本不会考虑养老问题。

等过了 30 岁，面临结婚、买房、育儿等人生重大事项时，回顾自己不算特别如意的职场岁月，摸摸口袋里并不算多的积蓄，看看头上开始出现的丝丝银发，便会开始忧虑自己未来的养老问题。

普通人在 60—65 岁会面临退休生活，所以当一个人处于 30—35 岁时，难免会在夜深人静时，脑中闪过一个问题：30 年后，我拿什么养活自己？

很多人的第一反应是：房子。然而在人口不断递减的新时代，现在买的房子，30 年后真能养活我们吗？

那答案是钱吗？老人多年轻人少，意味着领养老金的人多而交养老金的人少，养老金严重亏空，央行自然就会开足印钞机印更多的钱，导致更严重的通货膨胀，所以钱会更不值钱。

那是黄金、石油、古董字画或者比特币吗？似乎也很难说得过去。

你再仔细想想，30 年后，你真正需要的是什么？

这么多年来，中国大兴土木盖了多少房子，你会没地方住吗？科技发展到今天，食物、衣服、汽车都不再是难以生产的商品，所以衣食住行都不是大问题。除了这些，你还会有什么刚性需求？想想现在的老人，他们最需要的是什么？有人陪护！

老人得有人随时给他们量血压，做检查，得有人随叫随到保护他们的安全，得有人帮他们做饭、拖地、洗衣服，做这些不复杂但很累人的家务活，得有人帮他们染发、捶背、剪指甲，如果行动不便，还得有人每天伺候在身边，把屎、把尿、擦身、喂饭，甚至还得陪他们唠嗑、逗趣、讲新闻，这样他们才不会孤独寂寞，生出自己被快速变化的时代淘汰了的自卑感甚至患上老年痴呆症。

请问，这些活儿你愿干吗？

我们这代深受消费主义和享乐主义思潮影响的年轻人不愿意做这种毫无成就感的脏活累活，你又能期待我们的下一代中有多少人愿意干这种活儿呢？如果下一代都不愿意干，那就只有用经济杠杆刺激他们来干。这意味着，到时候让他们来为你提供这些养老服务的费用将极为高昂，远超未来 30 年的综合通胀水平，甚至超过你坚持长期投资的复利回报！

这才是我们老了以后最稀缺的刚性需求。

我曾看过一则新闻，说上海老龄化太严重，导致上海出现了严重“阿姨荒”，于是街道想了个办法：有些60多岁的老人眼下身体还不错，但80多岁的高龄老人大多要人照顾，不如现在让这些60多岁的老人为80多岁的老人提供养老服务，然后记录在册，等他们到了高龄，也可以请更年轻的退休老人来照顾他们。这相当于能跨越时间的劳务券。但现在60多岁的老人未来享受到的养老服务一定会缩水，因为到时候能提供服务的人一定更少。

货币的本质是购买力的凭证，但纸币是最不靠谱的凭证。因为它每时每刻都在缩水，如果现在我们提供一份劳动付出，获取一份等价的劳务券，等30年后由我们的后代提供养老服务，这才是最靠谱的养老对策。只可惜，世上没有这种劳务券。就算有，因为人口代际衰减，到时这种劳务券八成也会成为空头支票。

至此，终极答案呼之欲出。

终极答案：多生孩子

在30年后人口高度老龄化的新时代，想要安心养老，最靠谱的投资是现在多生孩子！

首先，孩子对你有法律上的赡养义务，他必须为你养老送终。

其次，孩子为你提供的养老服务，和你从市场上不知道谁家孩子那里买到的服务有本质区别。后者和你之间仅是雇佣关系，更准确地说是劳务合同关系，因为你给钱他才来照顾你，你没钱或者他的工资涨到你承受不起时，对不起，他就会拍拍屁股走人，他和你没有任何法律、道义或情感上的羁绊。

更何况，到时养老服务严重供不应求，年轻人奇货可居，他很可能会敷衍了事，如果你不满意，也不一定能换到更好的。更糟糕的是，就像频频曝光的幼儿园虐童事件一样，到时你很可能老眼昏花，行动不便甚至瘫痪在床，你在这个年轻的“保育员”面前也像孩子一样是毫无反抗能力的待宰羔羊。

事实上，哪怕就在今天的中国，在许多低端养老院里，阿姨虐待老人的情况远比保育员虐待小孩的情况多得多，只不过媒体和公众很少关心罢了。

但孩子和你有血脉亲情，他对你有爱、有责任、有羁绊，你们有温暖的共同记忆，他会用心照顾你的生活，努力让你活得更快乐。

不过第三条原因才是最重要的。人是财富最终的消费者，也是财富最初的创造者，深度老龄化时代，最稀缺的不是钱、不是房子、不是黄金、不是比特币，而是年轻人本身！

如果你生了个孩子，悉心教育他，把他培养成一个才能卓越的人才，能在社会上找到收入相对较高的的工作，用他赚到的钱反哺你的养老需求，这才是解决问题的终极王道。

然而任何投资都有风险，生孩子也不例外。

一是如果你的孩子在成长过程中不幸夭折，那投资就都打水漂了。今天中国失独家庭千千万，所以从投资角度看，生二孩具有分散单一投资风险的重要战略意义。

二是和智育相比，德育一定程度上要拼人品。一对父母教育出来的五个孩子，两个有孝心三个没良心，这种事很常见。更何况孩子长大了也会有自己的生活和压力，如果是儿子还要应对媳妇的挑战，到底能分出多少时间、精力和金钱为你养老，也有不确定性。

过去，人们认为生孩子是赚钱的生意，因为只要保证孩子吃饱长大，就能成为劳动力反哺家庭，甚至等女孩长到14岁就可以当财产一样嫁出去换一笔可观的彩礼，补贴家用。

过去40年，却有越来越多的人意识到生孩子是亏钱买卖。因为只生一个孩子，父母对这个孩子寄予极高期望，用在孩子身上的钱，尤其是教育投入，占家庭大半收入，今天那么多家长拼死要买学区房也是这个道理。

静态算这笔账，的确很亏。但用发展的眼光看，如果把30年后深度老龄化时代年轻人能创造的价值也算进去的话，只要你活的时间足够长，你的孩子又还有点儿良心，说不定这很可能会成为一笔赚钱的买卖！

尽管生孩子要面临上述风险，但和不生孩子所面临的养老风险相比，风险还是小得多。这就和我们理财也要冒各种风险，不一定人人都有美好的结局一样。但如果你不理财，永远把钱存银行，那毫无悬念，未来你只有死路一条。

B计划

对于笃定不要孩子或因为穷而不敢要孩子的年轻人来说，30年后的晚年生活，真的就一片灰暗了吗？

还是回到人类的基本需求来思考问题。

因为技术进步，尤其是人工智能技术的进步，促使今天生产许多满足基本生活需求的商品变得越来越容易，无论是种粮食、盖房子，还是造汽车、造手机。

未来随着人工智能技术的进一步发展，人工智能能不能代替更多目前只有人类才能完成的精细化劳动呢？比如给瘫痪在床的老人擦身喂饭。如果给人类30年时间，这种科幻片里的场景有没有可能变成现实呢？

回想30年前的1989年，内地人第一次通过当时如日中天的港片知道了一种不连电线也能打电话的“砖头”，名为“大哥大”。当时第一批吃螃蟹的广东老板买一部“大哥大”要2万元，还要入网费6 000元，折算为今天的人民币购买力，相当于200多万元。

如果30年后，人工智能技术已成熟到能为人类提供精细化服务，那除了情感需求，孩子或阿姨能提供的大部分养老服务，人工智能都能代替，那岂不是不生孩子也能解决养老问题了吗？

当越来越多的人选择不生孩子，享受生活，人类后代变得越来越少时，也就意味着，人工智能要赡养的将不仅仅是老人，而是全人类。然而这是太过遥远的以后的事，现在留给我们这代人的准备时间只有30年。

更糟糕的是，就算30年后，最尖端的人工智能技术达到了这样的发展水平，但是从最初的突破性创造到被批量化大规模生产的商业化运用，还有一段不断降低成本的漫长道路。过去20年，智能手机和新能源车的发展史已证明这一点。

即使乐观估计，到时有企业能提供人工智能养老服务，也会价格不菲。因此又有一个可以从根本上解决养老问题的对策，就是购买研究人工智能技术的上市公司的股票。将来它们的研究成果获得巨大成功并取得丰厚利润时，你作为股东，一样能赚够让人工智能为你提供养老服务的钱。

然而科研有巨大的不确定性，谁又知道哪家企业未来能拔得头筹呢？所以买一两家你看好的人工智能概念股票，就不如买人工智能指数基金。基金本身会不断帮你大浪淘沙，去粗取精，找到一揽子最优秀的人工智能领域的股票。

而且这样的指数基金，不能只买 A 股市场的，还得买美股市场的，因为目前在人工智能研究领域最先进的上市公司大多在美国。

按照《人类简史》和《未来简史》的作者尤瓦尔·赫拉利的说法，人类历史上真正具有划时代意义的革命只有三次：7 万—2 万年前的认知革命、1 万—5 000 年前的农业革命，以及过去 200 多年来的科学革命。今天，我们正站在第四次革命的入口——人工智能革命。不管你信不信，反正我不敢完全不信。

买人工智能指数基金，看基金历史回报或指数历史回测表现都没多大意义，因为我们买的是人类历史上从未经历过的没有任何历史经验可以参考的东西。或者说，我们是在赌人类的未来。

回到之前的问题：30 年后，你拿什么养活自己？一是孩子，二是人工智能主题指数基金。

最佳的资产配置组合是两个孩子（最好一男一女）和一堆人工智能主题指数基金，从而实现对未来科技发展不确定性的完美对冲。

如果你生不起两个孩子，次佳的组合是一个孩子和一堆人工智能主题指数基金。

如果你一个孩子也不愿意生，那就得买一大堆人工智能主题指数基金。

当然，人工智能主题指数基金只是孩子的 B 计划，终究不能完全代替孩子，生孩子可能还是最靠谱的王道。

生育力才是第一生产力

21 世纪是争夺人口的世纪，谁能获得更多的人力资源，谁的未来就更美好。

邓小平当年说，科学技术是第一生产力，这句话对当时的中国来说是成立的。1840 年时，中国人口已过 4 亿，而英国只有 1 000 多万人口，但中国就是打不过英国，比中国人口少不了多少的印度更是完全成了英国的殖民地。可见光人多没用，如果这些人都是愚昧无知、顽固不化的，就没办法发展经济，保家卫国。

科学技术是第一生产力也可以理解为教育是第一生产力。只有启迪民智，普及科学，让老百姓建立起现代化的知识结构和观念，这些优秀的人力资源才能转化为强大的生产力，这个民族才能真正崛起。这既是当年人口只有中国 1/10 的日本能对中国发动侵略战争的原因，也是后来日本战败后很快崛起的原因。

对发达国来说，基础教育早已全民普及，高等教育覆盖率也非常高，国家富有高素质人才，教育就不再是第一生产力，生育力才是第一生产力。

中国的生育率

中国在生育力上的表现如何呢?

今天全世界生育率最低的国家和地区是新加坡、中国澳门、中国台湾、中国香港、韩国和日本，其中最低的新加坡只有0.8。

2015年中国的生育率是1.23，依然处于极低水平，其中北京0.707，上海0.737，比新加坡还低，另外年轻人大量外迁的东三省生育率均低于1。

要知道，和平年代，总和生育率必须达到2.1才能达到生育更替水平，也就是平均10对夫妻必须9对生2个孩子，1对生3个孩子，才能保证这个国家的人口不会世代递减，如果大部分人只生1个孩子，还有些不肯要孩子，少数人生2个孩子，这个国家未来的人口一定会不断减少。事实上，全球发达国家走向后现代化的过程中普遍遭遇了低生育率的冲击。

市场经济环境下，人们普遍把更多甚至全部的时间和精力用来追求物质财富，对低收入阶层来说，他们不愿为了生育孩子而背负更大的经济负担，影响自己追求富足生活的步伐；对高收入阶层来说，他们同样不愿为了生育孩子而背负时间和精神上的负担，影响自己追求自由人生的步伐。结果就是发达国家的人口出生率持续下滑，进而出现人口持续减少的局面。

可为什么整个儒家文化圈在短短30年里突然变得比欧洲人更不

爱生孩子了？思来想去，或许儒家文化圈的国家普遍的高房价是一个重要原因吧。

儒家文化鼓励入世建功名、争利禄，同时又有很重的土地情结，光宗耀祖以证明自己的存在感和奋斗价值的最重要的物化表现就是拥有土地和房子，尤其是大宅子。买不起房子的年轻人，或者买了房子但背负沉重月供压力的年轻人，在生孩子的问题上难免会有所犹豫。而日本近年来生育率的小幅回升，或许和日本房价的持续低迷有一定关系。

微观上看，生育是每个家庭的自由，如今社会竞争压力这么大，房价这么高，不生或少生孩子或许更符合家庭的经济理性。但宏观上看，如果一个国家的大部分国民都选择不生或少生孩子，这个国家难免前途堪忧。

如果从民族大义的视角看，在力所能及的情况下，年轻人还是多生孩子吧。

社保交满 15 年后，能不交了吗？

养老第一支柱

我们未来养老的第一支柱是政府发的养老金，我们每月强制缴纳的社保中，一大半都是养老保险。

社保很贵，压得很多利润微薄的小企业喘不过气来，有些小企业甚至违法不给员工上社保，员工为了保住饭碗，也不敢维权。而那些没有单位挂靠的个体户和自由职业者，只能自己掏钱缴社保，肉痛，心更痛。于是经常有人问我：有没有必要自己掏钱交社保？

我的回答永远斩钉截铁：一定要交！再穷也要想办法上社保！

社保里面，其他项目作用都不大，但短期看，医保作用巨大，绝少不了；长期看，养老保险影响深远。

至少到你老了，就算钱都被骗光败光了，儿女统统不孝，国家每月给你发的这点儿微薄的养老金，再不济，也够你一天三顿的阳春面，外加一个荷包蛋，你就不会饿死。

还有不少人会问，我父母是农民，从没交过社保，现在有机会一次性拿出几万元补交社保，到法定退休年龄后，就能像城镇职工一样拿养老金，要不要咬咬牙交上呢？

理解了我上文说的，这个问题的答案也就不言而喻了。

真正不容易回答的是接下来的第三个问题。

根据我国现行办法，到法定退休年龄时，如果累计社保没交满15年，就把你社保个人账户里的钱一次性退给你，国家不再给你发养老金了。只有交满15年，退休后才能享受养老金待遇，发到你老死为止。那是不是我只要交够15年，往后就不用再掏这笔"冤枉钱"了呢？

答案因人而异。

短期看，社保中最重要的是医保，如果社保停缴，医保也就断了，未来就会面临非常大的医疗风险敞口。所以如果没有企业能给你交社保，自己经济条件又实在太差，那社保中的养老保险和其他保险可以停交，但医保一定要咬牙继续交，千万不能断。

到退休后，你就可以不用继续交医保，反而能享受到最优厚的医保待遇了。

如果你条件没有那么差，那建议你还是继续交包括养老保险在内的完整社保，但仅仅以政府规定的最低标准交。

我国现行的社保（国家）养老金由两部分组成。为了体现社保的全民福利属性（托底属性），社保必须劫富济贫打统账。但如果都打统账，就会大大挫伤有钱人的缴费积极性。反正交多交少最后都被统筹，少交划算，多交充公，就会形成逆向激励，有钱人也都按照最低标准交，养老金就会入不敷出。所以就需要有一部分资金进入个人账户，交的多，以后拿的多，交的少，以后拿的少，这才更公平。为了同时兼顾养老金的福利性质和参保人的缴费积极性，社保养老金分成了养老金统筹账户（基础养老金）和养老金个人账户两个部分。

养老金统筹账户

先看统筹账户。它的计发公式很简单，以参保城市上年度的社会平均工资和本人月平均缴费工资的平均值为基数，每多缴费 1 年，多计发 1% 的养老金，缴费时间越长，基础养老金待遇越高。

比如我 1984 年出生，2007 年开始参加工作交社保，不考虑延迟退休问题，到 2044 年，我满 60 周岁后，就能拿养老金了。

2045 年 1 月，我拿到的第一笔养老金，就是这个基数的 37%。

当然，我实际拿到的比例不一定正好是 37%，而是 36%～38% 之间的某个小数，因为缴费不满 1 年的零星月份，会按照每月 0.083% 的方式折算进去。

这个公式告诉我们，基础养老金的高低，主要取决于三个因素：一是你工作时参保地的经济发展水平，二是你缴费的平均工资高低，三是你缴费的时间长度。

其实这个公式是后来改过的，以前只考虑第一个和第三个因素，不考虑个人的缴费基数。由于很多省份养老金亏空很厉害，为了尽可能激励参保人多交费，增加养老金收入，所以就加入了第二个因素。

可见，想增加基础养老金，办法有三。

一是尽量选择在经济发达城市交社保，因为经济越发达，职工平均工资越高，未来基础养老金的基数也越高。中国的城市工资排名几乎和城市房价排名一模一样，前五位都是北、上、深、广、杭。所以在这些一线城市交社保，以后能拿到最多的钱。但这些城市的房价高、物价高，生存压力大，况且平均工资高也意味着现在的社保缴费下限也相对更高，当下交社保的负担也更重，一般人不太可能为了以后基本养老金基数高一点儿，就特地换一座城市交社保，所以这个办法可以不考虑了。

二是尽量提高现在社保缴费的基数。可我们就是嫌眼下社保缴费太贵，所以才想要断交不是？所以这条也不考虑。

三是尽量延长缴费时间。这条倒是可以做到。

毕竟现在每多交一年，以后就能多拿 1%，退休后活的时间越久，这笔买卖就越划算。

假如我坚持交到 2044 年，退休后基础养老金能拿 8 000 元，但我到 2022 年交满 15 年后就立马停交，坐等退休拿钱，届时只能拿到 3 243 元，差距还是相当大的。

不过也别多交，按当地最低标准交就可以了。

养老金个人账户

再来看个人账户。

根据你的退休年龄，对应一个“计发月数”，用你退休时个人账户里积攒的所有本息除以计发月数，就能得出你每月领取的个人养老金数额。退休时年龄越小，计发月数越多，养老金待遇越低，反之亦然。

比如到2044年，我的个人账户攒了60万元养老金，按现在标准，60岁领取养老金的计发月数是139，今后我每月能领到的养老金就是4316.54元（600000/139=4316.54）。

假如很不幸，我50岁时因公致残，丧失劳动能力，不得不申请提前退休，养老金计发月数就是195。

假如我体力好，不差钱，还想继续为社会主义事业多奋斗几年，我的计发月数就是56。

说白了，这个计发月数，就是政府和你之间，以你的寿命为标的，进行的一场对赌。

对50岁退休的人来说，政府觉得你未来还能活16.25年，所以按照195个月来给你记发养老金（195/12=16.25）。对70岁退休的人来说，政府觉得你未来只能活4.67年，所以，计发月数只有56。

事实上，今天中国人均预期寿命也不过76岁左右。再算上通胀和复利因素，你越晚拿到的养老金就越不值钱，而政府拿着你的几十万元养老金，可以去投资赚钱。

人均预期寿命是和当地经济发展水平成正相关的。穷乡僻壤的老人，为了谋生，很多人年轻时做的都是重体力活或长期务农，50岁的脸，看起来像70岁一样苍老，加上长期缺乏足够的营养摄入，更没机会和条件去定期体检，难免落下一身毛病。等年纪大了，当地也没有很好的医疗条件，小毛病也可能被庸医治死，真生了大病，动辄几十万元的医药费也拿不出，只能等死，所以寿命相对较短。

而像上海、香港、东京这些大都市，虽说房价高企，生活压力大，但人的收入和受教育水平整体较高，所以无论是营养摄入还是日常保健意识，以及当地的医疗条件，都要强得多，寿命相对比较长。

从这个角度看，落后地区的穷苦老人，整体寿命相对短，可能养老金领了没几年就去世了，远没有领到公式里写的计发月数，多出来的钱就会充公，补贴给那些经济发达地区，整体相对长寿的有钱老人，他们中的很多人能活到八九十岁，甚至活到 100 多岁也一点儿不稀奇，成了现行养老金制度的最大赢家。

最后总结一下我的建议。

第一，就算是穷得叮当响的人，在退休前，也要想方设法让自己累计交满（或补缴）15 年养老金。这样做，即使退休后生活再不济，也不至于饿死。

第二，没有那么穷，但手头拮据的人，还是要自己交社保。交满 15 年后，如果当地政策允许，可以停交养老保险，但要继续交医保。

第三，并不穷，但也没那么有钱的人，比如一些做小买卖的个体户，交满 15 年后，继续按照最低标准交，直到退休。

理财·遗产规划

行善是一种向内的自我修行，目的是获得内心纯粹的快乐和满足，所以善举不分大小，愿意行善本身就已善莫大焉。

——力哥

如果有一天，我离开人间，请把我的钱，撒落你心田

基于生存本能，我们的大脑不愿回忆过去的痛苦经历，也不愿预测或想象未来可能到来的痛苦经历——我们的大脑总是假装我们会继续这样健健康康活很久，好像我们能永生一样。

但总有一天，我们会离开这个世界。我们所珍惜的生命、所珍惜的记忆、所珍惜的那些人……我们的整个世界都将灰飞烟灭，好像我们从不曾在这世界出现过。

在本书的最后，我想聊聊理财规划中所有人最不愿直视的一个领域，也是最后的理财规划——遗产规划。

长久以来，在那么多理财媒体中，我就没见过一篇专门写遗产规划的深度好文。因为这么晦气的话题，没人愿意说。行，那我来说。因为这么晦气的话题，拿谁举例都不合适。行，那我来拿自己举例。

复杂的排列组合

未来50年，现代医学很有可能会加速进步，迎来奇点，届时包括癌症在内的许多重疾的治愈率将大幅提升，所以在满足健康饮食、适当运动、定期体检以及不发生意外的前提下，我们这代人未来整体活到八九十岁问题不大，活到100岁也不是什么天方夜谭。

保守起见，我还是会选择在我67岁退休时立下遗嘱。以我的判断，我们这些80后、90后将来退休的年龄不是60岁，也不是传说中延迟退休的65岁，大概率会是67岁。

假如在我67岁前，就因突如其来的意外离世，那就很悲剧了。因为我什么后事都来不及交代，遗产只能按法定继承来处理。

假如在67岁之前，我罹患重病，医生宣布我只有几个月寿命，那还有交代后事的缓冲期，我一定会立遗嘱。

情况一

此时力嫂、力妈和小小力都还活着，我会立遗嘱决定遗产全部由力妈和小小力均分。听到这里你肯定会大惊失色，那力嫂呢？

因为夫妻财产共有，我所有财产力嫂都占一半，我只能自由处置我所有的那一半财产，力嫂的那一半我本来就动不了。所以最后实际的财产分割是：力嫂占一半，力妈和小小力各占1/4。

这样的遗产分配结构不是为了防力嫂，而是为了防力嫂今后再婚的老公。假如在小小力还没成年之前我就离世了，力嫂一个女人，下要抚养小孩，上要赡养婆婆和爸妈，同时还要撑起家庭的财务压力，她那时会非常困难。力嫂最理性的选择应该是再婚，以分摊家庭重担。假如小小力此时已长大成人，力嫂养育小小力的历史性责任已履行完毕，更是无担一身轻，更应该为自己漫长的晚年幸福生活考虑，也应该再婚。

不管哪种情况，我都会在临走前和力嫂明确说：“为了你自己的晚年幸福，也为了不拖累小小力，你一定要再婚！”

但以力嫂的眼光，再婚时能否再找到一个像我这样聪明善良的好男人，就很难说了。为了规避这个潜在风险，我必须把资产尽可能转移到力妈和小小力身上，一方面保障力妈的晚年生活，一方面保障小小力的教育成长。

情况二

此时力妈已不在，力嫂和小小力还在，我会立遗嘱把遗产全部留给小小力，等于小小力和力嫂一人一半，理由同上，防力嫂再婚的男人。

情况三

此时小小力已不在，力妈和力嫂都还在，我会立遗嘱把遗产全部留给力妈，等于力妈和力嫂一人一半，同时防力嫂再婚的男人以及婆媳矛盾激化。

情况四

此时力嫂已不在，力妈和小小力都还在，这就又要分成两种情况。

假如我没有再娶，那就无须立遗嘱，力妈和小小力各继承一半，同时保障他们的养老和教育需求。

假如我再娶了，那情况就复杂了，我得再寻思寻思……

情况五

此时三人中若只有力嫂还在，那就无须立遗嘱，按法定继承走就是了。

情况六

此时三人中若只有力妈还在，如果我没有再娶，同上；如果已再娶，就再议……

情况七

此时三人中若只有小小力还在，如果我没有再娶，而小小力又还没有成年，我会想办法为小小力设立一份遗嘱信托，并请我最信任的亲戚代为照顾小小力并监督信托执行。

如果我已经再娶，情况就更复杂了，因为要把我的孩子交给他后妈照顾……

以上七种情况如下表所示。

我退休前因重病提前立遗嘱的排列组合方案				
我去世时的家庭成员健在情况				遗产规划
	力妈	力嫂	小小力	
情况一	√	√	√	力妈 1/2，小小力 1/2
情况二	×	√	√	全给小小力
情况三	√	√	×	全给力妈
情况四	√	×	√	力哥未再娶：力妈 1/2，小小力 1/2；力哥已再娶：再议
情况五	×	√	×	无须立遗嘱（全给力嫂）
情况六	√	×	×	力哥未再娶：无须立遗嘱（全给力妈）；力哥已再娶：再议

续表

我退休前因重病提前立遗嘱的排列组合方案				
我去世时的家庭成员健在情况				遗产规划
	力妈	力嫂	小小力	
情况七	×	×	√	力哥未再娶且小小力已成年：全给小小力；力哥未再娶且小小力未成年：设立遗嘱信托；力哥已再娶：再议

你会发现，假如我退休前因为重病突袭提前立遗嘱，遵循的是利益平衡原则。

假如 10 年后我会去世，力妈 71 岁，依然面临养老的经济压力；小小力 11 岁，依然面临教育的经济压力；力嫂 41 岁，同时要照顾两头（还有我岳父母的赡养压力），经济压力也很大。所以我必须想办法同时保障力妈、力嫂和小小力的未来生活。

这不是算计，这是基于理性的爱。

67 岁后：只管力嫂

如果 67 岁之后立遗嘱，情况就不一样了。此时力妈超大概率已经不在了，如果还在也快成百岁老人了，就算身体再好，她的生命也一定进入最后倒计时，未来的养老压力已经变得非常小。而小小力也不用我操心，届时他的年纪比我现在还要大，如果在他漫长的成长岁月中，我能一直在他身边陪伴他教育他，我相信此时他已经是一名事业有成的优秀人才了。此时我唯一需要担心的是力嫂。

她既不像力妈那么老，可能在我走之后还能活上 20 年、30 年，甚至40年。但她毕竟已是六七十岁的老人，身体肯定和年轻时不能比，更不要说工作致富的能力了，未来的养老压力很大。

那你可能会问，小小力不能为他妈妈养老吗？虽然我相信他会很爱他的妈妈，但首先，主观上我们养儿子的目的不是为了防老，而是体验完整的自我生命传承的美好过程，我们不希望老了以后给孩子带去过大的赡养压力。

其次，当小小力人到中年，各种工作和家庭琐事的压力也会很大，他能抽出多少时间来照顾他妈妈是个未知数，而他未来的老婆和他妈妈之间的关系如何也是个未知数（力嫂自认为她以后不是个好相处的婆婆），所以客观上也不能把力嫂晚年幸福的“宝”都押在小小力身上。

到那时，不管力妈和小小力还在不在，都不影响我的遗产规划，我只需要关心力嫂还在不在。如果力嫂还在，我至少会给她预留两套房产：她名下至少有两套上海外环内住房，一套自住，一套出租。

老人无论如何名下都必须有一套属于自己的产权房可以自住养老，哪怕你选择住养老院，也还得有。

另一套房子可以获得抗通胀的稳定租金回报，用以弥补金融投资的不确定性。毕竟到了那把年纪，只有年轻人忽悠你而没有你忽悠年轻人的份儿了，金融投资风险叵测，金融骗局永远不会消失，只会改头换面用一个更新颖的概念来忽悠你，所以我给力嫂留再多的金融资产，她也可能会被骗。

至于说为什么必须是上海外环内的房子，是因为三五十年以后，上海极大概率已成为全世界最时尚的国际化大都会，和今天的纽约一样吸引着全世界的年轻优秀人才，所以房子不怕金融危机，也不怕租不出去。

另外国家每月会发放养老金，虽然可能数额有限，但这点儿钱保证她每天吃两个包子、两顿盒饭还是没问题的。

如果力嫂活到 110 岁

房租收入和社保养老金能基本保证力嫂过上小康生活，另外我再给她留一笔金融资产，让她进一步过上相对体面的退休生活。

那到底留多少钱呢？

前文说未来 50 年我们很可能迎来医学革命大发展的奇点，人类寿命可能会大幅提高，但我们也不能太乐观。力嫂活到 90 岁的可能性还是很高的，毕竟上海 2017 年女性人均预期寿命高达 85.85 岁（指 2017 年出生的上海女婴预计平均能活到 85.85 岁），甚至活到 100 岁也不是没可能。

可万一力嫂人品爆发，活到 110 岁这一逆天的超小概率事件发生在她身上，这种极端长寿风险也得防一下啊！

给未来做规划，宁可把情况想得更悲观一点儿，多留点儿余地，所以我就按照预期力嫂剩余最多寿命，也就是以力嫂活到 110 岁寿终正寝倒推的。

我只需要额外每年给她留 5 万元养老金就够了，相当于每月 4 167 元，加上上海一套房子每月收租 6 000 元，国家再发 4 000 元养老金，力嫂一个月有 1.4 万元，足够了。

注意，我说的是 2019 年的货币购买力，叫现值。可到了那会儿，这点儿钱压根儿不够用。所以我以年化 6% 的通胀率计算出为保证力嫂始终能享受今天每月花 1.4 万元能达到的生活水平，到那时必须有多少钱，这叫终值。如下表所示。

力嫂预留养老金测算表				
力哥去世时力嫂年龄（岁）	预期力嫂剩余最多寿命（年）	以 5 万元 / 年（2019 年现值）测算给力嫂预留的养老金（万元）	距离 2019 年力嫂 33 岁时还有（年）	以 6% 年化通胀率计算的养老金终值（万元）
66	44	220	33	1 505
67	43	215	34	1 559
68	42	210	35	1 614
69	41	205	36	1 670
70	40	200	37	1 727
71	39	195	38	1 785
72	38	190	39	1 844
73	37	185	40	1 903
74	36	180	41	1 963
75	35	175	42	2 023
76	34	170	43	2 083
77	33	165	44	2 143
78	32	160	45	2 202
79	31	155	46	2 262
80	30	150	47	2 320
81	29	145	48	2 377
82	28	140	49	2 433

续表

力嫂预留养老金测算表				
力哥去世时力嫂年龄（岁）	预期力嫂剩余最多寿命（年）	以5万元/年（2019年现值）测算给力嫂预留的养老金（万元）	距离2019年力嫂33岁时还有（年）	以6%年化通胀率计算的养老金终值（万元）
83	27	135	50	2 487
84	26	130	51	2 538
85	25	125	52	2 587
86	24	120	53	2 633
87	23	115	54	2 675
88	22	110	55	2 712
89	21	105	56	2 744
90	20	100	57	2 770
91	19	95	58	2 789
92	18	90	59	2 801
93	17	85	60	2 804
94	16	80	61	2 798
95	15	75	62	2 780
96	14	70	63	2 750
97	13	65	64	2 707
98	12	60	65	2 649
99	11	55	66	2 574
100	10	50	67	2 480

结果很有意思的情况发生了。

66岁以后，力嫂越是接近110岁，预期剩余寿命越短，需要准备的养老金理应越少，可实际上从 66 岁到 93 岁，力嫂需要准备的养老金账面金额却在不断增加，这是为什么？

这就是“复利”的魔力！

但假如把长期通胀率设定在 5% 或 7% 测算，最后算出的养老金终值会失之毫厘，谬以千里。

按 6% 通胀率计算，直到力嫂 94 岁，养老金终值才会迎来拐点。所以假如力嫂 66 岁时我就去世了，虽然手里握有 1 505 万元金融资产，但如果她不擅理财，跑不赢 6% 的通胀，长期看，她的生活水准也会下降。

不要以为 1 505 万元是个多么不可思议的天文数字，33 年后的 1 505 万元只相当于今天的 220 万元。而 67 年后的 2 480 万元则只相当于今天的 50 万元——到时候一套煎饼果子卖 500 元，加个蛋 100 元是很正常的。

如果到时我名下的金融资产达不到使力嫂体面养老到 110 岁的标准，我会立下遗嘱，把钱都给力嫂。但从目前我们的家庭资产状况来看，想要达到这个标准并不困难，所以在保证力嫂体面活到 110 岁的前提下，多余部分我会一分为三。

其余三份遗产

1/3 捐给那时我最信赖的公益组织，用于环境治理。

虽然长期看，人类向外太空殖民是大势所趋，但这条路还很长，我们这辈子怕是看不到科幻片里看了无数次的人类集体移民外太空的景象了，所以我们必须加倍爱护地球。我希望尽我的微薄之力，让子孙后代的生活环境变得更美好。

1/3 捐给那时我最信赖的慈善机构，用于帮助贫困儿童的教育和医疗。

教育和医疗的不公是人类千百年来最大的不公，我希望尽我的微薄之力，让一些需要帮助的陌生人的生活变得更美好，至少让那些身处绝望中的孩子有机会看到改变命运的一丝希望。至于能改变到什么程度，就看他们各自的造化吧。

1/3 捐给那时我最信赖的教会，因为我是基督徒，我希望能尽自己的微薄之力，拯救更多人的灵魂。

16 岁时，我写过一篇名叫《我是谁》的杂文，我在文中写道："你我终将死去，人类终将灭亡，地球终将毁灭，太阳终将燃尽，宇宙不断膨胀，熵值不断降低，一切终将归于寂灭……成住坏空、生住异灭，我们今天所奋斗、改造并珍视的一切，终将化为灰烬，化为虚无……"

《金刚经》曰："凡所有相皆是虚妄。若见诸相非相。即见如来。"

传道者说："虚空的虚空，虚空的虚空，凡事都是虚空……我见日光之下所做的一切事，都是虚空，都是捕风。"

所以就算我给力嫂留再多的钱养老，就算我改变再多陌生人的命运，就算地球环境治理再好，最终真正重要的问题只有一个——我们死后将魂归何处？

波兰著名作家显克维支的作品《你往何处去》（历史上唯一获诺贝尔文学奖的历史小说）中有这样一个情节。

公元 1 世纪，著名暴君尼禄统治罗马时疯狂迫害基督教，耶稣的第一门徒彼得为求保命仓皇逃出罗马城。半路上遭遇基督显灵，彼得跪地问道：“主啊！你往何处去？”

基督答：“因为你离开我的子民，我现在要到罗马重竖十字架去。”

彼得明白了基督的启示，返回罗马束手就擒，不日被钉死在十字架上。临死前，他说我不配和主用同一个姿势受死，因此被倒钉十字架而亡。

理财就是理生活，理财智慧说到底也只是一种让自己生活得更好的“技”，而更重要的是追寻人生意义的生命智慧。

不理解遗产规划的意义，就不是真正的理财达人。不敢直面自己的死亡，就不是真正的大智大勇。

我的慈善观

实现财务自由之后，我有三大人生追求：环游世界、投身慈善、全职传道。

在上文中，我谈到了希望死后把多余的钱三等分，用于环境治理、慈善捐赠和教会事工，对应的就是我这三大追求。

其中最难做到的是投身慈善，下面就接着来聊聊我对慈善的看法。

攒钱、花钱、护钱

慈善并不是简单的捐钱，而是有三个组成部分：攒钱、花钱、护钱。

第一，慈善必须完全和公权力脱钩，这就是为什么“郭美美事件”后，公众几乎丧失了对具有政府背景的中国红十字会的信任，权力之手只要一碰圣洁的慈善，就很容易滋生腐败。所以对红十字会来说，发展慈善事业就变得越来越难了。

第二，慈善又不能完全脱离公权力的监管。在今天这个网络高度发达的时代，网上铺天盖地充斥着真假难辨的求救募捐帖，监管部门根本无力对每一条消息都进行查证，不明真相的普通百姓更不可能查证，一旦你动了恻隐之心，很容易就会被请君入瓮，骗你没商量。

第三，就算是受到政府监管的非政府组织慈善机构的慈善活动，在“花钱”的环节也很可能会捅娄子。

如何甄别受赠对象的信息真伪，如何确保善款的最终流向（不会被中途截流或挪作他用），如何在慈善事业的管理成本和管理水平之间、宣传成本和募资能力之间达到最佳的平衡点，这些都不是很容易做到的事。

第四，站在经济学视角看，有时慈善行为本身就是导致贫穷、懒惰、腐败乃至战乱的重要诱因。最典型的例子就是过去几十年来西方国家对非洲国家持续不断的慈善援助。

在一个原本就高度腐败的专制国家，国家层面的大规模援助最后很可能会导致进一步腐败。因为人性贪婪，官员一旦握有不受制约的权力，就会把援助物资克扣下来，据为己有。外界的慈善援助越多，这些独裁者和贪官污吏手里掌控的物资和财富就越多，依靠这些，他们就能聚拢一批既得利益群体，购买大量武器装备，收买大量军警，进一步巩固权力，让这个国家的穷人更没有翻身的机会，这个国家更没有走向民主自由的希望。

更可怕的是，通过低价倾销这些零成本获取的慈善救援物资，会使本国国民经济遭受毁灭性打击。本来这些穷国就无法生产高技术含量、高附加值的商品，低端的粮食、布匹等生活必需品生产出来后又因为低价倾销的慈善救援物资而失去市场，使得原本还有几亩薄田，还有一门手艺的农民和手工业者失去最后勉强谋生的希望，沦为赤贫。

最后青壮年只能结伙抢劫，靠山的被逼上“梁山”，成为土匪或反政府武装，靠海的就成了索马里海盗。社会进一步动乱，年轻女性只能出卖肉体为生或被恶霸肆意强奸，这导致艾滋病感染率和新生儿出生率奇高，而老弱病残在这个丛林社会无法生存，只能饿死或病死。最后这个国家的人口结构越来越年轻，青少年又无法得到良好的教育，导致社会进一步动乱。到最后，已不是没有民主自由的问题，而是连基本的生存和生命安全都得不到保障的问题。

这是宏观经济学的推演结果，用微观经济学在个体身上推演也一样，慈善一旦用力不当，会导致穷人进一步变成懒人甚至恶人。

第五，除了“攒钱”和“花钱”这两个难点，“护钱”也是个难点。

慈善不是一锤子买卖，而是细水长流的长久事业。所以善款的分配和使用需要精打细算。这和老百姓过日子一样，不能把挣到的钱都存起来，也不能都花掉。肯定有一部分当下做慈善先花掉，还有相当一部分存起来，为未来的需要做准备。那就涉及如何让善款保值、增值，不被通胀侵蚀的问题。

所以做好慈善还需要专业理财能力。难，真的很难。

曾国藩的慈善观

理财就是理生活，慈善捐赠也是理财体系中的重要一环。我们的生活中可能会遭遇各种捐助和被捐助的情况，离开世界之前的遗产规划也涉及你对慈善的认知和态度。希望上文的分析，能帮你从更深层面理解慈善的内涵。

2016年年底的“罗一笑事件”很有代表性，网络上的慈善募捐真假难辨，一次又一次伤害了公众的善心，很多人不愿再相信任何网络慈善募捐活动。但也不应该因为爱心受伤就停止做慈善，所以我教你一个既能继续献爱心又不会被骗的方法。

这也是曾国藩的慈善观。

一是做善事不能让别人知道。所以他经常假借他人之手行善，让受助者压根儿不知道是曾国藩在大发慈悲。这种慈善观既符合孔子倡导的儒家道德规范，也恰巧与耶稣对慈善的态度相合。

孔子认为，慈善是一种发自内心的愿望和价值体现，是儒家君子自我修行的一部分，不应掺杂利益考量，更不应借此自夸炫耀。

一旦你把慈善义举讲出来，让天下人尽皆知，纵然你成了人人夸奖的道德楷模，却在无形之中在全社会形成了道德绑架，形成逼捐的巨大社会压力。这会让那些原本道德标准没那么高的人，不想捐款或没能力捐款的人也只能硬着头皮捐款，最后打死不捐款的人就成了被社会鄙视唾弃的“真小人”，被迫捐款博美名的人就成了“伪君子”，最后社会道德反而滑坡了。

2008年汶川大地震发生后，深刻理解慈善真谛的王石提出不能用慈善的道德大棒绑架员工，增加普通员工的负担。结果被无数网民臭骂为“王十圆”。2015 年天津爆炸案发生后，中国首富马云莫名其妙被无数网民逼捐。这都是孔子最不愿意看到的道德绑架。

耶稣说得更明白：“你们要小心，不可将善事行在人的面前，故意叫他们看见；若是这样，就不能得你们天父的赏赐了。所以你施舍的时候，不可在你前面吹号，像那假冒为善的人在会堂里和街道上所行的，故意要得人的荣耀。我实在告诉你们，他们已得了他们的赏赐。你施舍的时候，不要叫左手知道右手所做的；要叫你施舍的事行在暗中，你父在暗中察看，必然报答你。”

曾国藩另一个独特的慈善观是“行善止于看见”。我看到眼前有人需要帮助，我就帮助他，我看不见的人，对不起，我怎么确信他需要帮助呢？就算他真的需要帮助，我又怎么确信我的施舍最后真到了他手上呢？

既然行善是一种向内的自我修行，行善是为了获得自己内心纯粹的快乐和满足，那对你来说，重要的不是捐了 100 元还是 100 万元，是帮了 1 个失学儿童还是 100 个失学儿童。与全社会的总资源相比，你所占据的资源微不足道，与全社会需要帮助的人数相比，你能帮到的人数也微不足道。所以对并非以慈善为本职工作的普通人来说，善举不分大小，愿意行善本身就已善莫大焉。

寒冬腊月，看到路边有缺胳膊少腿的乞丐，给他 1 元钱就是行善。

酷暑炎夏，打开家里的冰箱，给汗流浃背的快递员递一罐汽水就是行善。

家里堆积的旧报纸和饮料瓶，别卖给废品站赚那点儿小钱，直接送给小区的保洁阿姨就是行善。

把家里闲置的衣物、被褥洗干净送给流浪汉，就是行善。

顺便说一句，按照曾国藩的慈善观，善款、善物必须亲手交给受助人。所以现在许多小区里放置的旧衣物回收箱你连碰都不要碰，因为你不知道你捐出去的衣服到底是送去了贫困地区，还是经过服装厂翻新后又出口到第三世界国家。

不要因为害怕爱心受伤就停止行善，正因为世间还有恶，所以行善才显得那么重要。

理财 · 人生规划

看清了世道险恶，依然选择良善；看清了命途多舛，依然选择乐观。这才是强者所应具备的最难得的生存智慧和生命品格。

——力哥

小富靠运，大富靠命，如何拥有成为富人的命？

俗话说，小富靠运，大富靠命。这是一种宿命论观点，认为人的主观努力无法改变上天安排的宿命。

还有一种稍微积极点儿的说法，叫小富靠拼（勤），中富靠运，大富靠命。意思是就算你命中注定这辈子没有大富大贵的命，但只要勤奋拼搏，至少日子不会过得太差。

一旦你达到了小富（小康）有余，富裕不足的状态，社会主流价值观就会给你传递另一种提高幸福感的鸡汤：知足常乐。

因为人的命运乍一看太复杂，太难以琢磨，充满了难以把握的不确定性，所以大部分人最后都放弃了努力和探索，接受了这套说法。然而一个人一生能否成为富人的决定性因素，真的是我们靠自己的努力无法改变，完全是由上天注定的吗？

我不这么看。

“命”和“运”

辩证唯物主义认识论指出，偶然性中包含着必然性，必然性往往通过偶然性表现出来。辩证唯物主义观还认为，外因和内因共同影响着事物的发展，但具有决定性作用的是内因，也就是人的主观能动性。

这两句话是我们中学政治课本上要求背的，但很多人从来都没搞明白这两句话是什么意思。

我是基督徒，基督教的世界观认为，人的终极命运由上帝掌管，上帝在太初就预知并决定了一切。但这并不是宿命论观点，并不预示着人自己什么都不需要做了，人反而可以通过主观努力，尽可能符合上帝对人的要求，在与上帝的互动交流中，人的命运已经潜移默化发生了改变。

我还经常引用儒家的一句经典作为我为人处世的座右铭——尽人事，听天命。

而现代物理学最重要的发现之一，就是量子力学中的量子纠缠理论。所谓量子纠缠，通俗地说，就是远距离瞬间感应。当年爱因斯坦说，这个理论如果是真的那才见鬼了。但后来的实验证明，两个“拜过把子”的电子，不管距离多遥远，都能瞬间感应到对方的自旋状态并瞬间做出回应，这种连接比光速还要快。我们也无法解释这种连接，但这就是这个世界客观存在的真相。

作为基督徒，我真的相信人与人之间存在心灵感应，这并不是人的心理暗示或自我安慰。我和我妈妈之间曾无数次发生过这种现象：当我做某件事时，大脑无意识地出现一段旋律，此时突然从厨房里飘来老妈的歌声，恰好就是我脑中正好浮现的这首歌，而我们从来没有专门讨论或一起唱过这首歌。有时，我突然无意识哼唱某首歌时，我妈也会惊呼她脑中正好在想这首歌……这种现象心理学无法解释。近两年，我发现我和力嫂之间也出现了这种无法解释的心灵感应。

最后说回我的老本行。我多次讲过“遛狗人和狗”的理论。我们常说股市是宏观经济的晴雨表，但我们经常会发现股市走势和宏观经济走势并不完全相符，比如经济连年高速增长，股市却连年下跌；经济萎靡不振，复苏乏力，但靠货币刺激，股市却屡创新高。于是很多人怀疑：股市真能反应宏观经济走势吗？理论和现实之间的背离如何解释？

答案是宏观经济就像遛狗人，走势相对平稳；而股市则像狗，总是上蹿下跳，跑来跑去，让人摸不着头脑。但遛狗人终究是狗的主人，狗的长期走势还是取决于遛狗人。如果遛狗人走得快，长期看，狗也会走得快；如果遛狗人原地踏步，长期看，狗也会围绕这个原点做上下波动。

好，我们把上面这些跨学科的观点融合在一起，命运的谜团就解开了。

所谓命运，其实由两部分组成，“命”和“运”。命是必然性，是内因，是人的主观能动性，是人对上帝的回应，是尽的“人事”，是量子纠缠中的A电子，是宏观经济和“遛狗人”。运是偶然性，是外因，是客观世界，是上帝对人的安排，是所知的“天命”，是量子纠缠中的B电子，是股市和“狗”。

我们用肉眼能直观看到的，往往是“运”，也就是偶然性。然而偶然性的表象背后暗藏着必然性，那才是真正决定我们能否成为富人的关键——“命”。

穷人思维和富人思维

有人烟酒不沾，却得了肺癌，这是运，是无奈；有人嗜烟如命，最后因肺癌去世，这是命，是活该。

有人一生遵守交通法规，最后被一辆违章逆行的大卡车撞死，这是运，是无奈；有人整天乱穿马路，总以为自己能有惊无险，化险为夷，最后命丧街头，这是命，是活该。

对于活该的命，因为逻辑自洽，许多人视而不见，觉得理所当然。而对于无奈的运，无法用逻辑解释，许多人就会纠结痛苦，从而推导出错误的结论，比如上天瞎眼了，好人往往没好报，坏人却总能善终。

最典型的例子要属孩子的教育问题。有人才高八斗、学富五车，从小悉心教导孩子，孩子长大后也成就非凡，这是命，父母理当有此回报；有人好吃懒做、不学无术，从小对孩子粗暴对待，然而孩子天生聪慧，刻苦隐忍，长大后自学成才，成就非凡，这是运，父母撞上八辈子修来的狗屎运。

很多好吃懒做、不学无术的家长，却总是拿隔壁老王的儿子在父母天天沉迷麻将的家庭环境下，靠自己努力考上 985 大学的例子来麻痹自己，让自己相信孩子争不争气全靠命，和自己教育得好不好关系不大。

他们为了给自己的懒惰和无能找借口，刻意忽视了大部分家教良好的孩子长大后都能考上名牌大学，而只有极少数老王家的孩子才能摆脱父母穷人思维的限制，靠自己的努力闯出一片天这一现实。

没错，很多人错误地把自己不可控的“运”归结为“命不好”，而把自己原本可以努力把握的“命”归结为“运气差”。

一个拥有富人思维的人，他的“命”不会太差，因为他知道如何在客观环境下做出最恰当的选择。比如他知道为了规避被车撞死的风险，就要遵守交规，为了避免自己身体早衰，就要未雨绸缪，买保险，注意饮食，坚持锻炼，定期体检。

而一个拥有穷人思维的人，他的“命”不会太好，因为他不知道如何在客观环境下做出最恰当的选择。比如他的思维方式是我弱我有理，我穷我怕谁，我烂命一条没人敢撞我，他认为开车的有钱人一定会让他，所以他敢乱穿马路。但把自己的性命寄托在别人的怜悯和谦让上，最后总有一天他会被撞。被车撞了，就要住院做手术，而穷人思维之前又使他陷入侥幸心理，认为自己命大福大不会出意外，何必花冤枉钱买保险，所以他的家庭财务状况就会陷入巨大困境。

换个角度看，穷人往往舍不得花钱体检，工作辛苦也懒得运动，饮食上更是毫无节制，不是专挑自己爱吃的高刺激性的不健康食物，就是舍不得倒掉剩饭剩菜，经常吃隔夜菜甚至已经有点儿变质的食物。这种人往往更容易生病，而且得了癌症往往也是到后期身体出现严重症状无法拖延时才去医院检查，结果一切都晚了。

一旦自己生了重病，无钱医治，又没有保险，就只能求爷爷告奶奶四处借钱治病。这病如果治好了，家里也已一贫如洗，就算以后又挣钱了，往往也不愿还钱，最后成了口碑很差的老赖。如果不治身亡，留下的孩子既缺钱又没人教育，这样的孩子长大了，你能期待他能靠一己之力改变自己的穷人思维，进而改变整个家族的财富命运吗？

不存在这种可能性。

没错，穷人思维总是要求孩子去做自己做不到的事，自私地强迫孩子为弥补自己生命中的遗憾而活；富人思维则对自己有更高的要求，让自己成为孩子效仿的榜样。

请问哪种孩子长大后更容易成为精英？

贫穷的基因会遗传

贫穷，是世间最大的不幸。不仅因为贫穷本身，更因为贫穷会导致你无法摆脱穷人思维，而穷人思维反过来又导致你进一步贫穷，这是一种无解的死循环。

这种贫穷和穷人思维，大概率会在父母和子女之间代际传承，无法靠一己之力挣脱。也就是说，贫穷是一种可怕的遗传基因。越是底层的穷人，越容易对这个世界产生偏激的看法，因为他们没有选择，他们痛恨自己的贫穷，却又无力改变这一切，最后为了挣钱，他们往往就会不择手段，铤而走险——不是不顾惜自己的名誉，就是不顾惜自己的生命，前者遭人唾弃，后者让人怜悯。

在理财上，穷人更渴望一夜暴富，因而更容易热衷博彩，或是各种金融传销骗局，因为他们看不到通过稳健理财逐步改变命运的希望。即使他们看到希望，也没有足够的耐心等待复利效应发挥威力，而这种穷人思维最终会害得他们连仅剩的一点儿财富也被夺走。

想要改变穷人命运，就必须先改变穷人思维。因为思维决定行为，行为决定习惯，习惯决定性格，性格决定命运。在这套理论中，性格最终改变的是“命”，“运”依然是我们无法改变的。

可见，一个人的“命”决定了他一生财富的下限，一个人的“运”决定了他一生财富的上限。

一个努力、聪明、受过高等教育、拥有富人思维的人，就算运气再差，也能过上中产阶层生活。如果运气够好，则可能过上顶级富人的生活。比如马云，就算没有创办阿里巴巴，没有赶上电子商务崛起的大风口，以他的才干，即使做一名英语老师，也能成为名师——他的“命”决定了人生的下限。

反之，一个懒惰、愚蠢、缺乏良好教育、拥有穷人思维的人，就算运气再好，中了价值千万元的彩票，也会因不擅理财、消费无度，最终回到穷人的生活状态。而如果运气较差，则一辈子只能在底层挣扎度日。

在命运的旋涡中，“命”总是被“运”裹挟着前行，这导致许多人只会羡慕有钱人的“运”，却忽视了有钱人努力拼搏的“命”。

贫穷本身会导致一个人很难摆脱穷人思维的限制，所以绝大部分穷人终其一生，也只能在底层挣扎，毫无希望。

想要摆脱穷人思维，只能靠一个办法——教育。

我现在做的就是理财教育，将来实现财务自由后，我最想做的，是教育慈善事业，原因就在于此。

如何才能拥有成为富人的命？现在你知道答案了吧。

80 后的焦躁与不安，怎么破？

残酷的时代

1999 年，《读者》上有篇从海外翻译过来的文章，说人类正在快速从过去几千年的前喻时代进入后喻时代。

前喻时代，最有价值的是人的经验，所以老师傅吃香，学徒工只能跟在后面学手艺，慢慢熬成老师傅。但后喻时代，科技进步太快，社会观念变化太快，新生事物层出不穷，老师傅的经验非但不吃香了，反而成了他努力适应时代变化的阻碍。毕竟一个人很难自己革自己的命，无论是既得利益，还是惯性观念。

相反，年轻人因为没有历史经验负担、记忆力好、精力旺盛、敢于创新，所以更容易抓住时代大变革时期的致富机会。如今百度、阿里巴巴、腾讯招聘面试时，面试官特别喜欢给面试者一本书，比如讲人工智能的，这个面试者所应聘的岗位可能和人工智能没半点儿关系，应聘者过去也完全不懂人工智能，但就是要借此考察他的快速学习能力。百度、阿里巴巴、腾讯自己知道，这个时代变化有多快，自己一个不注意落后了，就会被竞争对手超越甚至击败，所以它们的员工，必须有很强的对新技术、新知识、新观念的学习力和洞察力。

这听起来很残酷，却无法反驳。所以如今的招聘市场，35 岁几乎成了生死线。如果你到 35 岁还没成为能独当一面的中高层，35 岁后就算想跳槽，也很难找到像样的工作了。

对你来说，40 岁时和 20 岁时面对的家庭负担有天壤之别，你要养孩子，甚至是两个孩子，你要还房贷，甚至是两套房，你可能还要养全职太太。如果不幸中年失业，你要拿什么支撑当下的中产阶层的生活花销呢？

说来也巧，2019 年，我正好 35 岁，最大的 80 后，如今也 39 岁了。万万没想到，青春的记忆还那么清晰，中学时代暗恋的女生仿佛还在眼前巧笑嫣然，我们这代 80 后居然也成了被 90 后嘲笑的“揣着保温杯的油腻中年男人”。

身处快速变化的理财媒体行业，我的感受尤为深切。

2006 年，央视播出了理财规划师国家职业标准的创始人、理财规划师专业委员会秘书长刘彦斌老师主讲的《理财教室》节目，这个节目是我的理财启蒙教程。

2016 年我出版第一本图书《小白理财入门必修课》时，请了刘老师写推荐语，他在电话里说：“我们这代人（60 后）老了，以后就看你们（80 后）的了。”当时我听了心里很不是滋味，因为在记忆里，刘老师一直是高山仰止的存在。

然而当我2018年策划第三本图书时，几经挣扎，还是放弃了让刘老师继续写推荐语，因为通过市场调查，我发现我的主要受众——80后和90后，真没几个人知道刘彦斌是谁。

他们只知道胡彦斌。我觉得好残酷，好无奈，好伤感。

可想而知，在节奏越来越快的新时代，我这个80后，早晚也会被更年轻更有活力的90后、00后理财品牌人物取代。

今天我可以成为许多80后、90后喜爱的理财导师，但10年后或20年后，又有多少00后、10后，会愿意听我这个大叔唠叨过时的理财经验呢？

力哥说理财，你或许喜欢听，但力叔说理财，力爷爷说理财呢？

更重要的是，就算10年后或20年后还是有人喜欢听我讲理财，可我是不是还有足够的体力，在一场线下理财讲座中一个人讲上4个小时呢？

终极破解术

想来想去，我想到的终极破解术只有一个，也就是“富爸爸”财商理论的核心：财务四象限。

我们要努力让自己从E象限（雇员，打工者）跳入I象限（投资者）。当我们通过自己的劳动挣到足够多的钱以后，就可以单单依靠投资理财的收入，满足我们的生活所需，也就是实现财务自由。那时，工作将成为一种乐趣，我为什么非得去华为、中兴上班？我不懂人工智能、区块链、虚拟现实、物联网这些新概念又有什么关系？只要我出钱，自有懂行的年轻人能为我提供服务，提高我的生活品质。

道理很简单，蓝图很美好，但实现起来却并不容易。

今天，对绝大多数人来说，想靠打工实现财务自由，很难。

如果自己创业或入股创业公司，一旦成功，就很有可能实现财务自由。虽然创业成功的概率也很低，但还是比靠打工实现财务自由的概率高一些。

最现实的实现财务自由的路径应该是“三级跳”：先从E象限跳入S象限（个体户，自己干），再从S象限跳入B象限（组建团队，成为公司老板），最后从B象限跳入I象限（放手企业，只需要理财）。

然而大部分人，一辈子都没勇气跨出从E象限跳入S象限的那一步。而跳入S象限的人，大部分都无力再跳入B象限。好不容易创业成功，跳入B象限以后，大部分人就会被企业拖住，无法抽身离去。

到后来，企业越做越大，并不是钱没赚够，而是其他欲望越来越大——想把企业做得更好的欲望（把企业当成自己一手养大的孩子），想不辜负那么多跟随自己的员工的欲望，想让自己的事业青史留名的欲望……

最后，这些套在你精神上的枷锁，将让你永远无法实现财务自由——钱是不少了，但时间还不自由。

未来我也会面临这个问题，但我已经想好了解决方案——走“吉祥物”路线。

参加过我线下理财讲座的读者朋友们应该都记得，活动开始前，我都会说一句话：“接下来是和上海迪士尼卡通玩偶力哥的合影时间。”

这句话不仅是暖场的玩笑话，更是我对自己的定位的深刻认知。

迪士尼的商业逻辑

全世界最伟大的传媒娱乐公司，叫迪士尼。华特·迪士尼先生当年创造了米老鼠等一系列经典卡通形象，可时代变迁，新一代孩子对米老鼠的热情会消退，而你却垂垂老矣，无力再创造新的卡通形象，怎么办呢？

答案是把“迪士尼”三个字变成深入人心的认知，让所有人一想到“迪士尼”，就想到梦幻和快乐，再不断用资本的力量，把那些更受新时代的孩子和年轻人喜爱的卡通形象收入麾下。

在动画片领域，当年乔布斯创办的皮克斯异军突起，迪士尼的动画片打不过，所以，2006年迪士尼收购了皮克斯。

迪士尼早年自创的卡通形象要不太过低龄化（以米老鼠为代表），要不只能吸引小姑娘（各种公主），为开拓男孩和成年人市场，2009年，迪士尼收购了漫威。

2012年，迪士尼又收购了卢卡斯影业，旗下有两大超人气形象《星球大战》和《夺宝奇兵》，尤其是前者，在全球拥有亿万粉丝。

2017年，迪士尼又收购了20世纪福克斯公司的部分核心业务。

别的不说，光是漫威那笔收购，迪士尼就赚翻了。当年漫威雄心勃勃的《复仇者联盟》电影计划刚开始，只做了《钢铁侠》和《绿巨人》，还没形成系列，正是最缺钱的关口，迪士尼只花了42亿美元就把这个金蛋收入囊中。要知道，光2012年上映的《复仇者联盟》就全球吸金 15 亿美元，更别提还有其他系列了。

别以为迪士尼只有乐园和电影，它还收购了不少电视台（娱乐与体育节目电视网、美国广播公司等），还有迪士尼自家的邮轮公司，另外它还广泛涉足文学、游戏、商业地产等诸多行业。

当自己老了，无力生产新的更受欢迎的形象时，就把自己变成“吉祥物”，只负责两件事，一是站台背书吆喝（迪士尼出品，必属精品），二是扶植和收购各种有潜力的新形象（潜在竞品），这就是即将百岁的迪士尼公司越活越年轻的根本原因。

迪士尼的商业逻辑，今天百度、阿里巴巴、腾讯也在用。尤其是腾讯，马化腾到处悄无声息地撒网收购。如果有一天，年轻人不爱玩微信和 QQ，腾讯就“老”了，但“腾讯系”依然是一个生机勃勃的商业帝国。

迪士尼不仅是腾讯的标杆，也是我的榜样。

当我老了，无力再为越来越多的粉丝提供理财服务时，“力哥说理财”这个自媒体品牌依然可以不断壮大，因为“力哥”将成为一个吉祥物，我的团队会继续在我开创的道路上，秉承我的理财价值观，继续为广大粉丝提供专业又贴心的理财服务。

而我本人，则可以腾出时间，追逐我的人生梦想。

回到这一章的标题：80 后的焦躁与不安，怎么破？

第一，看准机会创业或加入创业团队，实现财务自由的概率和速度都会大幅提高，一旦实现财务自由，就不会再那么焦虑了。

第二，尽早学习和实践理财知识，开启工作和理财的双核复利引擎，加速实现财务自由。实现财务自由后，你也能有足够把握，靠理财让余生始终处于财务自由状态。

第三，如果你没有能力或勇气创业，那就要加速学习，尽可能不让自己被时代淘汰。同时拿收入结余投资像腾讯、迪士尼这样的“吉祥物”公司。因为公司和人一样，也有生命周期，会走向衰老，但“吉祥物”公司却能不老不死，基业长青。

为什么理财会理出负罪感？

世界真相不能细看

我十多年前刚开始学理财时，没觉得微观层面的个人理财会对宏观层面的国家发展产生多大影响。

学理财、做理财、教理财的时间久了，内心难免隐隐产生一丝负罪感。

我相信，很多从事泛理财行业的人，夜深人静时，也会产生这种感受。我这里说的不是那种我做销售，向亲友推荐自家 P2P，结果现在爆雷了，自己没脸再见人的负罪感。而是所有教别人或帮别人理财的人，本质上，都是拉大中国社会贫富差距，导致阶层对立和矛盾更加激烈的帮凶。

这个世界的真相，往往不能细看。一细看，喜剧片都会变惊悚片。

比如麦当劳只会说我们新出的鸡排汉堡多好吃，却永远不会让你看到那些可怜的肉鸡被关在狭小逼仄、暗无天日的鸡棚里，毫无乐趣地吃成个胖子，出笼那天就走到了生命的尽头。比如动物园永远不会告诉你，大象之所以愿意听话，去做踢球、画画等只有人类才感兴趣的事，是驯兽师持续使用非常残酷的手段训练出来的结果。

理财世界的真相

理财世界更是如此。

比如你是P2P投资者，你赚到了远高于银行利息、能跑赢通胀的收益，只要不爆雷，你的人生会越来越好。但高收益的背后，是向P2P借钱的人，他们承受了比银行贷款利息高得多的利息。在这个例子中，投资人是“吸血鬼”，借款人则被投资人“吸血”。

换到银行语境中，因为利息较低，情况则正好相反。

我们这些以4%~5%的利息向银行贷款的人成了“吸血鬼”，“吸”的是那些把自己微薄的养老金存在银行，每年拿2%利息的老头老太太的“血”。

我们这头“吸”银行储户的“血”，那头“吸”P2P借款人的“血”，于是我们成了理财达人。在这个过程中，银行和P2P同样“吸”得好不痛快。

换到股市的语境下也一样。比如腾讯是香港第一大权重股，是内地最赚得动的互联网巨头，但它2018年业绩增速不如市场预期，股价持续大跌。其中游戏市场趋于饱和，再加上监管限制，业绩增速下滑是拖累腾讯整体业绩的最重要原因。换句话说，过去那些年买了腾讯股票赚钱的人，“吸”的是无数沉迷手游的网瘾少年的“血”。

再看刚成为全球第一个市值破万亿美元大关的苹果公司，包括巴菲特在内，很多人靠投资苹果公司的股票赚了钱。这是因为苹果手机卖得特别贵，毛利特别高。而很多年轻果粉没有收入或收入很低，根本买不起苹果机，但也想要最新的苹果手机，于是刷信用卡分期还款，被银行“吸血”，向 P2P 借消费贷，被 P2P“吸血”，还不上钱还要被威胁曝光裸照……最终，他们是在被苹果公司和苹果公司的投资人“吸血”。

在消费领域也一样，以 2 500 元抢到邮轮尾单的聪明人，“吸”的就是在携程同程，以 4 500 元标价买下船票的那些人的“血”，没有他们的无知，旅行社平衡不了收支，也就没抢邮轮尾单的人捡便宜的份儿了。

当然，吸血这个词太触目惊心，文明人不这么说。个人吸叫“收益”，企业吸叫“利润”，政府吸叫“税收”，都是财务上的专业术语。所以每一个善于理财的人，都有财富“原罪”。

当年风靡一时，至今还霸占着投资理财类图书销售榜首的《富爸爸穷爸爸》一书，第一次把这种财富“原罪”用文明人的话语表达方式讲了出来。

两个故事

孟子说，劳心者治人，劳力者治于人。

一样的道理，懂理财的人会想尽办法拥有资产，当资产足够多，就什么都不用干了，这就叫财务自由。而不懂理财的人，只知道要用钱就得去工作，钱不够就得靠换工作或做更多的工作来挣更多的钱，所以为了生活，永远不得休息。

正是因为大部分人不懂理财，一辈子做牛做马，才能让少数人实现财务自由，过上轻松享乐的好日子。

哪怕这种生活状态的巨大差异，并非出身导致，而是一部分强者靠聪明才智正当获得的，也还是难逃“原罪”。

我想到了两个故事。先说麦当劳的故事。

当年麦当劳兄弟都是共和党人，信奉个人奋斗，崇尚工匠精神，一心一意就想把汉堡薯条做好，但他们请来的职业经理人克罗格却不这么看，他要把麦当劳开遍全美国甚至全世界。

自己劳心劳力操持一家店能赚的钱是有限的，把特许经营权卖给别人，你就可以躺着赚钱。而更轻松的赚钱方法，是把盖分店用的土地直接买下来，然后盖好房子直接高价租给接盘的经营者，随着城市不断发展，人口不断增多，这块土地的租金也会不断上涨，这才是躺着赚钱的最好方法！

于是麦当劳成了今天全球最大的地产商。

可如果大家都像克罗格这么聪明，把汉堡生意做成地产生意，而很少有人像麦当劳兄弟那么笨，坚持用心做汉堡的话，美国会变成什么样呢？

第二个故事是高晓松采访C罗这件事。

在回答退役后的打算时，C罗说得很露骨：我在27岁时就想明白了，运动员终究是要退役的，我得给自己余生找个可持续的营生。所以我这些年陆续买了几家酒店、健身房，还和耐克合作创建了自己的体育服装品牌。

这些产业，在 C 罗以后无法靠身体继续赚钱时，还是能给他带来源源不断的收入。

C 罗是一个非常自律也非常聪明的人，他做的这一切，在道德上没有任何可以指摘的地方，但这一切，都在客观上拉大了社会贫富差距。

对，这个时代，马太效应越发明显，有钱人正在变得越来越有钱，穷人则相对变得越来越穷。

财富管理行业的原罪

在这个过程中，财富管理行业起到了“助纣为虐”的作用。

从微观上看，理财师显然在为客户创造价值，但从宏观上看，理财师的勤奋工作却在加速阶层分化和固化，进一步强化信息不对称、知识不对称和资源不对称，导致穷人更没有翻身的机会。

这就是财富管理行业的原罪。

从我学理财的第一天起，我就意识到我将来也可能成为助纣为虐的一环——当发生雪崩的时候，没有一片雪花觉得是自己的责任。

贫富差距不断拉大，对国家和社会来说，非常危险。这个问题，成了今天的全球性难题。

美国的中产阶层在不断衰退，蓝领工人的日子也不好过。日本的财富被老年人占据，年轻人看不到出头的机会。

当底层看不到希望，就容易把社会带向极右或极左的道路。

你看，在美国，过去只是偏右的共和党，却选出了一个很右的特朗普。在欧洲，越来越多主打民粹牌的政党纷纷上台。

说到底，100 多年过去了，资本主义社会的根本顽疾还是没有变。

这世道，吸血可能让人感到有些不安，但不吸血，自己的日子就会越过越差。只能在吸血和被吸血之间二选一，我们还有的选吗？

理财多年，学到的无非这八个字

我认为，对普通老百姓来说，理财的核心就是四件事：开源、节流、保障、投资。

开源

我们都没有中彩票的运，只能靠自己的奋斗积累财富，最开始的原始积累不可能从天上掉下来，只能是我们靠自己的才能和努力赚来的。中国人大多勤奋有余，智慧不足，只知道拼命低头苦干，却不知道抬头看看世界变化，规划未来的道路。所以中国人就更需要自我投资，这样才能增加劳动收入。

现在房价这么高，阶层上升通道这么狭窄，很多底层的年轻人对未来不抱希望，每次我写房产话题，都会有人留言说，力哥以后别写房子了，反正我买不起，看了也没用。

如果抱着这种认知，就容易走极端。比如疯狂加杠杆炒股票、期货、现货，拼命刷信用卡甚至借现金贷去钱生钱，还有人会破罐子破摔，只管眼前快活，不管将来死活，借现金贷去吃喝玩乐赶时髦追姑娘，最后欠一屁股债还会利滚利，那人生就真没什么希望了。

节流

光会开源不够，你还得懂得节流，否则钱就是流水，吃光喝光什么都没留下。你得留一部分钱进蓄水池，变成未来钱生钱的本钱。这部分钱最少占你收入的 30%，如果收入高，但家庭压力大，最高占 3/4 都不为过。

我的团队有个姑娘，能力强，是个工作狂，过去收入就很高，但攒不下几个钱，因为出门就打优步，每月光交通费就小两千块。后来她看我天天夏天太阳镜加太阳帽，冬天头盔加手套，天天骑小电驴上班，心想我老板身家几十亿元，有私家车还骑小电驴。慢慢地她在我潜移默化的熏陶下，现在每天小黄车加地铁上班，然后拿省下的钱定投，不就能一点点攒成小富婆了吗？

理财不是变魔术，如果你做不到尽量开源和适当节流，神仙也没法帮你改善财务状况，实现生活梦想。

保障

对于会理财的人来说，保障的归保障，投资的归投资，把保障和投资混在一起，无异于资源错配。

该给自己配置哪方面保障，保障力度有多大，其实很简单。只要想一想，当你或你的家人发生风险时，从经济上看，你们扛不扛得住？如果扛得住就不需要额外保障。如果现在扛得住，若干年后可能扛不住，或者以你的赚钱能力，若干年后扛得住，但现在扛不住，那就需要额外增加保障。

比如我给自己买的寿险是保到50岁。因为以我现在工作和投资两个复利引擎的功率模拟测算，我大概会在40岁前后实现财务自由，如果中间发生一些意外，最晚到50岁肯定也能实现财务自由。万一我在此之前去世了，我们的家庭也不会因此产生巨大的财务缺口，影响今后的生活；如果50岁之后的任何一天去世，从财务角度看，都不会对我的家庭产生多大影响。

再比如我家孩子，现在有国家社保和上海市总工会的少儿大病互助险，每年加起来保费180块，他万一不幸生大病，这两样现成保障基本够了，就算医药费还差点儿，以我们家的经济实力也足以弥补。如果你们家的经济实力还不够强，那就建议你再买个小几百块的少儿重疾险或医疗险补充一下，普通家庭一般也够了。

投资

乍一看，投资品种千千万，学问多，坑更多，怎么学都学不完，但其实普通人只要掌握三种投资工具就够了。

一是货币基金，用来应对日常现金流。

二是指数基金定投，用来获得比较高的回报，但因为波动比较大，所以适合将长期不用的资金用来指数基金定投，作为未来子女教育金和养老金的储备。

三是一揽子P2P加纯债基金为核心的固定收益产品组合。

当然，关于投资还有很多进阶知识，比如海外房产、房地产信托投资基金、私募基金、券商资管项目、香港投资型保险、保单贴现理财等等。

但今天中国98.55%的人可投资资产不足100万元，如果你年薪有10万元，已经比90%的同胞挣得多了。

对绝大多数普通人来说，能记住、理解、熟练运用并坚定执行我上面说的这些简单的理财之道，就已经可以算是理财达人了。

理财的核心就是这两个字

细看理财平衡术

在第一本书《理财小白入门必修课》里，我详细讲解过“理财的十大平衡”这个话题。

我认为理财本质上是一种平衡术，包括工作与生活的平衡，奋斗与享受的平衡，爱情与面包的平衡，家庭与社会的平衡，投资与消费的平衡，当下消费和未来消费的平衡，高风险投资与低风险投资的平衡，长期投资与短期投资的平衡，金融投资和固定资产投资的平衡，资产和负债的平衡，负债与负债成本（安全）的平衡，保险和保障成本的平衡……

然而仔细分析这些平衡关系就会发现，不同的平衡组合还有内在差别。就拿我说的这十大平衡为例，平衡的种类可分为四大类。

第一类平衡，是指时间分配上的权衡取舍，也叫“宏观上的平衡”。这类平衡包括工作与生活的平衡、奋斗与享受的平衡、家庭与社会的平衡等。

它们和理财有什么关系呢？

人生中最稀缺的资产其实是时间，所以最艰难的抉择就是到底该把你的时间花在什么地方？或者说，应该把多少时间用于挣钱，多少时间用于护钱，多少时间用于花钱，还有多少时间用于和钱无关的享受生活上。

时间是这个世界上最公平的投资产品。每个人都是一天24小时，时间的流动绝对稳定、有序，是生命中的“硬通货”。而理财就是理生活，理财的边界就是生活的边界，把时间分配给各种不同的理财规划和理财目标，就是一种平衡。

第二类平衡，是金钱分配上的权衡取舍，也叫“中观上的平衡”。狭义上的理财就是把你所掌握的一切财务资源（以各种形式存在的钱）分成若干份，用于不同的理财规划，投入不同的理财渠道，分担不同的理财目标。有的用于当下的消费，有的用于风险保障，有的用于保证现金流，有的用于买房，有的用于自身未来的养老，有的用于子女教育……这类平衡包括投资与消费的平衡、当下消费和未来消费的平衡等。

第三类平衡，是投资上的权衡取舍，也叫“微观上的平衡”。主要目的是分散单一投资风险，不把鸡蛋放在一个篮子里，从而实现流动性、收益性和安全性之间的最佳平衡点。

投资固定收益资产，是为了对冲权益类资产的风险。投资房产，是为了对冲金融投资的风险。投资海外房产，是为了对冲中国房产的风险。投资黄金和大宗商品，是为了对冲所有其他资产的风险。投资美元类资产，是为了对冲人民币资产的风险。投资海外股市，是为了对冲 A 股的风险。投资大盘股，是为了对冲小盘股风险……这类平衡包括高风险投资与低风险投资的平衡、长期投资与短期投资的平衡、金融投资和固定资产投资的平衡等。

第四类平衡，指的是理财性价比上的权衡取舍。爱情与面包的平衡，就是婚恋的性价比。你找的那个他 / 她，既要是自己喜欢的类型，和自己价值观相同，又要有一定的经济实力或挣钱能力，正所谓“上得了厅堂，下得了厨房，斗得过小三，打得过流氓”，这才是最合适的结婚对象。

资产与负债的平衡，就是总资产的性价比。负债比例过高，容易发生破产危机；负债比例过低，又会降低资本原始积累的效率。

负债与负债成本的平衡，就是债务的性价比。成本过高，就不值得借债；成本过低，没人愿意借给你。

保险的保额和保障成本的平衡，也就是保险的性价比。同样的道理，保额过低，保费过高，不值得保；保额过高，保费过低，保险公司不愿意承保，所以就需要找一个平衡点。

平衡的真实模样

说了这么多平衡的分类，平衡到底“长”什么样子？

物理学上的平衡很简单，天平两边一样重就叫平衡，但生活中的平衡要复杂得多，并不是简单的 50∶50，所以经济学上往往用“均衡”来代替“平衡”。

第一，均衡是有重点的平衡。

重点在哪里？一方面取决于人生观、价值观，以及做成某件事的欲望大小；另一方面也取决于你的实际财务状况。

如果父母对孩子期望值较高，很看重子女教育，就会把较多的金钱分配在培养下一代上，子女教育规划就会比其他规划占据更多的家庭财务资源。但如果家庭财务状况并不好，几百万元的房贷没还清，收入也一般，生活压力大，存款也不多，那恐怕对孩子期望值再高，也不会送他出国留学，能供孩子上国内学费最低的普通大学就不错了。

如果父母非常希望孩子出国学习，孩子也很有潜力，向往接受海外教育，那父母也有可能借债送孩子出国。如果把孩子出国留学看成高成本投资，那借钱留学就是高风险投资，实际上和赌博只有一线之隔，父母把改变这个家族财务命运的希望完全“赌”在孩子身上，但自己的孩子是不是可造之才，将来是不是真能光宗耀祖，还存在很大的不确定性。

所以说，父母期待孩子出国留学的欲望（人生观、价值观）和实际家庭财务状况之间，父母考虑的重点在哪里，决定了最后的行为。在期望值与财务状况的拉锯战，或者说欲望和能力的纠结中，必须找到一个自己能接受的均衡位置。

所以理财必须因人而异，量身定做。

第二，均衡不是一个点，是一个合理范围（区间）。

均衡有一个下限，也有一个上限。在这个范围内浮动，都是一种可接受的均衡。比如定投指数基金时，在估值跌到一定阶段才能开始定投，这就是均衡的下限。而当估值升到一定高度时，止盈、逐渐减仓甚至最终清仓，这就是均衡的上限。

再比如每月收支比的合理区间是20%~90%，也就是你一个月挣5 000元，最少可以花1 000元，最多只能花4 500元，这是普遍共识。但具体到你身上，又要根据你当下的理财规划来确定，比如把合理区间缩小到30%~40%，这意味着你一个月花掉1 500~2 000元都是合理的。

第三，均衡是不断变化的平衡。

就像自然界（质能守恒、新陈代谢）和人类世界（美苏博弈，中美博弈）的平衡一样，平衡不是静止的，而是不断变化的，当平衡被打破时，就需要适时重构新的平衡。

在理财过程中，打破原有平衡的原因主要有两种：外因和内因。外因包括宏观经济增长或衰退、金融市场的上行或下行、理财品种的上市或下架等；内因包括你个人的年龄增长、风险偏好变化、理财认知升级、收入变化、家庭内部的突发状况（如离婚）等。

由此可见，理财规划也不是一成不变的，就像我们的身体需要每年体检一次，我们的理财规划也需要每年体检一次。如果外因或内因发生了突如其来的巨大变动，可能半年内就需要重新体检一次。

攒多少钱，才能实现财务自由？

十多年前，99% 的中国人不知理财是何物，也没听说过“财务自由”的概念。

而今天，正如不少普通百姓也能张口就谈 GDP、CPI 一样，不管是情感作家还是八卦写手，都能脱口而出“财务自由”四个字。

许多人也隐约意识到理财的最终目标就是为了实现财务自由，但我在工作和生活中发现，绝大部分中国人对财务自由的认知，依然存在三个巨大的误解。

误解一：你以为财务自由是一个客观的数值？朋友，财务自由是一种主观的心态。

许多人都有这样一种观点：认为我只要赚到了多少多少钱，就能实现财务自由了。

错了。

你是否已经实现财务自由，取决于三个因子的综合互动。

一是你过去积累的存量财富有多大。二是你未来钱生钱的速度有多快。这两者共同构成了财务资源的供给曲线。更通俗地说，就是钱生钱的本金有多少，效率又有多高。三是你对物质的欲望有多大。更准确地说，是你对理想中的生活状态的预期，以及这样的生活状态需要你每年花费多少钱，这就是你的财务资源需求曲线。

如果是一个生活在西部农村的年轻人，现在已通过劳动积攒了50万元，可能他真的就已经实现财务自由了。尽管在一线城市居民看来，50万元可能只够买个厕所。因为可能他的物质欲望很小，当地物价也很便宜，他也没有买房负担，甚至可以自己种粮食吃，很可能每年花两三万元就能维持日常生活了。所以50万元的存量金融资产足够他在当地悠闲自得地生活了。

前两年，我还听过一个极端的新闻。说上海有一对小夫妻，宅得一塌糊涂，平时也没啥交际应酬，顿顿饭自己做，几乎从来不下馆子，不要孩子，不买车，平时也很少买衣服，房子是爸妈给的，不用还贷。

当然，他们也不工作，每天大部分时间都在网上下载各种免费的综艺看，两人一年的生活支出居然连2万元都不到！

许多人看到这个新闻后就抨击他们，说年纪轻轻不工作不奋斗不赚钱，依靠爸妈坐吃山空，这样的人生有什么价值？

尽管我也不认同这种生活方式，但人家的价值观就是这样，人家这样过日子，既不违反法律，也不违反道德，不买车还减少尾气排放呢，自己在家烧饭吃得更健康，人家也不给社会增添什么负担，人家就是这样清心寡欲，不想整天打鸡血去奋斗，去公司搞复杂的人际关系，还要被老板训话，每天上上网追追剧的日子很开心呀，碍着你什么事了？

事实上，如果人家爸妈留了两套房子，一套自己住，一套赚租金，只要租金收益超过他们的日常开支，就算他们不怎么懂理财，其实也已经实现财务自由了。

决定一个人是否实现财务自由的三个要素中，起到关键作用的是第三个——你的物质欲望有多大。

这不是数学问题，而是心态问题；不是财富规模大小的问题，而是价值观取向的问题。

我们许多人对理财最大的误解，就是只会满脑子想着给自己的财务资源供给曲线做加法，却从来没想过是不是也可以给自己的财务资源需求曲线做减法。

理财也好，工作也罢，人最终目的是希望自己能过上更加幸福的生活。当你手里的财务资源一时半会儿没办法呈现出爆炸式增长态势的时候，那适当降低你的心理预期，一样可以增加你的幸福感。

这种做法，你可以称之为挫败者的阿 Q 精神，也可以称之为无能者自我麻醉的心灵鸡汤，但是真的很管用。

误解二：你以为收入高于支出就能实现财务自由？朋友，你得先扣除通胀准备金。

许多人计算自己是否实现财务自由的算法是：假如我每年要花 10 万元，我现在已经积攒了 200 万元可生息的金融资产，只要保证每年能获得 5% 的投资回报率，就能赚到我要花的 10 万元，那我就实现财务自由了。

事实上你只是实现了当下这个时间点的财务自由，你没有实现永续的财务自由。

所谓永续的财务自由，就是你这点儿钱永远能够跑赢通胀，不管未来物价如何上涨，你的生活水平都不会下降，直到你活到 100 岁，1 000 岁，10 000 岁，都不会下降。

当然，所谓的“永续的财务自由”也是一种理想化的状态。

人总有一死，我们自己都不可能实现永续生存，那多出来那么多钱最后也只会成为遗产。所以当我们已是高龄老人时，没必要继续维持永续的财务自由状态。届时，你的可支配财务资源，就算逐年递减也是非常合理的。但当我们还很年轻或刚刚人到中年时，判断是否已实现财务自由，就必须从永续财务自由的角度思考问题——因为随着科技的飞速进步，你可能还要活很久很久。

结合中国国情，我认为未来 30 年，中国合理的实际年化通胀率，大概在 5% 左右。经过科学理财后，合理的投资回报率能达到 8% 左右。这意味着你可以最多拿出 3% 的投资回报率用于日常生活。

用满足你当下理想生活所需的年度支出，除以 3%，得到的数值，就是此时此刻你实现财务自由的标准。

当然，正如我上文说的，这个标准不是死的，而是动态的。

如果未来你的欲望进一步提高了，可能就会重新从财务自由状态退回到非自由状态，又或者你突然离婚了，或者生了重病没买保险，又或者你实现财务自由后无所事事，染上了毒瘾或赌瘾，那结果都不好说。

另外未来真实的通胀速度和你的投资回报率也都存在不确定性，尤其是后者，假如某一年你的投资风格过于激进或投资出现严重的判断失误，可能会导致本金出现大额亏损，那也有可能使你告别财务自由状态。

对于已经实现财务自由的人来说，合理的理财方式，尤其是更加保守稳健的理财策略，显得尤为重要。就像巴菲特说的，要让复利产生神奇效果，第一要务就是必须保住本金。

财务自由不是一个一劳永逸的概念，它永远只能是一个现在进行时的概念。

误解三：你以为财务自由就是人生奋斗的终点？朋友，财务自由是另一段人生的起点！

大多数人，注定一辈子都无法实现财务自由，他们只能被动等待法定退休年龄的到来，但就算退休了，也没有足够的财力资源能让他们随心所欲地生活。

对他们来说，活着本身就是一种幸运，活着本身就是一种信仰，至于所谓的人生的意义和价值，那或许只是骗骗孩子的吧。

对于已实现财务自由的人来说，他的人生就出现了一种截然不同的状态——因为他获得了选择权，获得了可以不需要为了挣钱而被迫工作的选择权。

不管老板把自己的事业说得多么崇高伟大，也不管你把自己所从事的工作说得多么有意义，说到底，你从事现在这份工作的根本目的就是为了挣钱。

如果老板明天开始不给你发工资了，但加倍给你喂鸡汤，你还会继续为了所谓的崇高伟大或者有意义而继续工作吗？恐怕不会吧。

这句话反过来说就是，真正崇高伟大或有意义的工作，是不给你钱你也愿意去做的！

许多人以为实现财务自由以后就可以什么工作都不干了，然后自己想干吗就干吗。

如果真到了那种状态，可能你会发现你的生活突然变得异常空虚，就像许多老年人刚退休回到家时的不适感一样，你的人生瞬间没有了目标，你也不知道该如何安排时间了。

实现财务自由只不过是你为了赚钱而去奋斗的那段人生的阶段性终点，它更是你不为了赚钱还愿意去奋斗的新一段人生的起点。

当你有一天离开这个世界时，回首一生，发现自己实现财务自由之前那段人生更精彩更有意义，那或许是一件很悲哀的事。但如果你发现你实现财务自由之后的那段人生更精彩更有意义，恭喜你，你的人生真的圆满了。

猜猜我的财务自由目标是多少钱?

2017 年 1 月，胡润研究院发布的一份研究报告引起了轩然大波，报告认为，一线城市财务自由门槛高达 2.9 亿元，二线城市达 1.7 亿元。对比 2015 年，2016 年财务自由门槛上涨 50%。

胡润表示："财务自由门槛上涨 50%，主要原因可能是房价快速上涨和人民币贬值。比较有趣的是，当你还没实现财务自由时，很容易低估了门槛，会认为 1.6 亿元或 9 500 万元就够了。"

想必胡润肯定没学过专业的理财课程，因为财务自由从来不是一个确定的数字，他发布这个报告的唯一目的是故意向社会抛一枚充满争议的深水炸弹，好让全社会各个阶层都炸了——什么？要这么多钱才能实现财务自由？然后全社会开始一起吐槽、揶揄、恶搞……于是，"胡润"这个财富榜产品线的名声就更响了。

财务自由的目标是因人而异的，但到底要怎么算呢？

我就以自己的情况为例，给大家展现一个计算自己财务自由目标的生动案例。

衣

我对穿着要求不高，但孩子总得隔三岔五买点儿新衣服，现在孩子的衣服、鞋子可是很贵的，随便一点儿东西就好几百元。力嫂也还年轻，不能打扮太寒酸，无须买多名贵的衣服，一年 1.2 万元购置各种衣、裤、鞋、帽、包包，平均一个月 1 000 元，在魔都上海已经算很克制了。

食

我们家现在一个月花在柴米油盐上的钱不超过 4 000 元，但如果都财务自由了，总不能去超市买油和米还盯着最便宜的特价商品吧，再隔三岔五上馆子吃点儿有特色的，人均消费怎么也得 50 元到 100 元，要是上档次的大饭店动不动就得 200 元，今天 20 元以内的一顿饭在上海真的只能管饱而已，营养好吃就别奢望了。再加上各种零食饮料保健品之类的，8 000 元一个月总是需要的。

住

虽然我没有房租支出，但房贷月供还有 10 多年要还，平均一个月 1.4 万元，再加上物业管理费、水电煤宽带费，家里有时添置个小家电，时间久了换个大家电，难免换个地毯灯泡，修修补补什么的，加起来保守估计一个月 1.5 万元吧。

行

出行的主要开支就是养车的钱。洗车、打蜡、保养、停车费平均一个月 600 元（主要是停车费贵），上海的电子探头多如牛毛，火眼金睛，避无可避，违章罚款平均一个月两次 400 元真不算多，油钱加高速过路费平均一个月 1.8 万元（考虑到财务自由后时间空闲，自驾游机会明显增多），车险维修、车船税算宽裕点，三责险买 100 万元，一年算 8 000 元，加起来一年养车费用 4 万元，平均一个月 3 500 元。

注意，汽车是纯粹的消耗品，买再便宜的车，一年一两万元的养车费用也免不掉。我这 4 万元养车费也只是养本田 CRV（城市休闲车）这种普通紧凑型 SUV（运动型多功能车）的配置，你要开 BBA（指奔马、宝马、奥迪）更高。

有车一族日常出行主要靠开车，偶尔打车、代驾、坐地铁之类的交通费用就忽略了。

育

孩子的教育费用是未来最刚性也是增长最快的家庭开支。眼下我的孩子还小，尿布、奶粉、玩具钱还不算多，但以后教育费用会不断攀升，做好预留空间，就算一个月 6 000 元吧。在上海，这个数字真不算多。如果上优秀的私立学校，考不考得进是一回事，就算录取了，一学期学费 1 万元算低的，三四万元的大有人在，七八万元的也不算稀奇，我这点儿预算连交学费都不够。

佣

都财务自由了，洗衣、做饭、拖地板这些辛苦又机械的家务劳动能外包就尽量外包吧，以上海当前家政市场行情来看，不要求保姆住家，找个靠谱点儿的钟点工，一个月 3 000 元还是需要的。

娱

所谓消费升级，最主要讲的就是衣、食、住、行之外的精神消费，比如看电影、看话剧、看艺术展、看相声、看球赛、看演唱会、唱歌、桌游、密室逃脱、手工坊、足疗、按摩、温泉、汗蒸、泡吧……力嫂可能还要买化妆品，美容美甲、减肥抽脂、做个 SPA（水疗）什么的，不多算，一个月 3 000 元总要的吧。

旅

实现财务自由后，很多人的理想都是环游世界，我也一样。不过整天在全世界到处溜达，身体和肠胃都吃不消，平均一个月一次两三天的周边游或 5 天到 10 天的国内游，四个月一次 6 天到 15 天的出境游，我觉得不算奢侈吧。大致算了下，一年费用得 8 万元左右，平均一个月 6 000 元。

医

在有保险的情况下，重大疾病和意外伤害不用担心，只有日常小毛小病要考虑，尤其是孩子容易生病，再加上每年一次的体检、洗牙，日常的运动健身等用于健康上的费用，保守估计，全家老少加起来平均一个月 2 000 元总是要的，尤其家里老人年纪越来越大，未来医疗保健开支一定会越来越高。

如果不幸真生了大病，就算没保险也没关系，因为在你的资产上千万元的情况下，就算买 100 万元的保险也没多大意义，你积攒的财富完全能抵御这种风险。如果现代医学已经判了你死刑，也没必要考虑什么永续财务自由了，活在当下，赶快花钱享受人生吧。

杂

当然，除了上面这些可预见的消费，生活中总还有些杂七杂八的开支，比如红白喜事人情往来，江湖救急亲友借钱（可能有去无回），理个发、换个手机、充个话费、看书学习充电、买个知识付费服务什么的，最保守估计，一个月要 2 000 吧。

合计：衣 1 000+ 食 8 000+ 住 15 000+ 行 3 500+ 育 6 000+ 佣 3 000+ 娱 3 000+ 旅 6 500+ 医 2 000+ 杂 2000=50 000 元。

注意，这只是在 2019 年，一个对生活品质有一点儿要求的，想在中国一线城市过相对体面的中产阶层的基本物质需求，我不要求开宝马奔驰，不要求买卡地亚的手表包包，不要求孩子上昂贵的私立学校，不要求旅游都住五星级酒店，更没有包养小三、没事跑澳门赌博的奢侈需求，甚至连住家保姆都不请，光这样，一年也要花 60 万元！

如果把这个数字作为中国一线城市体面中产阶层的入门级生活标准，那今天中国的中产阶层数量真的还不多……

在上文中我说过，财务自由目标 = 每年要花的钱 ÷3%，也就是

60 万元 ÷3%=2 000 万元。

这个数字和胡润说的 2.9 亿元相比虽然微不足道，但对绝大多数普通人来说，还是一个相当遥远的数字。

革命尚未成功，同志仍需努力啊。

2.9 亿元的财务自由门槛虽然有点儿耸人听闻，但胡润研究院的一些其他调研结果对我们还是很有启发的。

在谈及最幸福时刻时，无论男女都把孩子出生视为一生中最幸福的时刻，其中男性比女性的比例更高，亿万富豪比千万富豪的比例更高。

排名第二和第三的最幸福时刻，男性选择的是创业和结婚，女性选择的是结婚和创业。这个很好理解，社会对男女两性的要求本就有差异，对男性赚钱养家的要求更多，对女性看顾家庭的要求更多。

排名第四的最幸福时刻，男性选择的是上市，女性选择的是恋爱，理由同上。

如此看来，对于那些打定主意要做丁克的年轻人，或总忙着工作而推迟生育计划的夫妻来说，没有孩子可能会让他们丧失体验人生中最幸福时刻的机会。从常理上说，似乎膝下无子对女性打击会更大，因为在生育问题上，女性往往会承受更大的社会压力和家庭压力，但调查结果却显示，膝下无子对事业有成的男性的精神打击可能更大。

哪怕今天中国突破社会阶层的难度越来越大，底层人的孩子长大了还是底层人的概率非常大，但养孩子这事，富人富养，穷人穷养，任何人都有追求和拥有幸福的权利。

调查还显示，2017 年中国富豪最想拥有的排在第一的是健康，第二是家庭生活，第三是时间，最后才轮到学习机会和物质财富。

你看，人就是这样，眼下已经得到的东西总是不会太珍惜，只有得不到和已失去的才会终日魂牵梦萦，难以忘怀。

没钱的时候以为钱能买到一切，所以舍弃一切追逐金钱，包括健康、家庭、爱情，甚至诚信、良心、道德、法律……而当自己有朝一日真的不差钱了，却发现健康才最重要，家庭也很重要，能留给自己的时间同样很重要。

都说人生是一场赛跑，有人强调起跑线上就不能落后，有人却说人生是马拉松，不在乎一城一池的得失，也有人说，重要的不是输赢，而在于欣赏沿途的风景……但最终的结果，很可能是我们拼命跑到了终点，却发现不知不觉也回到了原点。

不妨算一下，你实现财务自由的目标需要多少钱呢？

实现财务自由是一种怎样的体验?

前文讲的两个问题，很多受过专业训练的理财师都能领会。但关于“财务自由”，还有更深一层内涵，一般的理财师很难领会。

只有本人接近或已实现财务自由的理财师，才能真正明白财务自由的内涵。

就在本书即将付梓时，我也才刚刚领会到。

那个已实现“财务自由”的朋友

我有个朋友，因为2017年公司上市，原始股权套现，一下子进账几百万元。按他的说法，他在2018年34岁时，就实现财务自由了。于是他果断递交了辞职信，准备开启梦寐以求的自由人生。

最近我约他吃饭，他说，2018年上半年，他基本都在旅游和带娃，日子过得十分优哉，羡煞旁人。

但这样无忧无虑的日子过了半年，他就发现不能再这样下去了。

毕竟他只有30多岁，人生还有2/3的漫长旅程，而这个世界变化那么快，难道他就准备整天不思进取，逛逛吃吃，游手好闲，荒度余生吗?

所以下半年的时候，他决心出国留学，先考雅思，再申请学校。人一旦有了目标，精气神就恢复了。

就在2019年年初，他拿到了美国一家公立名校工商管理硕士（MBA）的录取通知书，准备去美国待两年。因为孩子才3岁，最后他和老婆一合计，索性让老婆也辞职，带孩子一起去美国陪读，同时也帮孩子获得两年宝贵的把英语当成母语的学习期。

我对他说："你真行，这才是实现财务自由给你带来的真正价值。"

到了美国之后，他学习到新的课程，结识到新的朋友，增长了新的见识，感悟到新的生命价值……他的人生可能就会出现更多意想不到的变化，他也会进而发现自己余生的真正目标——不为了钱。

这件事让我再次思考财务自由的真谛。

实现财务自由又如何？

真正的"财务自由"并不是50万元、80万元或100万元这种客观数值，而是一种主观心态，所以对未来中国越来越多的新兴中产阶层来说，能否实现财务自由、提前退休，主要取决于你的欲望的大小。

中国的教育，讲究服从和纪律，很多孩子被塞了一脑子知识，却依然不知道自己喜欢什么，想学什么，想干什么，更不知道自己人生的意义到底是什么。因为不知道自己到底要过怎样的人生，所以看到别人说这个专业有前途，他就选这个；听到别人说做那个行业挣钱多，他就选那个；看到身边的人都在买房，他也想买房；看到别人因为买不起房痛苦，他也痛苦……

很多中国人只关心怎么赚钱，其他什么都不关心。其中大部分人缺乏赚大钱的能力、技巧和运气，每天劳心劳力依然只能求个温饱，这迫使他们更无暇关注赚钱以外的事物。少部分人赚到了很多钱，但依然不知道自己要赚多少钱才满足，只会像陀螺一样不停地转下去，直到有一天，国家对他说，你到法定退休年龄了，才停下来。而更少的人，开启了理财智慧，懂得了财务自由的概念，更算出了根据自己可控的欲望，赚到多少钱能实现财务自由。

然后呢？然后他们和前两种人一样，每天的生活依然围绕着赚钱打转，希望尽早实现财务自由，翻开梦寐以求的自由人生新篇章。

都说财务自由不应该是人生奋斗的终点，而是另一段不为了赚钱还愿意去奋斗的精彩人生的起点，可现在拼命赚钱，等有朝一日实现财务自由了，又有多少人的人生真的会变得更精彩、更有意义呢？

人生就是不断幻灭的过程

耶稣说：“人活着不是单靠食物，乃是靠神口里所出的一切话。”

对于不信基督的人来说，这是典型的精神胜利法。

错！基督徒最重要的品德，就是心中要有“信、望、爱”。“望”，指的就是希望。即使对无神论者来说，支撑他活下去的，也从来不只是食物，更重要的，是希望——未来生活会变得更好，更有盼头的希望。

一个人自杀的原因有很多，但归根到底就一条：对未来失去希望。

我们凡人心中的希望，大多是幻觉。

我第一次对未来充满希望，是小学五年级，那时我幻想上了初中，换了新的老师同学，我身上的很多缺点毛病都会改掉，我会在新环境下有更好的人际关系……然而上了初中之后，这些希望并没有成真……

第二次则是初三，我同样是幻想上了高中之后，换了新环境，会如何如何……然而同样没有成真……

第三次，你猜到了，是高三，我幻想上了大学之后，换了新环境，会如何如何……

高中时代，少男少女情窦初开互生情愫很正常，但在高考指挥棒的重压下，学校断不允许“早恋”。

班主任还“语重心长”地开导大家说，你们现在在高中才能看到几个女生？你们是井底之蛙啊，到大学里有无数优秀的女生等着你，随便你们挑。但如果你们现在不拼搏，考不上大学，将来一个都碰不上！千万别为了一棵树放弃整片森林……

我当时觉得，这话好有哲理，所以心无旁骛，专心读书！进了大学才知道，老师是诳大家的。大学女生的数量是比高中多，但不见得比高中时你喜欢的女生更好，如果有更好的，也不见得能看上你……

类似的心态，我搬家时也出现过。

我当时幻想着，未来搬到更高大上的小区里，周围邻居也更知书达礼，我要主动上门送吃的，一定和街坊四邻搞好关系，和和睦睦的，多美好。结果这么多年来，我家对门的租客换了一茬又一茬，我从来没主动和他们打过招呼……

换新车时我也出现过这种心态，觉得旧车就随便开开，但新车一定要如何如何装饰，如何如何保养……结果你懂的。

用今天的话说，这叫立 flag，目的是激励自己，眼前的困难和不满是暂时的，当下的付出和牺牲是有意义的，但结果往往和期望相反。

每到跨年夜，很多人都会立 flag，期待新一年有新面貌，结果呢?

人生就是一个不断幻灭的过程。

人生是一场连续剧

2019 年，我 35 岁，掐指一算，以我现在的资产状况和收入（劳动 + 理财）增速推算，再过一两年，就能达到我的财务自由目标。

当我意识到自己和“财务自由”已近在咫尺时，我就会不自觉地盯着这四个大字，反复思量。

盯着看的时间越久，我就越意识到，某种程度上，财务自由也是我们在给自己立 flag，以为实现财务自由后，生活会发生翻天覆地的美好变化。

其实这是不存在的。

江山易改，本性难移，你还是你，你的本质不会变——你的智慧、勇敢、俭朴、乐观，你的贪婪、懦弱、懒惰、无知……你的一切都还会继续伴随着你。

没错，理财的终极目标是追求财务自由，但没必要给自己立一个高高在上的flag，为了所谓的“以后的幸福”，就无底线牺牲当下的生活质量，反而得不偿失。

“金缕衣”值钱，“少年时”更值钱——哪怕贫贱，也依然金光闪闪。

以此类推，没有女朋友的“单身汪”，别以为有女朋友了，生活就会突然变幸福——女朋友不是万能药。

没买房的朋友，别以为买了房，生活就会突然变幸福——房子不是万能药。

人生是一场连续剧，下一集的剧情必定会受上一集影响，不可能分成截然不同或完全对立的两段。

所以从今往后，我不会再把实现财务自由视为我人生现阶段最重要的使命。

一旦这个flag立起来，我现阶段就会拼命工作，这可能会牺牲我的健康，牺牲我的自我成长，牺牲我的娱乐休憩，牺牲我陪伴孩子成长的机会。

就算这个目标实现了，难道我就会一夜间关掉“力哥说理财”这个自媒体，彻底放飞自我吗?

我会完全放下数十万荔枝（我的粉丝自称荔枝），从此对他们完全不管吗?

我会完全不管公司的发展，置长期跟随我打拼的小伙伴的未来于不顾吗?

我会中断我天生对写作和理财的喜爱吗？

不会的。

真正重要的，不是如何在30岁、40岁或50岁攒到100万元、500万元或1 000万元，以实现你心中的财务自由目标。重要的是更多地去享受人生的过程，在启动双核复利引擎的正确道路上坚持走下去，走着走着，财务自由的金苹果可能就会不经意间砸在你的头上。

我是如何实现逆袭的?

一个人从孩子向成人过渡的标志是什么?那就是他开始强烈地意识到:有钱,会让人很幸福;没钱,会让人很痛苦。

2019 年的今天,我已基本实现了逆袭。

你无法复制我的人生之路,但听一下我的故事,或许会对你今后的人生有所启发。

人生识字忧患始

很多人都有一种感觉,小时候的时间过得很慢,我们总是盼望着暑假,盼望着过年。随着年龄增长,日子越过越快,好似白驹过隙,时光匆匆在指尖滑过,了无痕迹。昨天经历的一切欢笑和泪水,还来不及怀念,来不及祭奠,就已埋入黄土。我们不得不收拾心情,鼓足勇气,开始为明天奋斗,为明天忧虑……

对我来说,这一切的一切,都始于我妈说的一段话。

她说，我在刚上幼儿园时，就会自己拿零钱去烟纸店（小杂货铺）买东西，虽然还不会算数，但我脑中已有了“找零”的概念。而和我一样大的领居家的孩子，很多人都上学了，还不懂怎么买东西。

20 多年前，中国压根儿没有“财商”的概念，我爸妈也没有刻意对我进行财商教育，可能只是我这方面开窍比较早吧。

上学之后我有了零花钱，才开始真正感觉到钱的重要性。我的零花钱，主要花在两方面。一是吃。记得刚上小学那会儿，大饼油条才 5 毛钱，后来上海街头出现了山东煎饼果子，只不过当时煎饼里夹油条，我们也不管它叫煎饼果子，叫油条包饼，1 元一个。再后来，就眼瞅着油条包饼涨到 1.2 元、1.5 元、1.8 元、2 元、2.5 元……现在，基本款的煎饼果子最少也要 5 元，还有商家硬把煎饼果子包装成时尚点心，动不动就 20 多块一个。

上学路上买的早餐，还有放学路上买的点心，主要是生煎包，1 元钱 4 个，个头不大，但上面撒满了黑芝麻和小葱，咬下去一包汤水，肉也很筋道，每次吃一两生煎包，都会让我幸福感爆棚。而如今，一两小杨生煎包就要 8 元钱。

当年我虽然不懂经济学，不理解通货膨胀的本质，但看着食品价格一路上涨，内心开始产生一丝淡淡的忧虑。

零花钱的另一大去处，就是玩具。放学回家的路上，会经过一条弄堂，总会有两三个大妈批发一些玩具摆地摊。

我的零花钱并不多，所以绝大多数时间，只能买 4 角一张的粘纸，奥特曼、圣斗士、龙珠、北斗神拳、哆啦 A 梦……至于樱木和柯南，那会儿还在井上雄彦和青山冈昌的大脑中孕育着。

后来有个大妈搞“大促”，粘纸1元3张，我兴奋极了，买了好多，结果回家就后悔了，这算是我人生中屈指可数的冲动消费。

总有一些比较贵的玩具，需要我攒钱才买得起。所以有时我也会忍一忍，把两周的零花钱集中起来买一个奥特曼玩具，忘了是5元还是10元一个。

那时，我爸一个月工资才几百元，这个玩具算是一笔“大额消费”。回家后，很长一段时间，我都不敢拿出来，怕老爸说我乱花钱……

这就是我最早自发形成的延迟消费意识和储蓄意识，但最痛苦的还不在于此。

想让一个八九岁的孩子不在学校里和其他同学攀比，几乎是不可能的。而有了对比，就会有伤害。最让我羡慕嫉妒恨的，就是班里总有一些同学，他们能买得起大部分人买不起的玩具。比如巨大的变形金刚，我们这些穷人只能到富有的同学家里才能玩到。比如精装的奥特曼漫画书，我们这些穷人，只能下课时流着哈喇子，向有的同学借来轮流看。

还有我少年时代的一大遗憾，就是没钱买《女神的圣斗士》漫画全集，那时得大几十元一套。一次回家路上，有个同学告诉我，海皇篇之后还有冥王篇，冥王麾下有108位冥斗士，冥界的战斗如何如何精彩，但他怕书被我弄坏，一直不肯把书借给我。而当时电视版只制作到海皇篇，冥王篇的故事就成了我脑海中挥之不去的一个念想，长久折磨着我的少年时代。直到高三那年，冥王篇电视版制作完成，这个念想才终得解脱。

满满的回忆

当然，在这个小社会中，我不算富，也不是最穷的。有比我更穷的同学，别说玩具了，就连放学路上的零食都买不起。有个学习成绩很差的同学，老是流鼻涕，我们喊他鼻涕虫，他还有点儿口吃，总被大家笑话。

回家路上常看到富有的同学买了一把羊肉串大快朵颐，他就会毫无节操地跑上去，嬉皮笑脸地请求富有的同学施舍一点儿肉给他吃："我……我只要吃……吃……吃一口……一……一口就够了。"他一边说，一边口吃，一边流哈喇子。

后来我才知道，他爸去世了，妈妈跟人跑了，他和爷爷奶奶相依为命，爷爷奶奶只能靠微薄的退休工资拉扯他。

说起羊肉串，那会儿的羊肉串还是铁丝串的，我们都觉得这铁丝是从自行车轮胎上偷的，也没人知道这肉到底是羊肉、鸭肉还是死猫肉，两角钱一串，但是味道很不错。

卖羊肉串的摊位和卖玩具的摊位往往摆在一起，有一次，我口袋里只有几角钱，买了玩具就不能买羊肉串，内心万分纠结。思想斗争了半天，我还是意志坚定地走向了卖羊肉串的阿姨。

当时的我并不知道，这就是财务资源有限的情况下，不得不对想达成的财务目标进行权衡取舍。

这就是理财。

人生识字忧患始，哪怕在不需要工作挣钱的学生时代，我们面对的也不仅是学业压力。

少年不识愁滋味

上中学后，有一次，班主任在黑板上写了十个字：吃得苦中苦，方为人上人。

用现在的话说，这句话政治上非常不正确，所谓“人上人”，是一个阶级对另一个阶级的压迫剥削，与公平正义的核心价值观不符。但很感谢当年的老师，并没有让我们活在童话故事编织的幻梦中，而是提早把真实社会的残酷竞争告诉了我们。在老师的反复教育下，我接受了这套生存逻辑。

好好读书是很痛苦，但没办法，这就是我们想要未来比别人活得更好必须付出的代价。

现在贪玩是开心，但未来，你考不上好的高中，考不上好的大学，就找不到好的工作，挣不到更多的钱，日子就会越过越糟心。

选择现在苦几年，以后爽一辈子，还是现在爽几年，以后苦一辈子？你自己选吧。

只不过，那个时代的老师也受主流意识形态影响，他们只说出了一半真相，那就是现在不好好读书，以后一定没前途。而另一半真相是，就算当年发愤图强，埋头苦读，20 多年后，也不一定就能改变命运。

当年的大队长，如今在开宠物店，每天给猫猫狗狗洗澡剃毛；当年的班长，如今在银行整天推销信用卡和金银币；当年的学习委员，现在在张江做码农……

这是因为稀缺性变了。20世纪90年代的大学生还很稀缺，所以他们大学毕业能成为光荣的人民教师，进入体制内，拿着体面的工资，享受很好的福利待遇，一年有两个长假，隔三岔五还有家长送礼，在那个年代，活得还是很滋润的。

但20多年后等到我们进入社会了，满大街都是大学生，甚至都是研究生，连海归都一点儿不稀奇，所以穷人家的孩子光靠读书好就想改变命运，现在很难了。

初中时代，关于金钱，还有一个记忆深刻的故事。

大概在我上初二时，我爸的厂里经营结构调整，他从旅游大巴司机变成了出租车司机。

开大巴时，工作没那么累，我爸有时还能带我出去玩。每次他出车回来，我都高兴地帮他在车上捡被乱扔一地的饮料瓶，当废品卖了，就成了我的零花钱。但改开出租后，他的工作强度明显增强了。

过去30年，出租车司机的阶层变迁路径是一条持续下降的抛物线，在20世纪80年代，开出租是令人艳羡的好差事，而现在，则是典型的没什么前景的职业。

20世纪90年代末，我爸开出租时，这个职业早已没有了此前的光鲜。

大部分出租车是两个司机轮班倒，要么一人开24小时轮班，要么一人开12小时轮班。连开24小时，身体负担太重，所以我爸和搭档是12小时轮班，每周轮换一次。遇到日班还好，遇到夜班，真的很辛苦，晚上8点出门开工，第二天早上9点回家睡觉，也没双休日一说。

那个年代，流行晚上一边写作业，一边听电台，有一次听到许美静的《都是夜归人》，看到楼下老爸正准备发车开工的身影，再想到自己日益增大的学业压力，一时百感交集，感慨男人养家真不易。兴之所至，我立刻写下日记一篇，名曰《都市夜归人》。

和我后来的人生经历相比，当年的感慨，可谓“少年不识愁滋味，为赋新词强说愁”，但成长就是这样一点一滴积累起来的。

老夫聊发少年狂

高中时代，是我人生第一个转折点。

我遇到了对我一生产生重大影响的语文老师，他鼓励我们释放天性，多看杂书，我笔写我心。我的文字功底、我的杂家性格、我对世界认知的全方位觉醒，都是那一时期奠定的基础。

那两年，我写了大量愤世嫉俗、针砭时弊、讽刺财富分配不公的作品，现在读来，还是让人脊背发凉。但现在回想起来，比起那些纯粹摆弄文字的奇技淫巧，对我人生产生更重大影响的，是我认识了我一辈子的精神导师——苏轼。

最开始，我是看余秋雨的杂文《苏东坡突围》，对苏轼留下了好印象。后来，看了林语堂的《苏东坡传》，才被他的人格魅力彻底征服。

苏轼经历了类似杜甫的人生磨难，却写出了类似李白的旷达乐观。在中国文学史上，前无古人，后无来者，孑然独立，成了神一样的存在。

苏轼让我明白了，对强者来说，磨难和痛苦并非上天的惩罚，反而是最宝贵的财富。

看清了世道险恶，依然选择良善；看清了命途多舛，依然选择乐观。这才是强者应具备的最难得的生存智慧和生命品格。

我们无法改变出身，也无法改变环境，我们能改变的，只有内心的态度。

同样是奔赴西域，前途未卜，在王维笔下，是“劝君更尽一杯酒，西出阳关无故人”的凄婉伤感；在高适笔下，则成了“莫愁前路无知己，天下谁人不识君”的慷慨豪迈。

同样是咏梅，在陆游笔下，成了“无意苦争春，一任群芳妒，零落成泥碾作尘，只有香如故”的落寞寂寥；但在毛泽东笔下，成了“俏也不争春，只把春来报，待到山花烂漫时，她在丛中笑”的豁达开朗。

在看了许多前人的人生故事后，我的世界出现了分裂。

精神世界中的我，变得自信心爆棚，充满了老夫聊发少年狂，天生我材必有用，我见青山多妩媚，料青山见我应如是的激情。而现实世界中的我，学习成绩一般，那会儿长得很胖，表现得内向、自卑、胆怯、敏感、不善言辞。

高一暑假，我在“榕树下”认识了一位同样爱好文学的笔友，后来惊喜地得知，她是隔壁班的女生，长得文静清秀，我的内心充满倾慕之情。然而好几次，我揣着写好的纸条，走到她班级门口，心跳瞬间加速，又逡巡不敢前行……最后，直到高中毕业，我和她都没说上过一句话……

整个中学时代，我长时间患有社交恐惧症，总担心自己的笨拙会给别人留下不好的印象，尤其在女生面前，更是笨嘴拙舌到令人抓狂。

那种自信（自傲）和自卑混合在一起的怪异气息，现在看来，就是青春期散发的荷尔蒙的味道。

而这段人生经历，连同此前所经历的一切，在我后来遭遇人生变故时，产生了积极作用。

十年生死两茫茫

大一那年，我经历了人生中第一次失恋。当时我一边哭，一边笑。哭是本能，曾经年少不懂爱，总是容易用力过猛。当曾被自己视为全世界的存在，突然一夜之间塌方了时，内心的动荡不安可想而知。

但为什么我会笑呢？因为我想到了苏轼，想到了对强者来说，痛苦并非上天的惩罚，反而是最宝贵的财富。

这些人生历练，是我们读再多的书也学不到的，只有经受这一切，我们才能成长啊。我摊上了失恋这么难得的人生体验，赚到了啊，难道不应该开心吗？那些自控力差到失恋了就要拿刀捅人的年轻人，在我看来，一辈子都是失败者。

大学的美好时光过得很快，一转眼，就到了我人生第二个转折点。

我上大三时，我爸突然患重病去世了。

或许是之前的认知积淀，让我在真实世界中遇到磨难时，有了足够的勇气和智慧来面对这一切。就在那几个月里，我被迫迅速完成了从男孩到男人的精神蜕变。

我意识到，我将提前背负起家庭的全部重担，而在我未来漫长的人生道路上，也只能完全靠自己的双手改写命运。

料理完我爸的后事，我做的第一件事，就是把家庭财政大权从我妈那里接过来。

我爸妈都是普通工薪阶层，我妈退休时的退休工资连 1 000 元都不到，而我爸走之前的最后一份工作，工资也才 5 000 元——这已经是他有生之年收入最高的一份工作了。

当时我就在想，我们家算不上特别穷，但也绝对算不上有钱，和千百万上海双职工小市民家庭一样，我的父母谨小慎微，克勤克俭，但为什么当我即将踏入社会时，他们却给不了我多少财务上的帮助呢？

我发现，他们人生中最遗憾的，就是因为胆小、缺乏远见和人脉关系，没能抓住改革开放以来历次可能改变命运的机会。

无论是 20 世纪 80 年代下海卖水产也好，倒卖一下国库券也好，开个小饭馆也好，或者是后来去深圳或海南经商，哪怕只要在 2003 年之前，敢于下决心在上海买房，我们家的财务状况也可能是完全不同的面貌。

可惜，这些可能致富的机会，他们囿于胆量、学识、人脉等条件，一次也没有抓住。

我发现，这不是他们运气差，而是他们的穷人思维决定了他们一定抓不住任何机会，不可能赶上中国社会财富大发展的列车。

直到今天，我妈还时不时会唠叨，虽然以前收入不高，但依靠节俭的“传统美德”，她硬是把一个家撑了起来。

“你看，当年如果不是我把你爸的工资都攒到我手上，不让他乱用，只给他每月一点儿零花钱买烟抽，我们家怎么能买得起彩电、音响、空调、冰箱、洗衣机、沙发……这些都是我们用从牙缝儿里省下的钱，一点点买的。”我妈总是这么说。

小时候我觉得，我妈真不容易，是个中国传统意义上勤俭持家的妇女的良好典范，这个家庭掌柜当得真好。但在我爸离世后，我才意识到，她这个掌柜当得并不好。

她所看重的这些能改善生活的家电，全是一买回来就会迅速贬值，并且今后还会不断贬值，直至价值归零的消耗品。而在 2001 年，我爸想要以投资为目的买房时，她却坚决不同意，理由是家里的这点儿积蓄必须留给我以后上大学用。

后来我才知道，当时我家存款大概不到 20 万元，即使不贷款，也能在上海中环内买到一套八九十平方米的新建商品房，今天能卖六七百万元……而我大学四年的学费，合计 2 万元，算上各种杂费，充其量不超过 6 万元，因为我本身物欲不强，从小就养成了节俭的习惯。

退一万步说，就算我家选择全款买房，导致后来大学学费捉襟见肘，申请助学贷款也是非常明智的选择。因为在校期间都是国家财政补贴利息，用现在的理财思维看，即使当时我付得起学费，也应该想办法申请助学贷款。

但我妈当年的想法是，不管是借钱买房还是借钱上学，都是“可耻”的。她最津津乐道的，是我外婆在最困难的“文革”时期，也精打细算，没问邻居借过一分钱，照样把五个孩子拉扯大。

更糟的是，我妈退休早，作为家里唯一的经济支柱，我爸身上没有任何保险加持，反而因为疼爱唯一的孩子，在一个做保险的朋友的劝说下，莫名其妙地在我12岁时给我买了份平安保险。这个保险很逗，在我18岁时给了一笔大学教育金，25岁时给了一笔婚嫁金，然后就等我60岁后，每月能拿400元养老金，拿到老死。到那时候，这点儿钱，怕是每天吃个煎饼果子都不够……

我爸去世后，我和我妈统计家里的金融资产，合计30万元。其中绝大部分是1年期、2年期定期储蓄和3年期凭证式国债，还有一小部分是我爸在2000年那波牛市高峰随大流入场接盘后被套牢的股票。

“为什么他们辛勤工作30多年，节衣缩食，省吃俭用，最后只攒了这么点儿钱？”我反问自己。

因为他们只有劳动致富的观念，没有理财致富的意识；因为他们只会一味埋头苦干，以为辛勤付出就能有好收成，却不知抬头看看时代发展的大趋势和财富运动的大方向；因为他们只会在企业里守着一份能带来一丝安全感却永远不能让他们成为富人的工作，却不敢看准时机，跳出体制，为自己打拼，谋求更大的财富增长可能。

“我要学理财！”这个强烈的念想，就是在那一刻萌发的。而这个念想，最终把我的人生推向了完全不同的轨迹。

三十功名尘与土

大学时代，我曾一度立志做个电影人，甚至我爸都给我安排好了去上海电影制片厂实习的机会。但因为我爸的离世，一切都变了。

我知道电影这条路是无数文艺青年都梦想挤上去的独木桥，但没人提携，太难走了。所以我走上了小时候做梦也想不到的理财媒体人道路。

过去那些年积累起来的文字功底和大局观，让我在这个岗位上如鱼得水，工作成就感爆棚。

在 2007 年，我还明确设定了自己的职业发展路径。

年龄：23—30 岁

时间：2007—2014 年

职业：财经记者

目标：

1. 初步完成个人财富原始积累，家庭资产总额达到 100 万元以上。

2. 初步建立广泛的社会人脉网络和金融投资领域内的基层人脉网络。

3. 锻炼记者的各种专业能力，尤其是对财经新闻的敏感度和深度的把握。

4. 培养职业财经人士专业化的思维习惯和思维方法。

5. 完成金融投资行业基础知识学习（需要进一步深造）。

年龄：31—36 岁

时间：2015—2020 年

职业：金融投资研究人员（金融分析师、理财规划师、证券分析师）

目标：

1. 进一步积累个人财富，家庭资产总额达到400万元以上。

2. 完善金融投资领域内的基层人脉网络，并开始建立高层人脉网络。

3. 充分锻炼投资实战经验和能力。

4. 完成金融投资行业高端知识学习（需要进一步深造）。

年龄：37—42岁

时间：2021—2026年

职业：职业投资人（投资银行、公募/私募基金、风险投资）

目标：

1. 基本完成个人财富的原始积累，家庭资产总额达到1 200万元以上。

2. 初步建立金融投资领域内的高层人脉网络。

3. 成为业内有一定知名度的投资专家。

4. 开始以投资专家身份，撰写财经专栏。

年龄：43—50岁

时间：2027—2034年

职业：

方向一：投行高管

方向二：自主创业

目标：

1. 达到个人财富、社会经验、专业能力和社会人脉积累的最高峰。

2. 基本实现或接近财务自由状态，家庭资产总额达到 4 000 万元以上。

3. 如自主创业，则在自己感兴趣的领域内开创新的事业。

4. 开始撰写财经著作。

现在回头看这份职业生涯规划，有人可能觉得我的野心好大，刚毕业的小屁孩，居然就想以后要赚 4 000 万元。

其实我在做这份规划时，提前把通胀和中国社会财富持续大发展，尤其是房价持续上涨的因素考虑进去了，所以到 2034 年，哪怕我手里有 4 000 万元的总资产，可能也只是刚刚财务自由而已。

在职业生涯最开始的那几年，我就是按照这个规划，在财经记者的岗位上不断积累，不断磨砺，不断积蓄未来能够变现的技能。

由于记者的工作特性需要和三教九流打交道，尤其是和大量有钱人打交道，这使得我的认知层级和社会阅历得到了持续快速的提升。

在苏轼豁达的人生观的指引下，在经历丧父之痛后，我痛定思痛，背负责任，鼓起勇气，重新上路。在财经记者的岗位上，我不断充电学习，自我提升，与此同时，我的职业收入和理财收入也都在不断水涨船高。

在经历了这一切之后，我学生时代自我认知的二元分裂终于弥合了！无论是精神世界中的我，还是现实世界中的我，都变得充满自信。内向、自卑、胆怯、敏感、不善言辞……这些形容词，渐渐从我的字典里消失了。

我从儿时的自卑，到高中时代自信和自卑的矛盾混合体，再到进入社会后走向完全的自信，甚至有时候自信过了头，成了自傲。用力嫂的话说："你这个人，太骄傲了。"

2009 年，我遭遇了人生第三个转折点，归信基督。

苏轼的力量，让我在人生最艰难的时期依然能保持微笑。而耶稣的力量，则让我在人生最高光的时刻依然能保持谦卑。

时间过得很快，到了 2014 年，按照规划，三十而立，应该是我从媒体人向金融人转变的关键一年。没想到，这一年，我迎来了一个历史性的创业机遇，改变了我的既定规划。

那就是理财自媒体创业，我人生中第四个转折点。

创业从来九死一生，在创业之初，就算再自信乐观的人也不敢 100% 保证自己一定能成功。有人说，总结创业失败的教训，往往都是真切的，总结创业成功的经验，则莫衷一是。这话不无道理。

托尔斯泰说，幸福的家庭都是相似的，不幸的家庭却各有各的不幸。家暴、出轨、婆媳不和、不孕不育、疾病、失业、意外……任何一点出岔子了，家庭都会变得不幸。而幸福的家庭，则要求所有条件都达标。

创业也是，失败的理由，一条就够了。成功，却需要天时地利人和，各种因素都汇集过来成就你。

具体到自媒体创业，时机真的很重要。

2014 年的自媒体还是一片大有可为的蓝海，而到了 2019 年，这条跑道早已拥挤不堪，杀成红海。全国有数千万个微信公众号，能靠做公号养活自己的不到 1%，还能组建团队规模化发展的不到 0.1%，粉丝在 100 万人以上的大号不过上千个。

比时机更重要的，是才华和能力，勇气和坚守。就像 20 年前看到电商机遇的人很多，但历经磨难后，只有马云坚持到了最后。

没有人能随随便便成功，你所看到的狗屎运，只不过是表象。必然性总是通过偶然性表现出来，偶然性中永远包含着必然性。

没错，自媒体创业的成功，让我的家庭财富在短短三四年时间里从过去的百万级提升到千万级。经此一役，我已完成了向富人阶层的逆袭之旅。以我的理财能力，未来也不太可能再跌落回穷人阶层。

即使没有这项创业，按照我的既定规划走，我的逆袭之路也还是会一步步走下去。只是现在可能逆袭到了中产阶层，要逆袭到富人阶层还需更多时间。毕竟，按计划，我到 40 岁后，本就有创业打算，只不过现在把创业提前了 10 年。

人间正道是沧桑

行文至此，该是总结的时候了。

经常有宝妈会员问我，力哥，你父母是怎么把你培养得这么优秀的？（不要扔臭鸡蛋，不是我自吹，真有不少宝妈很认真地这么问过我。）

这个问题，总把我问得哑口无言。我总不能瞎编一个从小给我最好的财商教育的严父慈母的故事出来。

在我过去的35年中，有一大半时间，我都是个自卑的男孩，贫穷的男孩。我父母并没有能力和财力让我接受最优质的教育，更没有刻意启发过我的财商智慧。如果要说父母给予我的最宝贵的财富，就是一个不算太笨的脑袋和一张不算太丑的脸蛋儿。至于口才，相信我，没人天生就能站在台下有几百人的舞台中央，脸不红，心不跳，谈笑风生，张口即来，连着说两小时不休息的。

这一切，有天赋因素，更是长期历练的结果。

按照我现在的认知，天赋也好，努力也罢，这一切都是上帝的引领和安排。换成更通俗的话，就是“尽人事，听天命”。

人的命运，是由自身的主观能动性和客观世界各种机遇挑战交织在一起后的混沌产物。我们要努力抓住自己能控制的（尽人事），也要懂得放下自己不能控制的（听天命）。

2018年，一篇名为《感谢贫穷》的文章爆红网络，作者是一位刚以707分考入北大的河北寒门女孩王心仪，这篇文章据说看哭了无数人，堪称当代励志少年的典范。

王心仪在文中写道：

贫穷带来的远不止痛苦、挣扎与迷茫。尽管它狭窄了我的视野、刺伤了我的自尊，甚至间接夺走了至亲的生命，但我仍想说，谢谢你，贫穷。

感谢贫穷，你让我领悟到真正的快乐与满足。你让我和玩具、零食、游戏彻底绝缘，却同时让我拥抱到了更美好的世界。

感谢贫穷，你让我坚信教育与知识的力量。物质的匮乏带来的不外两种结果：一个是精神的极度贫瘠，另一个是精神的极度充盈。而我，选择后者。

感谢贫穷，你赋予我生生不息的希望与永不低头的气量。

说实话，这篇文章一点儿没感动我，她能写出这篇文章，既是她18年人生经历的真情实感流露，更是12年政治正确的八股文应试教育体制下的产物。

出身贫寒虽然并不可耻，但也完全不值得感谢。贫穷意味着她必须比别人努力无数倍，可能到头来，过得还不如别人好，有什么好感谢的？

她应该感谢的是父母。

他们没有因为家庭贫寒而放弃供她读书，这才让她有机会考上北大，有机会逆袭。而中国每年还有上百万孩子，因为家庭贫困，被迫早早辍学，外出打工谋生，他们怕是一辈子也看不到逆袭的希望了。

她更应该感谢的，是她自己的自强不息！和其他寒门子弟相比，她是万里挑一的强者，她应该为自己感到骄傲！

如何在工作 5 年内攒到 100 万元?

一、不是"赚钱"是"攒钱"

对于没有理财思维的人来说，看到这个标题的第一反应是：你怎么可能在 5 年内赚到 100 万元呢?

他们下意识的思维模式是：5 年赚 100 万元，意味着每年赚 20 万元，税后月薪将近 1.7 万元，算上社保的税前月薪肯定超过 2 万元。职场菜鸟想在离开校园踏入社会的最初 5 年就获得这么高的收入，力哥，你确定你不是开玩笑吗?

而只有真正掌握理财思维的人才会意识到，我这里说的"攒钱"和"赚钱"不是一个概念。

"赚钱"是流量概念，就算你一年拼死拼活赚到 100 万元，但第二年又马上花了 100 万元，到头来还是什么都没留下，空欢喜一场。更极端的是你一年赚了 100 万元，可第二年却花了 200 万元，实际上你反而成了“大负翁”。

而“攒钱”则是存量概念，一个人的攒钱能力 =（你赚到的钱 - 你花掉的钱）× 投资回报率。

所以一个人攒钱的速度快慢取决于三个因子。

（1）是不是有足够强大的通过劳动赚钱的能力；

（2）是不是足够节俭能把辛苦赚到的钱截留下来；

（3）是不是有强大的投资意识和能力，让你留下来的钱不断升值。

真正的大富翁不光有强大的赚钱能力，还有强大的投资理财意识，同时往往还具有节俭的习惯。

我们看世界级的富翁，无论是100年前的老洛克菲勒、卡内基、老摩根，还是华人世界的李嘉诚、王永庆、邵逸夫，或者是在互联网大潮下崛起的财富新贵，无论是早年的比尔·盖茨，还是今天的扎克伯格，再比如几十年如一日满心欢喜喝着可乐吃着薯条的巴菲特……无论是白手起家时，还是成为亿万富翁后，他们都一直保持着节俭的习惯。有些富翁不但很节俭，甚至会给外人留下吝啬鬼的印象。

为什么我要特别强调节俭呢?

因为靠劳动挣钱和靠投资赚钱这两个因子，取决于你的能力、努力和运气。

能否从一穷二白成为小有成就的中产，主要取决于你的能力和努力程度，但如果想进一步成为大富大贵之人，运气则更重要。

而节俭这个因子不一样，它和个人的天赋能力没关系，和学历起点没关系，和职场选择没关系，和工作是不是够拼命也没关系，它只取决于个人的习惯，或者说价值观。尤其是对成年人来说，节俭是靠外界说教很难改变的习惯。

搞明白了“攒钱”和“赚钱”的区别，下面我就一个一个因子来分解我的攒钱之路。

二、掌握家庭理财话语权

我的人生轨迹在 2006 年拐了一个大弯。

就在我临近大学毕业时，我的父亲患病离开了人世。那一年，我只有 22 岁。

就在那一年，我意识到我要开始完全承担起家庭的责任，并且在未来漫长的人生道路上，只能完全依靠自身努力来改变命运。

料理完父亲的后事，我做的第一件事，就是把家庭财政大权从我母亲那里接了过来——当时我们的家庭金融资产合计 30 万元。接过财政大权后，我是如何让这 30 万元原始积累产生复利效应的呢？

此处按下不表，先来说说我的劳动复利引擎。

三、开启劳动收入的第一复利引擎

我做了 10 年财经记者，随后才独立做理财自媒体。在技术推动行业大变革的新时代，传统媒体因为薪资计算体系不合理，很难留住资深优秀员工。

因为记者的基本工资一般都不高，收入大头是按发稿数量计算的稿酬，虽然对优秀稿件也有额外奖金，但主要还是看数量而非质量。

这么一来，只要新进社的记者努力码字，而资深记者怠于写稿，就会出现菜鸟见习记者比首席记者收入更高的怪诞局面。

当我成长为一名资深记者时，自然会认为这种模式不合理。当我大学刚毕业还是菜鸟记者时，收入起点与同龄人相比，反而偏高。

工作以来每个月的收入，我都做了详细记录。12 年前，我刚进媒体工作时的税后到手月薪就已达到 8 000—1 万元，后来最高时甚至达到了 1.4 万元。

当然高收入的前提是我努力写稿，多劳多得，如果稿子少，也可能只有 7 000 元。后来我还接过一些更加高大上的私活，即写一些更有深度的行业分析和市场调查报告，这进一步增加了我的实际收入。

总之，我的劳动收入来源主要靠我的一技之长——专业的财经写作能力。

从 2006 年 7 月到 2011 年 6 月，我工作前 5 年时间里，累计获得的各种劳动性收入，合计 53 万元。

四、降低物质欲望

理财的第一步是学会记账，遏制消费欲望。

对于根本无财可理的月光族来说，只有通过记账发现自己生活中可有可无的“拿铁因子”，才能在今后的消费中有所取舍，并逐渐摘掉月光族的帽子。

对我本人来说，只有遇到单次大额支出，比如旅行、买房、装修、结婚时，才会记账。目的是避免这种大额支出在消费过程中超出预算。而日常消费，我从来不记账。

对我来说，记账就是浪费生命，摧残笔芯。因为我是一个习惯了节俭且从不会冲动消费的人。

很多年轻人喜欢追求新潮玩意儿甚至沉迷于奢侈品，这本质上是内心不够强大自信的体现。在我看来，一个人的自信是由内而外产生的。腹有诗书气自华，一个视野开阔、头脑聪慧、具备独立思考能力的人，不会轻易被外界的潮流或风气左右。

学生时代以来，我一直对物质生活没有太高的要求。我不是吃货，不会对着满桌子的山珍海味直流口水。我对穿着也不怎么在意。结婚时买的高级西装一年到头也穿不了一两次，平日里不论是工作还是会客，尽量穿最普通的休闲装见人，尤以优衣库的百搭衫居多。在我看来，只要衣着体面干净，不让人讨厌就行了。

我对住也没太大讲究，只要一家人够住就行。

我对出行也没什么要求。大学毕业后，我的主要交通工具一直是电动车，平均每两三年换一辆，每辆车的价格也就不到 2 000 元，由于使用频率非常高，折算下来和坐地铁、公交的费用差不多，但是出行效率高得多。

奢侈品包包也好，豪车也罢，并不能真正增加我们的自信，我们的人生价值也不是在别人的夸耀赞美和羡慕嫉妒恨的眼光中获得的，这些本就不应成为我们努力工作、积极理财的原动力。

正是由于我平时就不在意这些，所以工作前 5 年，我虽然没有刻意节制日常消费，但实际支出也不多。

即便日常消费不多，开始工作后没多久，我就定下了一个非常艰巨的中期理财目标——买房。

早在2007年，我就和力嫂恋爱了，我知道买婚房的问题早晚会提上议事日程，与其届时被动应战，不如早做规划。为了这项几年内即将发生的大额消费支出，就要尽可能多地积攒本金用于复利投资。

我估算了一下，工作前5年，我家月平均支出是3 000—4 500元，越往后，支出越多。而我的支出收入比，大体控制在35%左右。对于想要买房的年轻人来说，这是非常合理的支出收入比水平。

正常情况下，30%~70%的支出收入比都是合理的，即你每个月至少拿出30%的钱用于当下消费，同时最少也要拿出30%的钱用于投资。如果有买房压力，那就可以把收支比尽量往下限靠拢。

五、并不平坦的投资复利引擎之路

说到这里，最激动人心的投资环节到了。

对于可投资金融资产只有几十万元的普通人来说，我们的投资选择非常有限。

性价比相对更高的信托和私募的大门对我们关闭，私人银行和第三方财富管理机构的服务大门也不向我们敞开，海外投资更是比较遥远的事。

连今天已从野蛮生长走向全面收编的P2P理财，我刚工作那会儿，市场上也只有拍拍贷和宜信这两家，还天天被人骂，更别说什么众筹或比特币了。

那些年，我的钱基本都投资在各类基金中，主要是指数基金、债券基金和货币基金。

2006年我刚开始工作，正巧赶上了A股史上最大一轮牛市。

当时我也是拼命学习，研究各种技术分析，找各种所谓的大咖牛人听消息，似乎只要是比我经验更老道的，说起话来逻辑清晰、掷地有声的老股民推荐的个股，我就会如获至宝，反复研究，找买点，练盘感。

结果你懂的。因为股市从来就不是一个按套路出牌的地方。每当你以为自己摸清了股市涨跌的套路时，基本上，股市的套路就变了，你的密码也失效了。

好在我初入股市时，已系统看过一些最经典的理财入门书，已经具备了初步的理财思维，所以我最初的 30 万老底，实际上只有 10 多万元进了股市，还有 10 多万元买了债券基金和货币基金。

而这 10 多万元的股市投资中，只有几万块我想试试自己盘感如何而做的个股短线投资（投机），更多资金拿去买了不怕“只赚指数不赚钱”的指数基金。

到了 2007 年的 5 · 30 大跌后，A 股很快迎来了最后那波大象飞舞的狂热。到了 2007 年 10 月牛市最高峰，算上我工作后攒下的钱，才短短一年多的时间，我的账面资产就逼近 50 万元。

正当大家都热切期盼 2008 年 A 股冲上 8 000 点，甚至高呼“10 000 点不是梦”的时候，A 股突然掉头向下，狂跌不止。

由于当时我的股龄才 1 年多，没见过这种架势，心里也怕，所以在 2008 年 3 月到 5 月陆续赎回了将近一半的指数基金，手里的个股都清仓了。

再后来，A 股迎来了更惨烈的大跌，但当时我在股市只留了最后几万元指数基金，占我总资产比重已不足 20%，风险已在可控范围内，加上工作繁忙，也就没太上心。

2008 年 10 月，沪指跌到 1 664 点时，我留在股市里站岗的这些指数基金，不但把我之前牛市里赚到的全吐了出来，还出现了高达 40% 的巨额亏损！

这是我第一次切身体会到资产配置的重要性。

哪怕跌得那么惨，到了 2008 年年底，我的资产还是重新回到了 50 万元左右。

在那轮疯狂牛市结束后，我的固收类资产继续以债券基金为主（主要是一级债基和纯债基金，那些年债基打新股收益还是很不错的），我选的那几个债基整体上表现还不错，长期年化回报平均能达到 8%。

股市这边，当时我已考取了理财师证书，理财认知正在快速走向成熟，我开始放弃自己择时选股，专心采取定投的稳健策略，实际上年化投资回报也能达到 10% 左右。当然，这点儿收益主要是 2009 年大反弹带来的，2010—2011 年，市场整体萎靡，定投没怎么赚钱。

我另外还有一部分资金放在年化投资回报在 2.5% ~ 5% 之间波动的几个优秀的货币基金，以保持资产的流动性。

总体来看，我这几年的整体投资年化回报差不多在 8% 左右。

而到了 2011 年，我和力嫂已决定结婚，买房就成了箭在弦上、不能再拖的大事。

为了规避债市下行导致债基亏损的风险，我提前把大部分债券基金都转移成了货币基金，而股市当时处于低迷状态，为了不在低位放弃定投，我的指数基金基本没怎么动，只不过当时不敢再往里砸钱，定投暂停了。

事后证明，2011 年是“股债双杀”的投资小年，我在年初把债基全部赎回是正确的选择。

但从 2011 年起，A 股开启了史上最糟糕的“黑暗三年”（2011—2013年），我坚持定投的结果，是定投基金持续处于非常鸡肋的状态，直到 2014 年新一轮牛市到来后，才开始重新大幅赢利。当然，这是工作 5 年后的事了。

由于我把大部分资金都转换成收益率更低的货币基金，所以 2011 年的投资回报其实只有 4% 左右。换个角度看，不亏已是万幸。

如果当时我还想在最后关头博一把，那买婚房就没戏了。你们今天喊“力嫂”的那位，八成也要换人了。

五、一切为了买房

看到这里，你肯定看出了工作前 5 年我的理财关键词——买房。

我开始特别关注楼市是在 2007 年，那一年房价又出现了一波飞速上涨的态势，同时股市也火得不得了，所以那年财经界最热门的话题就是，现在到底应该卖房炒股还是抛股买房。

2008 年，我开始制订细致的买房计划。

综合考察我和力嫂的工作地点（上班近），我原来最熟悉的生活区域（不想搬去我不熟悉的区域），我家亲戚的居住区域（亲戚走动方便），未来周边的医院、学校、商场的建设规划，尤其是地铁的建设规划，最后我选定了买房的具体区域，以及我最喜欢的一个次新楼盘。

2008年，该楼盘一期建成时的售价是1.4万元每平方米。一套100平方米两室两厅的房子需要140万元—150万元，算上20万元左右的装修费和家具家电费，合计在170万元左右。

考虑到从该楼盘下穿越的地铁预计在2012年年底通车，地铁通车前房价势必会涨一波，所以我最晚要在2012年年中买房。留给我的时间，最多只有四年半。

我测算了我未来可能的收入增长曲线和投资回报增长曲线，发现到2012年，我的家庭资产应该能积累到100万元左右。

满打满算，扣掉20万元装修费和家电费，70万元全部拿来做首付，在房价不涨的情况下，首付四成到五成就能搞定，如果不想现金流那么紧张，首付三成，贷款七成，也是完全可以承受的。然而这一切都是在房价不涨的前提下的假设。

结果我们都知道，托全球金融危机的福，2008年年底到2009年上半年，是过去10年最佳的买房时间窗口，史上唯一一次7折房贷优惠利率也出现在这段时间。可那时我太年轻，没攒够买房钱。

还是这个楼盘，到2009年三季度，单价已迅速突破2万元。2010年中央再次出台一系列楼市调控政策，希望打压过热楼市，越来越多的城市开始出台限购政策，但因为政策力度不够大，所以房价还在惯性上涨。

2010年年底我一看，该楼盘单价已突破3万元！

2011年1月，中央终于出台了最严厉的限购政策：拥有本地户籍的本地人最多只能买2套房，符合条件的非本地户籍的外来人员最多只能买1套。

然后，北上广等一线城市又在这一基础上进一步提出，需连缴5年社保不中断且不许突击缴费才能买房，上海更奇葩地出台了外来单身者不许买房的政策。

到了2011年，我已看穿了政府调控房价的本质，政府的根本意图不是希望房价跌，而是房价涨，只不过要慢慢涨，别过火。

基于这种判断，我和力嫂商量后决定，不能再等市场迎来另一个2008年那样的大调整再入手，而是只要看到合适的就直接下手！

事实证明，上海楼市在2011年后，再也没有出现过2008—2009年那样的深度回调，房价一直以停停涨涨的方式不断上行，越早买房越划算。

到了2019年的今天，那个10年前我最心仪的次新小区，房价已破8万元。

那么问题来了：我最后是怎么买到房子的呢？

我们来捋一捋。

非常凑巧的是，我是在2011年6月付款买房的，此时距离我大学毕业开始工作正好5年，而我在这5年里赚钱和攒钱的速度也比我原来预计的要更快一些，如下表所示。

年份	各类劳动性收入合计	年度支出合计	年度结余	年化投资回报率	投资年份	累计复利	到2011年的投资终值
2006年7月以前	/	/	30 000	12%	5.5	87%	561 000
2006年7月—2007年	93 000	36 000	57 000	12%	4.5	67%	95 190
2008年	99 000	39 000	60 000	8%	3.5	31%	78 600
2009年	123 000	43 000	80 000	8%	2.5	21%	96 800

续表

年份	各类劳动性收入合计	年度支出合计	年度结余	年化投资回报率	投资年份	累计复利	到 2011 年的投资终值
2010 年	141 000	50 000	91 000	8%	1.5	12%	101 920
2011 年 1—6 月	74 000	27 000	47 000	4%	0.5	2%	47 940
工作前 5 年合计	530 000	195 000	635 000				981 450

首先，我家的原始积累 30 万元，到 2011 年已增长到了 56 万元。

其次，我工作 5 年来的各类劳动收入也在不断提升。去掉开支，再算上复利投资回报，到 2011 年年中，已达 40 多万元。

两相叠加，我工作 5 年内就让我家的资产积累达到将近 100 万元。

虽然我攒钱速度比预期更快，但和房价上涨速度比，还是小巫见大巫。到 2011 年，我还想买当年看中的那个楼盘，至少要花 300 万元。

所以我不得不把目标调整成同一地段其他单价更低的楼盘，最后看中的周边几个楼盘都建于 2002—2006 年，房龄不算太老，房型也能接受，到 2011 年都已上市 5 年，无须缴纳 5.65%（含教育城建附加）的营业税（当时尚未“营改增”）。

即使这种房子，单价也要 2.3 万元左右，要买 100 平方米左右的大两居，总价还是要 230 万元。

怎么办？这时力嫂原生家庭的强力支持就体现出来了。

力嫂的原生家庭不算大富大贵，但按今天的标准看，算中产阶层肯定没问题。在买婚房的问题上，我的岳父岳母给予了巨大支持。

最后我们选中的房屋总价 227 万元，算上税费 5 万元（其中中介费被我讲到只有 1 万元），合计 232 万元，再加上 20 万元左右的装修费和家居家电费，购房总支出 252 万元。

这笔看似天文数字的购房款，最后是以我和我的原生家庭承担 1/3、力嫂和她的原生家庭承担 1/3，以及房贷承担 1/3 的方式凑齐的。

2019 年的今天，这套房子的市价也涨到了 600 万元。

六、最后的总结

工作 5 年内攒到 100 万元，并在工作 5 年后完成买房大计，我能做到这点的原因，究竟有哪些呢?

第一，我要感谢自己的努力。

人是财富的创造者，人是一切的原动力。如果你现在还很穷，别急着把所有过错都扣在父母头上，先从你自己身上找原因。

我刚开始工作时，就主动开启双核复利引擎，投资理财引擎不必多说，劳动收入引擎也从不懈怠。

事实上，工作前 5 年，积攒工作经验比积攒金钱更重要。因为我们的职业生涯非常漫长，最重要的不是工作前 5 年你能赚多少钱，而是这期间你所积累的工作经验，能否在工作 5 年后、10 年后、15 年后，变现成更可观的财富。

许多人都听说过“1 万小时定律”，说的是想要成为某一领域的专家，你需要经过 1 万小时的学习和操练。

注意，这里说的不是端菜或送外卖这种重复性机械劳动，而是可以不断积累知识、经验、技巧、人脉的工作，比如医生、律师、教师、记者、工程师、设计师。

每天正常工作 8 小时，一年工作 250 天，合计 2 000 小时，工作

5 年后，恰巧能积累 1 万小时工作经验！

当然，这说的是最理想状态，实际上我们不可能每天 8 小时都处于学习或练习技能的状态，许多人在职场最初几年也处于摸索期，并没能马上投入专业领域的学习。

别人可能一参加工作就在某一领域深度挖掘了 5 年，成了某一领域的小半个专家，而你却在不同的领域分别挖掘了几个月。

劳动收入的增长和你专业技能的深耕程度有密切联系，只有专业才能成就更大的价值。如果总是在不同的地方挖井，没挖几下就放弃了，很可能你挖了好多年也没挖出一口井。而那些看准位置深入一点坚持挖井的人，才会迎来涌泉之报。

工作前 5 年被称为“职场黄金试错期”，对于没有做出明确职业规划的年轻人来说，可能这 5 年不停在试错，甚至到工作 10 年后也依然不知道自己到底想做什么。

而对于有明确职业发展规划的年轻人，工作前 5 年能学到很多东西，帮助自己快速成长，是一个人一生中难得的黄金期。

为什么中国财经记者那么多，但我的理财自媒体能成长到行业头部呢？

这一切，在我工作前 5 年，就已经打下了相当坚实的基础。越努力，越幸运；自助者，天助之。

第二，我要感谢我父母从小让我养成节俭、不攀比的好习惯。

无论是我父亲刚去世那会儿，还是我完成买房大业的时候，无论是 2014 年我面临重重困难决定做自媒体时，还是已拥有 40 多万粉丝的今天，我还是我。

我还是那个遇到开心事，葱油拌面里加个荷包蛋也会很开心的人；我还是那个穿一身最普通的T恤衫、沙滩裤、洞洞鞋就很满足的人；我还是那个出门骑电动车从不会觉得掉身价的人。

正是由于我没有很大的物质欲望，从不会有炫耀性消费或冲动性消费，所以我攒钱速度比一般年轻人更快。

我身边有不少同龄人，年薪30万元甚至更高，但依然买不起房。因为他们习惯了自己作为高收入人群理应享受的高消费生活，讲排场，讲品位，讲身价，讲浪漫……觉得自己那么牛那么辛苦才赚那么多钱，再不好好享受就太亏待自己了。

那你赚的钱就永远只是流量，而无法积累成存量。

第三，年轻人如果自己当下没多少财可理，就帮父母把财理起来。

刚离开学校进入社会，我们都没什么积蓄，想在工作前5年获得显著的投资复利效应非常困难。但我们的父母不一样，他们毕竟已有几十年的工作收入积累，多少都有点儿积蓄。

今天中国绝大部分中老年人都是理财门外汉。面对如此复杂而风险难测的理财市场，他们往往有理财之心，无理财之力。

财富不是被通胀偷走，就是被银行骗走；不是被银行骗走，就是被保险公司骗走；不是被保险公司骗走，就是被泛亚钱宝们骗走……

年轻人对新事物的学习和接受能力远超老年人，如果你已在工作前5年掌握了一定的理财知识，并具备了一定的实战经验，完全可以动员父母把钱交给你打理。

但一定要注意，你父母的风险承受能力和你不一样，中老年人的投资理财风格天然要比年轻人更保守些，在追求投资的安全性和收益性之间，应更多偏向安全性。

我之所以能在工作前 5 年攒下将近 100 万元，其中有 50 多万元，是借了父母原始积累的东风。

第四，不要幻想毕其功于一役，理财是一个渐进的过程。

当我抛出“工作前 5 年如何攒下 100 万元”这个标题时，许多人都会好奇这里面是不是有什么不为人知的秘密。并没有。

想要找捷径走歪路的人，最后早晚摔跟头。只有在正确的道路上，不忘初心，坚持前行，才能真正走到终点。

坚持量入为出，节俭生活；坚持对自己的收入结余进行合理的投资安排；坚持不断提高自己的劳动技能和收入；坚持帮父母投资理财；坚持对未来的生活、投资和消费做好规划，并根据实际情况的变化不断调整。

没错，就是那些许多人都知道的大道理。

有些人总喜欢把问题简单化、标签化。比如网上有个“励志”段子，说有个年轻人非常优秀，努力工作，经过若干年拼搏，终于攒下了 10 万元钱，然后再拿着父母资助的 290 万元，终于买上了房。

许多买不起房的年轻人就会感叹：看，不是我不努力，是这个时代病了，这变态的世界！我再怎么努力也还是买不起房！于是他们就为自己好吃懒做，胡乱花钱，在赚钱的歪门邪道上乱窜，找到了冠冕堂皇的借口。

现实生活中，我看到的更多的真实案例是，小两口自己努力工作攒钱，同时双方父母也共同出资帮忙，再加上银行贷款，最后顺利买房。

面对困难，吐槽永远是最省力的，而明知困难却依然能积极理性地面对，并尽自己所能去努力达成目标，才是最困难的。

听完我的理财故事，你会发现其中涉及投资规划、消费规划、现金流规划、职业生涯规划、置业规划、婚恋育儿规划甚至遗产规划。

现在，你是不是对我一直强调的“理财就是理生活”的理念，有了更深的感悟呢?

后记

理财“十诫”

3 000多年前，摩西在西奈山上，接受上帝颁布的“十诫”。

做了那么多年理财，我也把我认为最重要的道理，总结成了“理财十诫”。

第一诫：永远不要相信天上会掉馅饼，如果有人告诉你这是真的，他不是疯子就是骗子。你贪人家的利息，人家贪你的本金。

第二诫：永远不要让自己陷入手中无粮的境地，哪怕生活再困难，也要留出流动资金。

第三诫：永远不要买自己看不懂的东西。

第四诫：永远不要和大势对着干，无论理财还是工作。

第五诫：永远不要把鸡蛋放在一个篮子里，你才不会一着不慎，满盘皆输。

第六诫：永远不要对未来失去信心，经济周期的起落循环就像人类的喜怒哀乐一样，经济差，别太悲观，经济好，也别太乐观。

第七诫：永远对市场保持敬畏，无论你经验有多丰富，市场总是会出人意料。

第八诫：对普通人来说，基金定投是永远不会过时的投资策略。

第九诫：把买彩票的钱省下来买保险，前者只会让你越买越穷，后者能在关键时刻雪中送炭。

第十诫：长期看，经济永远向上走；长期看，物价永远向上走；长期看，股价永远向上走；长期看，核心城市的中心地段房价永远向上走。

理财的知识有千千万，而且随着市场环境和政策法规的不断变化，知识本身也在不断升级更新中，这么庞大的知识体系，一本理财书，是无论如何也讲不完、讲不透的。

然而与知识会不断做加法不同，智慧往往是做减法的。最高等级的智慧，比如《道德经》，往往只是寥寥数语，却微言大义，透过纷繁复杂的现象，直击事物本质。

以上这“理财十诫”，不是具体的理财知识，而是抽象的理财智慧。不管未来理财市场环境如何变化，这十条理财智慧，都会像磐石一样坚固，永远不会改变。

我认为，这是我能送给大家最好的礼物了。

祝大家好运。